Streifzüge durch die Nordeifel

Allgemeine Hinweise

Alle in diesem Buch enthaltenen Angaben wurden vom Autor nach bestem Wissen erstellt und vom Verlag mit größtmöglicher Sorgfalt überprüft. Gleichwohl sind - wie wir im Sinne des Produkthaftungsrechts betonen müssen - inhaltliche Fehler nicht vollständig auszuschließen. Daher erfolgen die Angaben ohne jegliche Verpflichtung oder Garantie des Verlages oder des Autors. Beide übernehmen keinerlei Verantwortung und Haftung für etwaige inhaltliche Unstimmigkeiten. Wir bitten dafür um Verständnis und werden Korrekturhinweise gerne aufgreifen.

Aus Gründen der besseren Lesbarkeit wird bei Personenbezeichnungen die männliche Sprachform verwendet. Gemeint ist sowohl die männliche als auch die weibliche und die diverse Form.

Sollte diese Publikation Links auf Websiten Dritter enthalten, so übernehmen wir für deren Inhalte keine Haftung, da wir uns diese nicht zu eigen machen, sondern lediglich auf deren Stand zum Zeitpunkt der Erstveröffentlichung verweisen.

Reinhard Mäurer

STREIFZÜGE DURCH DIE NORDEIFEL

Die schönsten Tagestouren

Meyer & Meyer Verlag

Streifzüge durch die Nordeifel

Bibliografische Information der Deutschen Bibliothek

Die Deutsche Bibliothek verzeichnet diese Publikation in der Deutschen Nationalbibliografie; detaillierte bibliografische Details sind im Internet über <http://dnb.ddb.de> abrufbar.

2, überarbeitete Auflage 2024

Auckland, Beirut, Dubai, Hägendorf, Hongkong, Indianapolis, Kairo, Kapstadt, Manila, Maidenhead, Neu-Delhi, Singapur, Sydney, Teheran, Wien

Member of the World Sport Publishers' Association (WSPA)

Gesamtherstellung: Print Consult GmbH, München

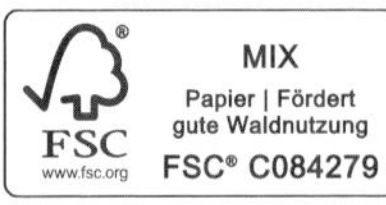

ISBN 978-3-8403-7920-8

E-Mail: verlag@m-m-sports.com

www.aachen-buecher.de

INHALT

STREIFZÜGE DURCH DIE NORDEIFEL – DIE SCHÖNSTEN TAGESTOUREN

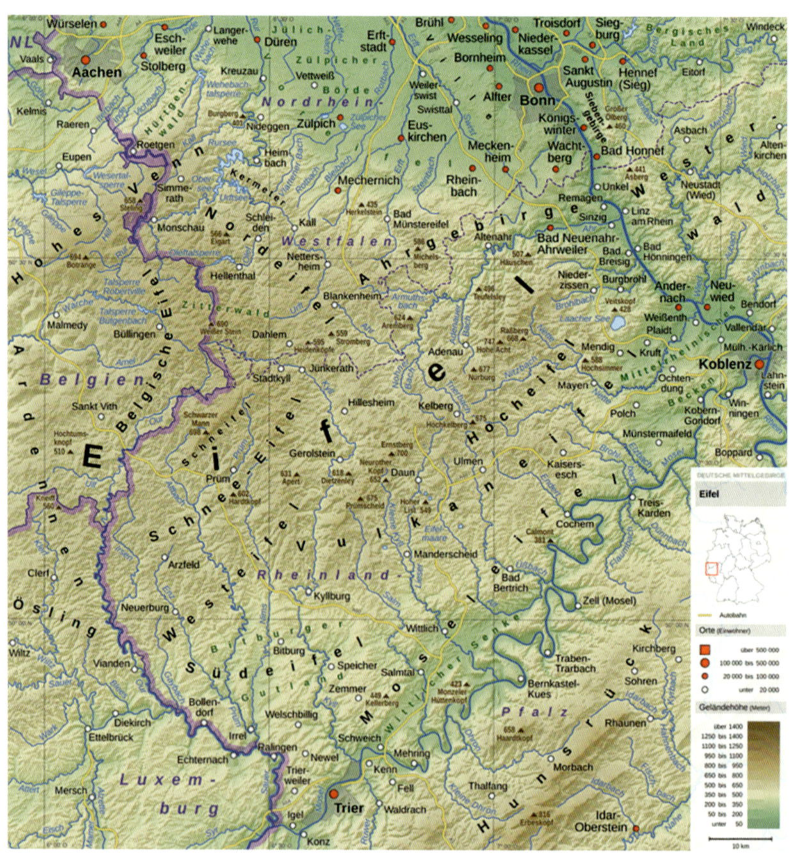

Quelle: Wikipedia

EINLEITUNG

DIE EIFEL – DE EJFEL – EINE KURZE LANDSCHAFTSBESCHREIBUNG

„Zu ihr will, wunderlich genug, kein Mensch gehören, als die da wegen ihrer Wildheit und Rauhigkeit übel berüchtigt sei. Denn jeder schiebt die Eifel so weit von sich, als wenn von einer ungesegneten Wüste die Rede wäre."

Also Herr Arndt! – gemeint ist der Dichter Ernst Moritz Arndt – der mit diesen wenig löblichen Worten die Eifel einst beschrieb. Wir wollen es ihm nachsehen – heute würde auch er sicher anders über diesen lieblichen Landstrich urteilen.

Die Eifel – was für eine Landschaft vor unserer Haustür! Eins vorweg: Mein Urteil zu den in meinem Buch vorgestellten Orten ist – wie könnte es anders sein – subjektiv geprägt. Der Leser möge mir das nachsehen. Auch finden Sie keine Superlative; mein schönster Ort muss nicht der ihrige sein ...

Wo liegt denn die Eifel? Mein früherer Chef zeigt mir mal seinen Lebenslauf, dort stand: „In Jülich, am Rande der Eifel, bin ich geboren." Wir haben beide herzhaft gelacht. Eine Nachbarin in meinem ehemaligen Wohnort Langerwehe erzählte mir, dass ihre Mutter, die in der Nähe von Blankenheim zu Hause war, auf die Frage: „Wo wohnen Sie denn?", stets antwortete: „Ich wohne bei Aachen." Blankenheim liegt etwa 100 km südwestlich von Aachen ...

Ich präzisiere das jetzt mal ein wenig. Die Eifel als Teil des Rheinischen Schiefergebirges liegt im Städteviereck Aachen – Köln – Koblenz – Trier. Und was hat die Eifel zu bieten? In den genannten vier Städten viermal Weltkulturerbe: den Aachener Dom (1978), den Kölner Dom (1996), die Kulturlandschaft Oberer Mittelrhein (zwischen Koblenz und Bingen 2002) und die römischen Baudenkmäler in Trier mit der Liebfrauenkirche (1986). Diese Stätten zu besuchen, ist schon ein den Jahresurlaub füllendes Programm.

Was hat sie noch zu bieten? Einen Nationalpark! In der Nordeifel liegt auf dem Gebiet des ehemaligen belgischen Truppenübungsplatzes Vogelsang der Nationalpark Eifel, den wir natürlich besuchen werden. Viele Flüsse und Bäche hat sie zu bieten, die z. B. den Mühlen das Wasser lieferten wie die Rur – die Rur ohne h! aber nicht immer ohne h ...! Im Eifeler Land standen einst über 100 Burgen, die meisten davon Höhenburgen, wie die Burg Reifferscheid. Das linksrheinische Gebiet ist traditionell katholisch geprägt – noch heute werden viele Orte von Pilgern besucht; auch dort fahre ich hin. Talsperren, die die Wasserversorgung sicherstellen und Strom liefern.

Eine der schönsten Mittelgebirgslandschaften, die ich in Deutschland kenne; den nördlichen Teil davon habe ich bereist. Sie, lieber Leser, möchte ich teilhaben lassen an meinen Streifzügen und vielleicht kann ich Sie ermuntern, diese Kulturlandschaft unter die Räder oder noch besser unter die Füße zu nehmen.

Wie meinte der chinesische Denker Laotse: „Nur wer sein Ziel kennt, findet den Weg." Oder nach Goethe:

„Willst du immer weiter schweifen? Sieh, das Gute liegt so nah. Lerne nur das Glück ergreifen. Denn das Glück ist immer da."

Unsere Reiseziele liegen in der Nordeifel. Der nördliche Teil gliedert sich in das Vennvorland mit dem sich anschließenden Hohen Venn, die Rur- und Kalkeifel, das Monschauer Heckenland, den Kermeter, Hürtgen- und Zitterwald und selbstverständlich Nordrhein-Westfalens einzigen Nationalpark. Einige Abstecher führen in die „Randgebiete" unserer Reise, wie das Ahrtal und die Städte Euskirchen und Zülpich.

›› www.naturpark-eifel.de

Woher kommt der Name „Eifel"? Die Römer nannten den Gebirgszug *Arduenna Silva*. Dann folgten die Franken und teilten ihr Reich in Gaue ein: der Eifelgau. In Karten spricht man von *Eyfalia*. In einem der besten Bücher, das ich kenne, spricht der Autor Heinz Renn vom *Wasserland*.

(Quelle: Heinz Renn (2006). Die Eifel. Herausgeber: Eifelverein e. V. Düren, 4. unveränderte Auflage.)

Im ausgehenden Mittelalter ist die Eifel Grenzgebiet zwischen den geistlichen Territorien Köln und Trier, dem Herzogtum Luxemburg und dem Herzogtum Jülich, dessen Residenz lange Zeit in Nideggen stand. Diese politische Lage führt dazu, dass in der Region vielfach kriegerische Auseinandersetzungen stattfinden. Eine der schlimmsten Auseinandersetzungen geht als Schlacht von Worringen (1288) in die Geschichte ein; Zankapfel war die Erbfolge im Limburger Herrschaftshaus.

Schon in vorchristlicher Zeit wird in der Eifel Eisen verarbeitet, denn dazu bietet dieser Landstrich ideale Voraussetzungen: Wald für die Produktion von Holzkohle, Eisenerzvorkommen und Wasser, das die Hüttenbetriebe antreibt. Ortsnamen wie Mullartshütte oder Schevenhütte erinnern noch heute daran. Im Mittelalter prägt die landwirtschaftliche Arbeit das Leben der Menschen.

Der Wiener Kongress 1815 entscheidet, dass das linksrheinische Gebiet dem preußischen Staat eingegliedert wird. Das tief im Westen liegen Fleckchen wird „Preußisch-Sibirien" genannt. Für manchen preußischen Staatsdiener ist der Dienst in der Eifel „offener Strafvollzug". Aber katholisch bleibt die Eifel, die Reformation kann sich nicht durchsetzen.

Die Eifel ist nicht nur von Kriegen geplagt. Hungersnöte, Seuchen und die Pest dezimieren die Bevölkerung und der Aberglaube fordert seinen Preis. Die Hexenverfolgung. Rote Haare, grüne Augen und der böse Blick ... so fangen viele Märchen an. Menschen, ungeachtet der sozialen Herkunft, des Alters, des Berufsstandes, werden Opfer von Übeltätern, die davon überzeugt sind, dass Krieg, Hungersnot und Armut Teufelswerk sein muss. Heinrich Institoris schrieb mit dem *Hexenhammer* (1487) die Grundlage für den Hexenprozess, es folgte die *Peinliche Halsgerichtsordnung* (1532), erlassen von Karl V. Das Urteil lautet vielfach Tod durch das Feuer.

Heute nimmt der Tourismus eine wichtige Position ein. Der Nationalpark Eifel, die Wintersportgebiete bei Prüm und Hellenthal, das große Wander- und Radfahrernetz, vor allem der „Eifelsteig", führen viele Menschen alljährlich in die Eifel.

Die Eifel ist M! – Fahr mal hin!

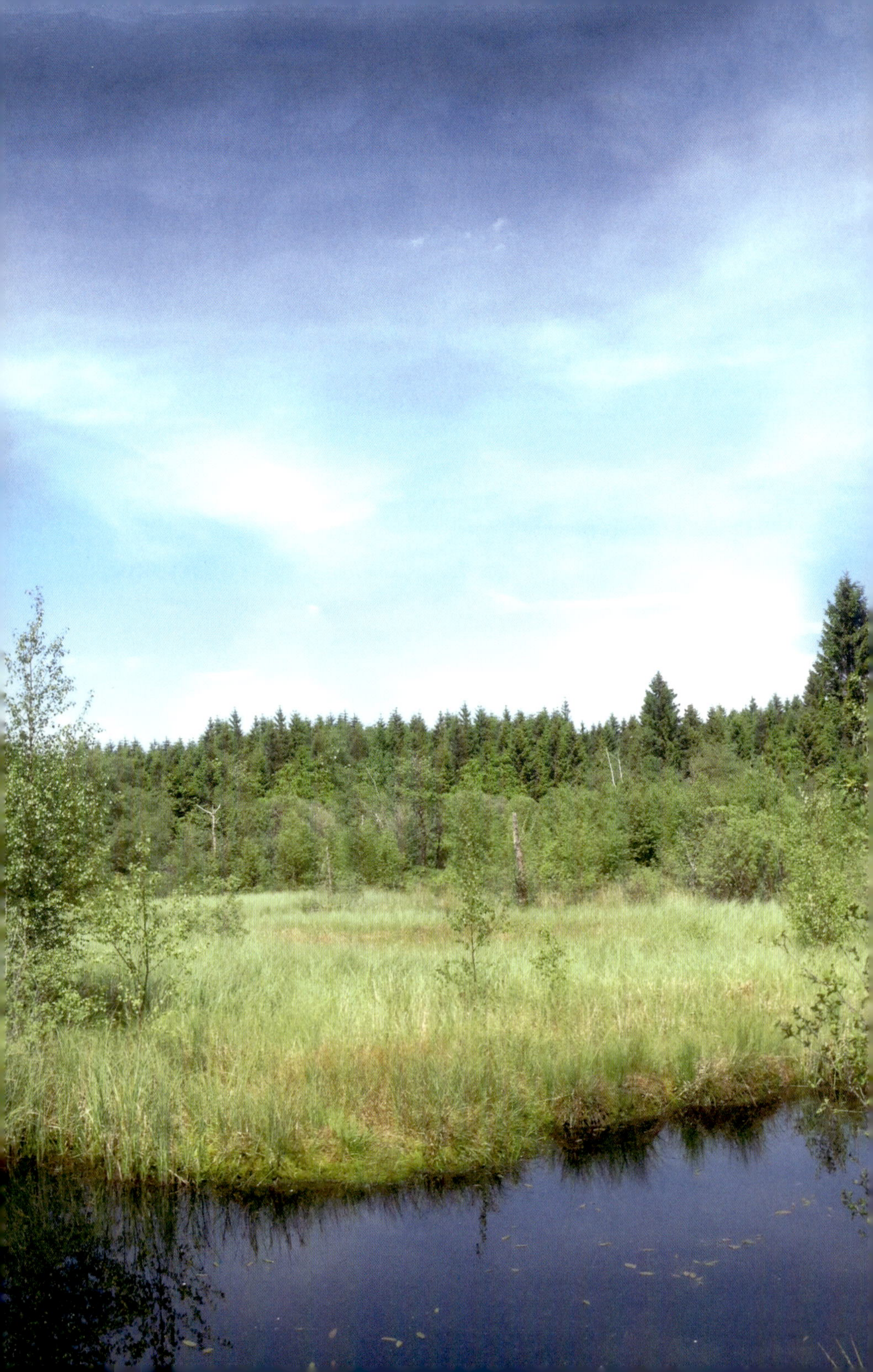

1 Die Eifel – ein Rückblick: Die vier großen Herren der Eifel

1.1 Das Herzogtum Jülich

1.2 Das Herzogtum Luxemburg

1.3 Das Kurfürstentum Köln

1.4 Das Kurfürstentum Trier

1.5 Eifeler Mundart

1 DIE EIFEL – EIN RÜCKBLICK: DIE VIER GROSSEN HERREN DER EIFEL

Sind mit Verlaub nicht die Oberbürgermeister aus Aachen, Köln, Koblenz und Trier die vier großen Herren der Eifel? Die jeweiligen Amtsträger verstehen meinen Humor in diesem Punkt sicher mit der rheinischen Gelassenheit, die uns in vielen Lebenslagen hilft. Das Herzogtum Jülich, das Herzogtum Luxemburg und die Kürfürstentümer Köln und Trier sind aus der Geschichte der Eifel nicht wegzudenken. Die beiden Letztgenannten gehören mit dem Mainzer Kurfürsten zum Wahlgremium der deutschen Könige.

Hinzu kommen die weltlichen Herren: der Herzog von Sachsen, der Pfalzgraf bei Rhein, der Markgraf von Brandenburg und der König von Böhmen. Diese Herren küren (wählen) in Frankfurt den König, in Aachen findet die Krönung und das Krönungsmahl statt und in Nürnberg wird der erste Hoftag gehalten. Bis dann nach 1531 der König auch in Frankfurt gekrönt wird. Die geistlichen Kurfürsten waren in Personalunion auch die jeweiligen Bischöfe.

1.1 DAS HERZOGTUM JÜLICH

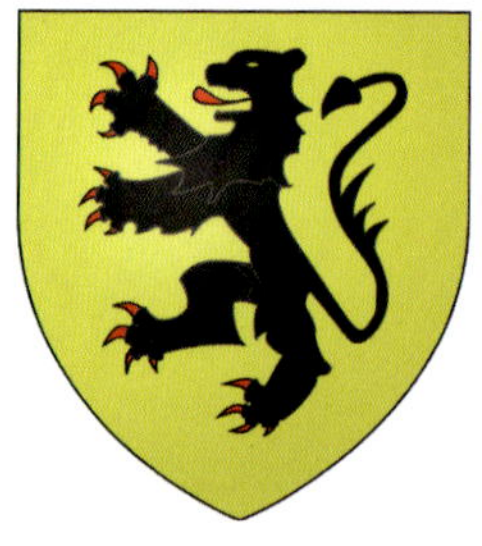

Die Jülicher Herren haben ihren Ursprung im fränkischen Jülichgau, mit dem Zentrum des in der Römerzeit gegründeten Juliacum, dem heutigen Jülich. Im 12. Jahrhundert gewinnt der Gau an Bedeutung und Titel. Kaiser Wilhelm I. ist Jülicher Graf. Ein Jülicher Graf Wilhem IV. wird in Aachen 1278 unter dramatischen Umständen ermordet. Übrigens: Wilhelm hießen die Jülicher Herren oftmals, gefolgt von Gerhard. 1356 dann erhebt Karl IV. die Herren aus Jülich zu Herzögen – und wie hieß der erste Herzog? Wilhelm. Die Ehe von Herzog Wilhelm II. mit Maria von Geldern führte schließlich zum Zusammenschluss; das Haus firmiert unter dem Namen Jülich-Geldern. Kluge Heiratspolitik mit den Nachbarn führt dann zu einem weiteren Zusammenschluss: Herzogtum Jülich-Kleve-Berg. Aus diesem Hause stammt Anna von Kleve, eine der Ehefrauen des englischen Königs Heinrich VIII. und der ging bekanntermaßen nicht gerade zimperlich mit seinen Ehefrauen um; immerhin hat Anna ihn um Jahre überlebt.

In der reformatorischen Zeit zogen viele Tuchmacher protestantischen Glaubens ins Jülicher Land, das sollte Monschau einen unvorstellbaren wirtschaftlichen Aufstieg bringen, die vielleicht erste „Boomtown" der Eifel.

Auch der Österreichische Erbfolgekrieg hat für das linksrheinische Gebiet Folgen. 1740 war Maria Theresia, Tochter des Habsburgers Karl VI., Zankapfel um die Thronfolge des verstorbenen Vaters Karl. Der „alte Fritz" (Friedrich II. der Große) besetzt Schlesien und damit er diesen wegen seiner Bodenschätze begehrten Landstrich behalten darf, verzichtet er auf Jülich und dieses gehört fortan zum Gebiet des Pfalzgrafen bei Rhein, also zum Heidelberger Raum. Die Franzosen sind die Nachfolger: Im sogenannten *Ersten Koalitionskrieg* wird das linksrheinische Gebiet besetzt und das bleibt auch so, bis der Wiener Kongress 1815, wie gesagt, das Land links des Rheins den Preußen überlässt.

Schließlich wird das alte Herzogtum als Provinz Jülich-Kleve-Berg Teil der Rheinprovinz. Der Jülicher Löwe ist heute noch in über 80 Wappen von Städten und sonstigen kommunalen Verwaltungseinheiten zu sehen. Beispiele: das Wappen von Jülich, Heimbach, Düren, Nideggen, Nettersheim oder der Städteregion Aachen.

Jülich heute: Die zum Kreis Düren gehörende Stadt hat 32.000 Einwohner. International bekannt durch das Forschungszentrum Jülich und den Campus Jülich der Fachhochschule Aachen. Die Stadt erlebt im Zweiten Weltkrieg ihren Untergang und wird nahezu vollständig zerstört. Ein Besuch des Museums in der Jülicher Zitadelle ist einen Besuch wert.

Museum Zitadelle
» www.juelich.de
52428 Jülich, Schlossstr., Tel. 02461/63 51 0

1.2 DAS HERZOGTUM LUXEMBURG

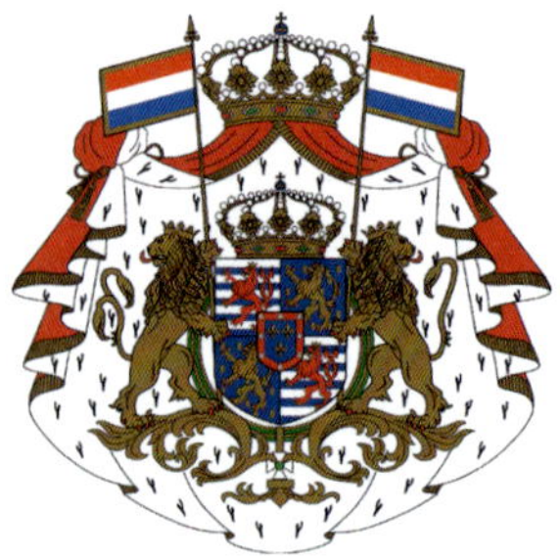

Auch die Luxemburger beginnen bescheiden, auf lotharingischem Gebiet steht die *Lützelburg*, das spätere Zentrum der Grafschaft Luxemburg und der heutigen Hauptstadt der Luxemburger. Das ändert sich aber schnell, nachdem die Luxemburger die Hausmacht in Böhmen und mehrfach die Kaiserwürde im Heiligen Römischen Reich (deutscher Nation) erhalten. Luxemburg ergeht es wie den anderen linksrheinischen Gebieten; es gehört zum französischen Kaiserreich, bis 1815 mit dem Wiener Kongress die Preußen ... nein, dieses Mal nicht. Das Land wird Großherzogtum und der niederländische König in Personalunion der Landesherr. 1890 erst wird das kleine Land unabhängig.

Luxemburg heute: Das Land hat ca. 562.000 Einwohner, etwa 110.000 davon leben in der gleichnamigen Hauptstadt. Die Landessprachen sind französisch, deutsch und luxemburgisch. Luxemburg ist Gründungsmitglied der Europäischen Union und Sitz wichtiger EU-Organe, dazu gehören insbesondere die EU-Kommission, der Europäische Gerichtshof, der EU-Ministerrat.

1.3 DAS KURFÜRSTENTUM KÖLN

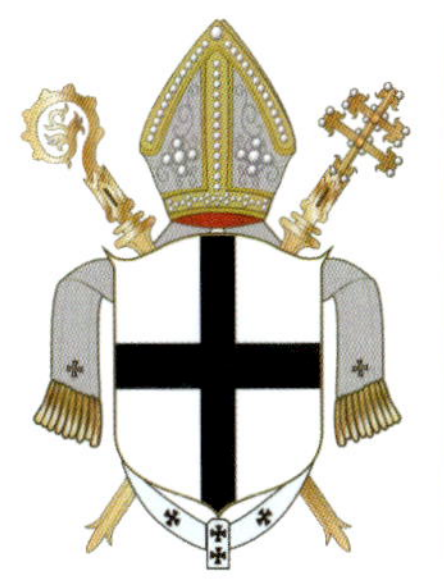

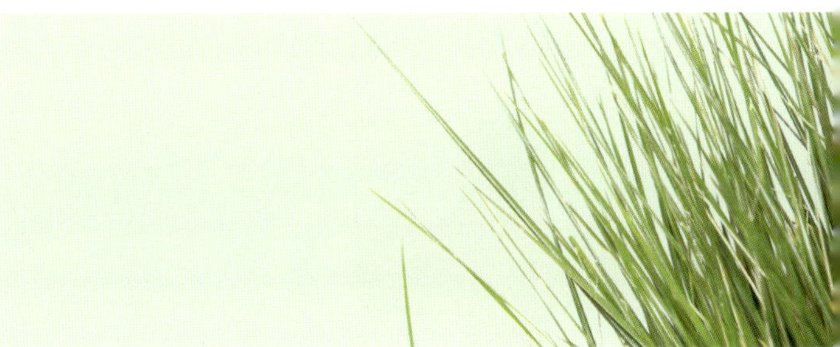

Die Überschrift lässt es schon erahnen ... die sind nicht unwichtig. Kurfürsten waren die Herren, die in der von Karl IV. 1356 erlassenen *Goldenen Bulle* als Wähler der deutschen Könige genannt werden oder sagen wir es mal so ... wenn das reiche Kaufmannsgeschlecht der Fugger in Augsburg nicht meinte, ein gewichtiges Wörtchen mitreden zu müssen in Form von monetären Anreizen, wie es bei der Königswahl Karls V. wohl geschehen ist. Wir bleiben zu Hause in der Eifel. Chef dieses weltlichen Territoriums war der Erzbischof von Köln.

Der Ursprung des Landes liegt im römischen Köln, Colonia Claudia Ara Agrippinensium – puh! Also, es geht auch kürzer: Kölle am Rhing, et hillije Kölle für die „Ureinwohner" und Köln für die anderen auf der Welt. Köln übrigens mit „K" und nicht mit „C", wie es zu Kaiser Wilhelms Zeiten bestimmt wurde. Im 12. Jahrhundert werden die geistlichen Herren in den Herzogsstand erhoben. Ausgangs des Mittelalters kommt mit Arnsberg noch rechtsrheinisches Gebiet dazu. Auch in Köln hinterlässt die Reformation ihre Spuren. Nachdem bayerische und spanische Truppen einen Konfessionswechsel verhindert haben, wird der Wittelsbacher Ernst von Bayern Kölner Erzbischof und den Bischofsstuhl besetzen die Wittelsbacher fast 200 Jahre.

Das Ende kommt dann, wie für Jülich, mit der französischen Besetzung und der Eingliederung in den preußischen Staat aufgrund der Beschlüsse des Wiener Kongresses.

1.4 DAS KURFÜRSTENTUM TRIER

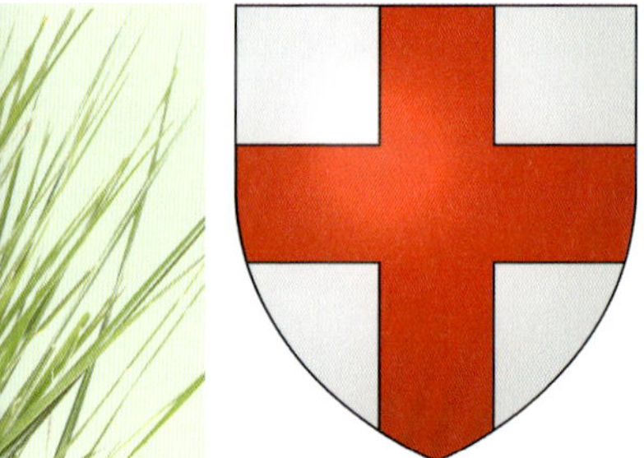

Dieses geistliche Territorium geht zurück bis in die römische Zeit, im 10. Jahrhundert übernimmt der Bischof auch die weltliche Macht in der Stadt. Die größten Gebietserweiterungen gelingen im 13. Jahrhundert und dabei werden die Pfalzgrafen bei Rhein aus dem Mosel- und Eifelgebiet in den Heidelberger Raum vertrieben. Trier bleibt aber nicht Residenzstadt; das wird Koblenz mit seinem kurfürstlichen Schloss. Bei einer Stadtführung während der Bundesgartenschau 2011 in Koblenz erfahre ich, dass Clemens Wenzelslaus von Sachsen als letzter Erzbischof dort residierte. Das Schloss ist Teil des Weltkulturerbes *Oberes Mittelrheintal*.

Der einflussreichste Kurfürst war sicher Balduin von Luxemburg, dessen Grab ich dann bei einer Domführung im Trierer Dom bestaunen durfte, überdimensional in schwarzem Marmor geschaffen.

WER WAR BALDUIN VON LUXEMBURG?

Der aus dem Luxemburger Haus stammende Balduin wird schon mit 22 Jahren zum Bischof gewählt. Balduin und sein Mainzer Kollege, Peter von Aspelt, hiefen Balduins Bruder auf den Königs- und Kaiserthron im Heiligen Römischen Reich, das war Heinrich VII. Reformerisch ist er sehr fleißig, rechtliche Regelungen werden verschriftlicht, Verwaltungsbezirke, die *Kellereien*, erleichtern die Regierungsarbeit. Eine *Kellerei* war ein Amtsbereich, von dort wurden die zu leistenden Abgaben an den Landesherrn eingetrieben. Der Keller ist vom lateinischen *cellarius* abgeleitet. Der *Cellerar* ist insbesondere auch heute noch in den Benediktinerklöstern der wirtschaftliche Leiter des Klosters. Einer der bekanntesten Cellerare ist wohl Pater Anselm Grün aus dem Kloster Münsterschwarzach. Ein Mensch mit einer Ausstrahlung, wie ich sie selten erleben durfte, vor einigen Jahren hatte ich das Vergnügen, ihn in Übersee am Chiemsee während eines Vortrags erleben zu dürfen. Darüber vergesse ich noch ganz Balduin ...

Der Trierer Erzbischof erhielt das Münzrecht für sein Gebiet. Übrigens aus dem Münzwesen stammt die Redewendung „aus echtem Schrot und Korn". *Schrot* steht dabei für das Gesamtgewicht der Münze und *Korn* für das Edelmetallgewicht. Die Münze „aus echtem Schrot und Korn" hatte also ihren Wert.

Ich erinnere mich noch an meinen Besuch Ende Mai 2015 in Trier: Temperaturen um 40 Grad, eine Wahnsinnshitze. An diesem Wochenende habe ich an fünf Führungen teilgenommen und bei dreien war ich der einzige Teilnehmer; so wurden das sehr intensive Veranstaltungen – für beide, für mich und den jeweiligen Gästeführer. Selbstverständlich habe ich dabei die Geschichte vom Teufel erfahren, der die schwere Steinsäule vor den Trierer Dom geworfen hat, weil – die Trierer statt eines Tanzsaales eine Kirche gebaut haben. Ich habe die Geschichte hier in Kurzform wiedergegeben, frei aus der Erinnerung und hoffentlich im Ansatz richtig. Ansonsten mögen mir die Trierer es verzeihen, die Hitze ... irgendwann war meine Aufnahmefähigkeit erschöpft. Aber eine nette Geschichte und immer war's der Teufel. In Aachen an der Wolfstür, in Köln mit Meister Gerhard, in Regensburg mit der Steinbrücke ... Schön, was wäre die Welt ohne Sagen und Legenden, dann hätten wir nur noch die Geschichte.

So, nun ist es aber mit diesen großen Herren allein nicht getan. „Provinzfürsten" mit zum Teil kleinsten Territorien etablieren sich und befehden sich aus manchmal banalen Gründen. Mehr als 100 Burgen oder Burgruinen schmücken das Eifeler Landschaftsbild. Viele der Herren, die mal eben eine Meinungsverschiedenheit auszutragen hatten, haben das in Eifeler Landen gemacht. Klar, dass dieser Landstrich, über die Jahrhunderte betrachtet, verarmen musste und in der kulturellen mehr noch in wirtschaftlicher Hinsicht lange zurückblieb. Das hat sich geändert und wird sich auch weiterhin ändern. Ein wichtiges Kommunikationsmittel ist die Sprache, auch die ist in Eifeler Landen vielfältig und bunt wie die Landschaft.

1.5 EIFELER MUNDART

Die Sprache ist auch in der Eifel nicht unwichtig, klar. Redseligkeit kann man vielleicht nicht unterstellen, aber wenn der „Hahn" einmal offen ist ... dann gibt's kein Halten mehr. Die Menschen in der Nordeifel, unserem hauptsächlichen „Observierungsgebiet", sprechen *ripuarisch*, das lateinische Wort für *Ufer* ist *ripa*. Die Sprachgemeinschaft der Ripuarier finden wir heute vom belgischen Eupen über das niederländische Kerkrade bis ins Bergische Land. Dann geht es weiter Richtung Süden bis nach Hennef im Rhein-Sieg-Kreis und Bad Neuenahr an der Ahr zurück bis zu den Dörfern im belgisch-luxemburgischen Grenzland. Einige sprachliche „Spezialitäten" finden wir dann im Kölschen Dialekt, im Dürener und Eschwielle Platt (Eschweiler Platt), Öcher Platt (Aachener Platt) und den Eifeler Dialekten.

EINE KLEINE KOSTPROBE

Efeler Platt kalt mer en de Efel. Wi övverall, es dat Platt bal en jedem Dörp un Städtche eijen. Wammer kweer dorsch de Berje trik, hööt mer, wie dat Platt noh un bei angersch wit. Et verbindt dat Muselfränkisch aam Rhing met dämm en Luxembursch un di zwei wider met däm Rpoaresch tiräg amm Rhing un däm öm Oche eröm. Et deiht sech bovve en de bäljeshe Efel mem Wallonesch un em Franzüsesch mölsche. Mer sääd em Efelplatt noh, dad et en janz ahle Sproch wör. Och wann de Efeler jood em Reise un Handel wore, sin doch koum Frembde do hen jetroke, un esu kunnte de Sproche en de Dörpcher do lang blieve, wi se wore.

(aus: Fritz Könn (1995). Von Abelong bos Zau dich Jong. Helios Verlag Aachen.)

Un hee weed ripuaresch jeschwaadt

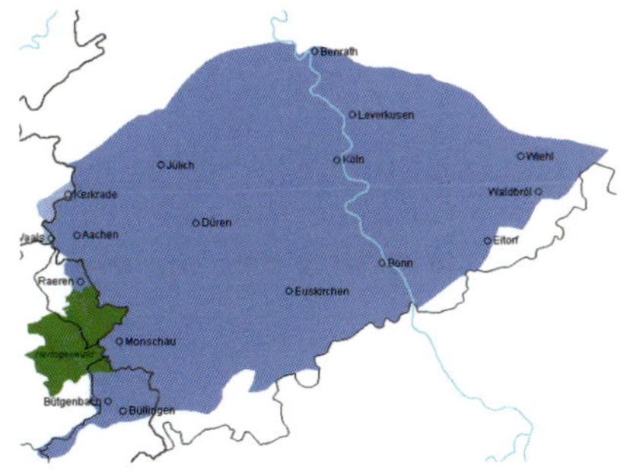

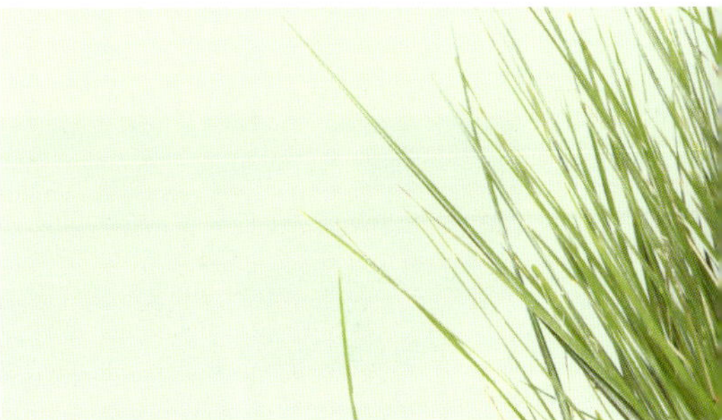

Quelle: Wikipedia

Wer sich dafür besonders interessiert, findet gute Quellen im „Rheinischen Wörterbuch", das „Mitmachwörterbuch" vom Landschaftsverband Rheinland ist, zu finden unter:

» www.rheinische-landeskunde.lvr.de/de/institut/institut_portale/institut_portale_mitmachwoerterbuch.html

Ich bin bei meinen Streifzügen auch auf so manchen Spottnamen gestoßen, einige Kostproben gefällig? Oder auch auf ein kleines regionales „Ortsverzeichnis" ... Die meisten habe ich übrigens bei meinem Spaziergang im Simmerather Ortsteil Eicherscheid erfahren. Ein kleines, mulmiges Gefühl ergreift mich schon beim Schreiben, vielleicht liegt es auch nur daran, dass heute „Silberwetter" herrscht – grau in grau, aber der Pfefferminztee, den ich mir heute noch nicht über die Tastatur geschüttet habe, schmeckt. Ich fange mal an:

Die Mützenicher sind die *Vennwagge* (mit Vennwacken sind die Quarzitblöcke gemeint, ein ganz bekanntes Exemplar ist in der Nähe von Mützenich zu finden, „Kaiser Karls Bettstatt").

Die Simmerather sind die *Sömmer Kraremänner* (scheinen dann eher die vornehm gekleideten Herren zu sein). Die Bauern wechselten nach erledigtem Geschäft nur Hemd und Jacke und erledigten dann ihre Hofarbeiten. Der *Kraremann* ist auf der Hauptstraße in Simmerath zu bestaunen. Heute ist der *Kraremannstag* in Simmerath ein Straßenfest mit Wirtschaftsschau.

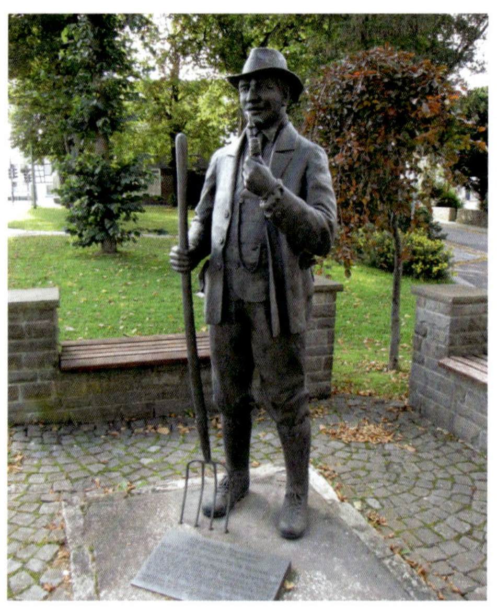

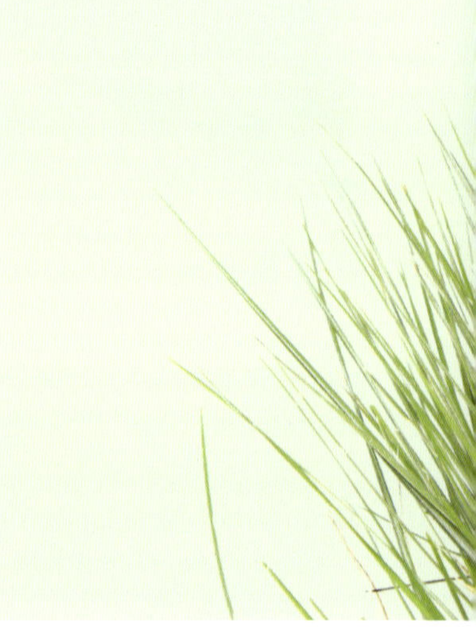

Der Kraremann

Die Kestenicher sind die *Kester Lehmschwalben* (hat wohl seine Wurzeln aus der Zeit des Fachwerkbaus, die Gefache wurde vom Pliesterer mit Lehm beworfen. Der Pliesterer war häufig in den Eifeldörfern ansässig. Die Mehlschwalbe war wohl der Ideengeber. Die Mehlschwalbe (beide Elternteile!) bauen vielfach ihre Nester aus Lehm an den Außenwänden von Häusern direkt unter der Traufe – wind- und wettergeschützt. Wer mehr über die Kester Lehmschwalben wissen will ...
» www.kester-lehmschwalbe.de

Die Lammersdorfer sind die *Laimischer Bessemsbenger*, die Besenbinder.

Die Höfener sind die *Biebesse*, die Höfener *Schmetterlinge*.

Die Schmidter sind die *Schmedter Grielläächer* (damit bezeichnet man im Rheinland einen Menschen, der nicht richtig lacht, sondern mehr grinst ... die sind dem Rheinländer wohl etwas unheimlich. Liebe Schmidter, Pauschalurteile sind immer falsch!)

Der Rollesbroicher ist *ene Trevvel. Trevvel* ist eine regionale *Mehl-Eier-Speise*.

Die Kalterherberger sind die *Kalmucken*, da haben wohl die belgischen Nachbarn aus Elsenborn ihre Freude dran, wie mir berichtet wurde ... die von den deutschen Nachbarn die *Mooströten* genannt werden. Schiedlich, friedlich lebt man heute im Grenzgebiet.

Die Konzener sind die *Konzener Köh*, das erklärt sich von selbst ...

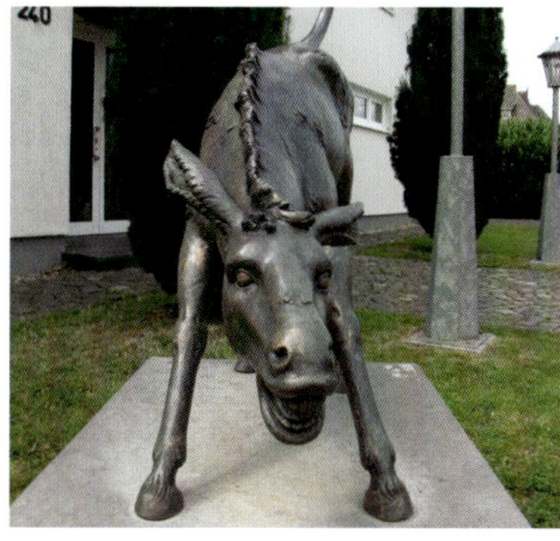

Ömmcher Ösel

Die Monschauer sind die *Monschauer Dütchen*. Gut, das ist leicht nachvollziehbar. *Dütchen* sind eine süße Monschauer Spezialität; gefüllte Hörnchen mit Sahne und Früchten, die probieren wir noch.

Die Imgenbroicher sind die *Ömmscher Ösele* oder *Ömmscher Wönk*. Na, das ist ja schon ein Schimpfwort und eine zweite Liebkosung hinterher: Imgenbroicher Esel und der Imgenbroicher Wind. Die Imgenbroicher haben ihrem Esel gar ein Denkmal gesetzt und das steht auf der Trierer Straße vor dem Bürgercasino. Wer dann auch noch das Mundartgedicht lesen möchte, dem empfehle ich die Lektüre des Heimatvereins Imgenbroich.
» www.heimatverein-imgenbroich.de

Die Einruhrer sind die *Ruscher Breybrobbele*.

Die Rurberger sind die *Kieescheflitscher*, die Kirschenflitscher. In meinen Kinderjahren hatte jeder Bursche, der etwas auf sich hielt, „een Flitsch", eine Steinschleuder. Mit dieser Schleuder wurden Kieselsteine auf die Beine geschossen. Tut man das? Nein, aber es hat auch manchmal Spaß gemacht. Heutzutage wäre das wohl ein verwerflicher Akt ...

Es wird Zeit, auf Tour zu gehen; wir beginnen in Aachen.

Eifeler Impressionen

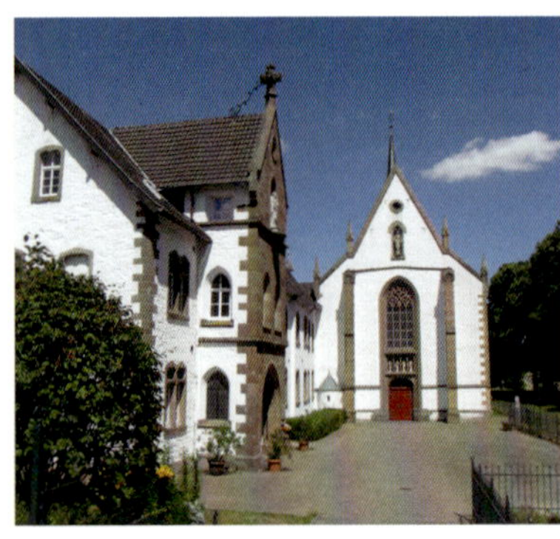

Abtei Mariawald - Portal der Klosterkirche

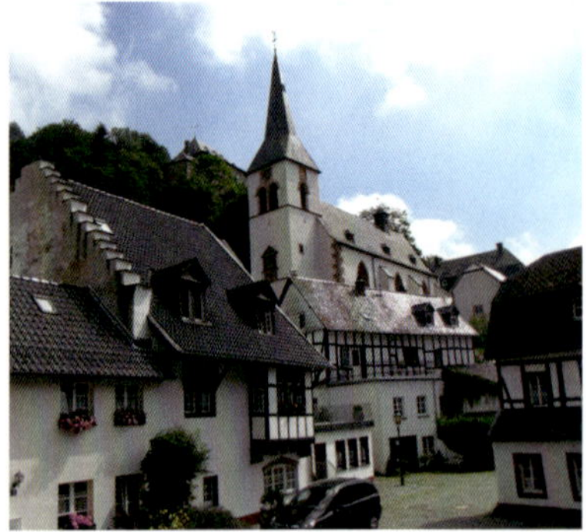

Blankenheim

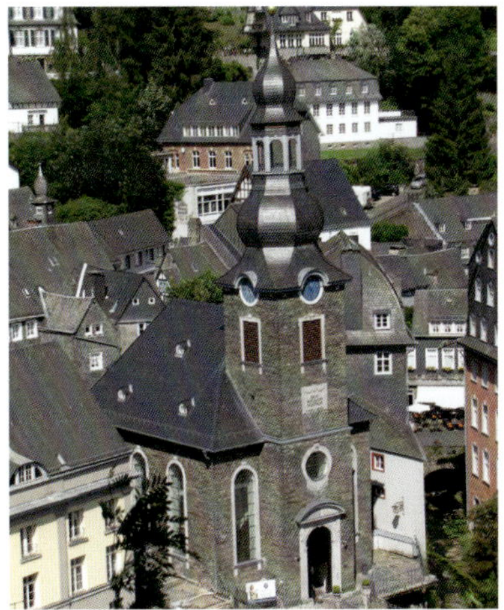

ev. Kirche Monschau

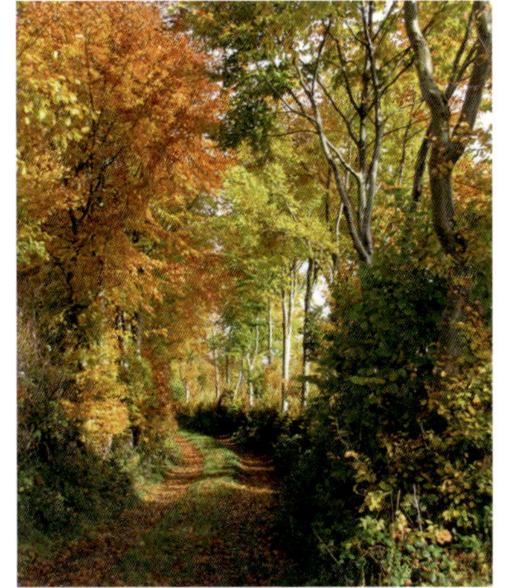

Heckenweg Eicherscheid

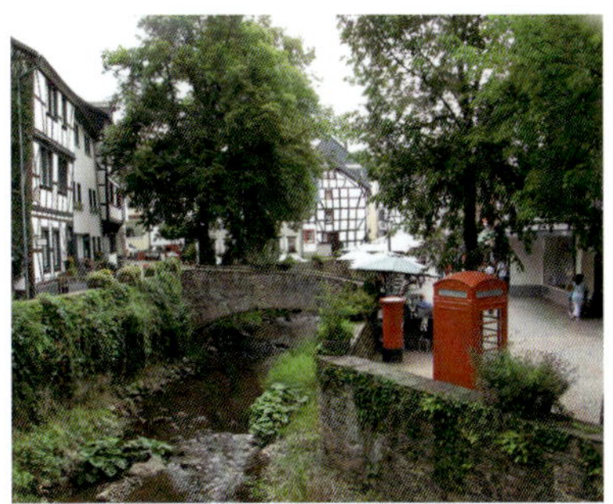

Bad Münstereifel

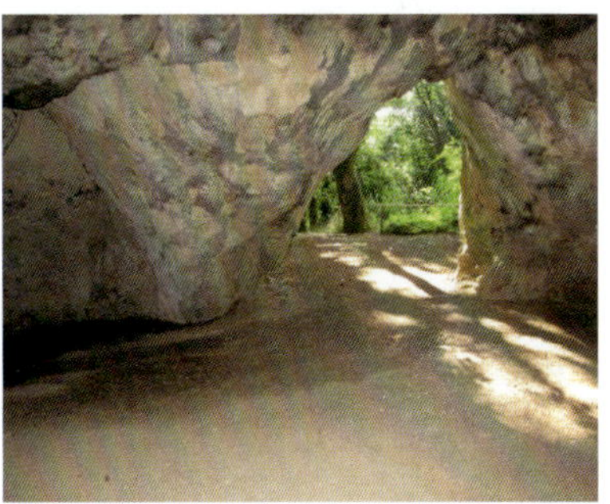

Kakushöhle Mechernich

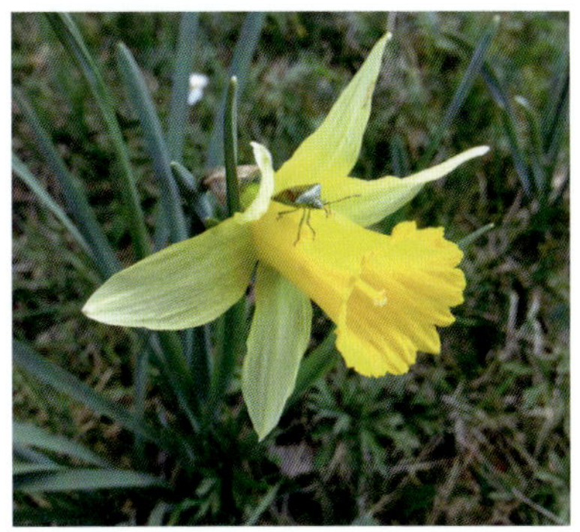

Narzisse bekommt Besuch

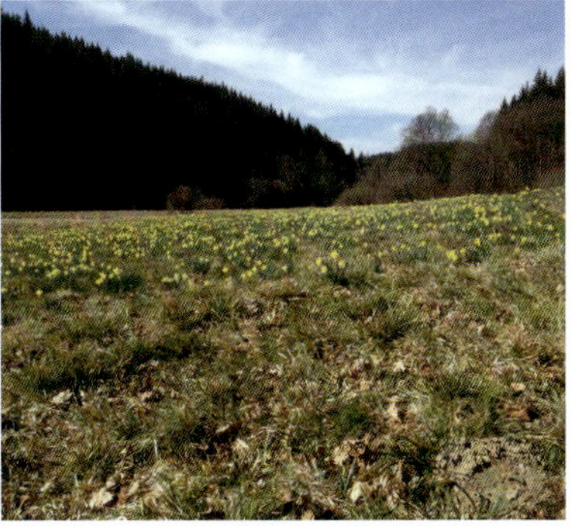

Narzissenblüte im Perlenbachtal

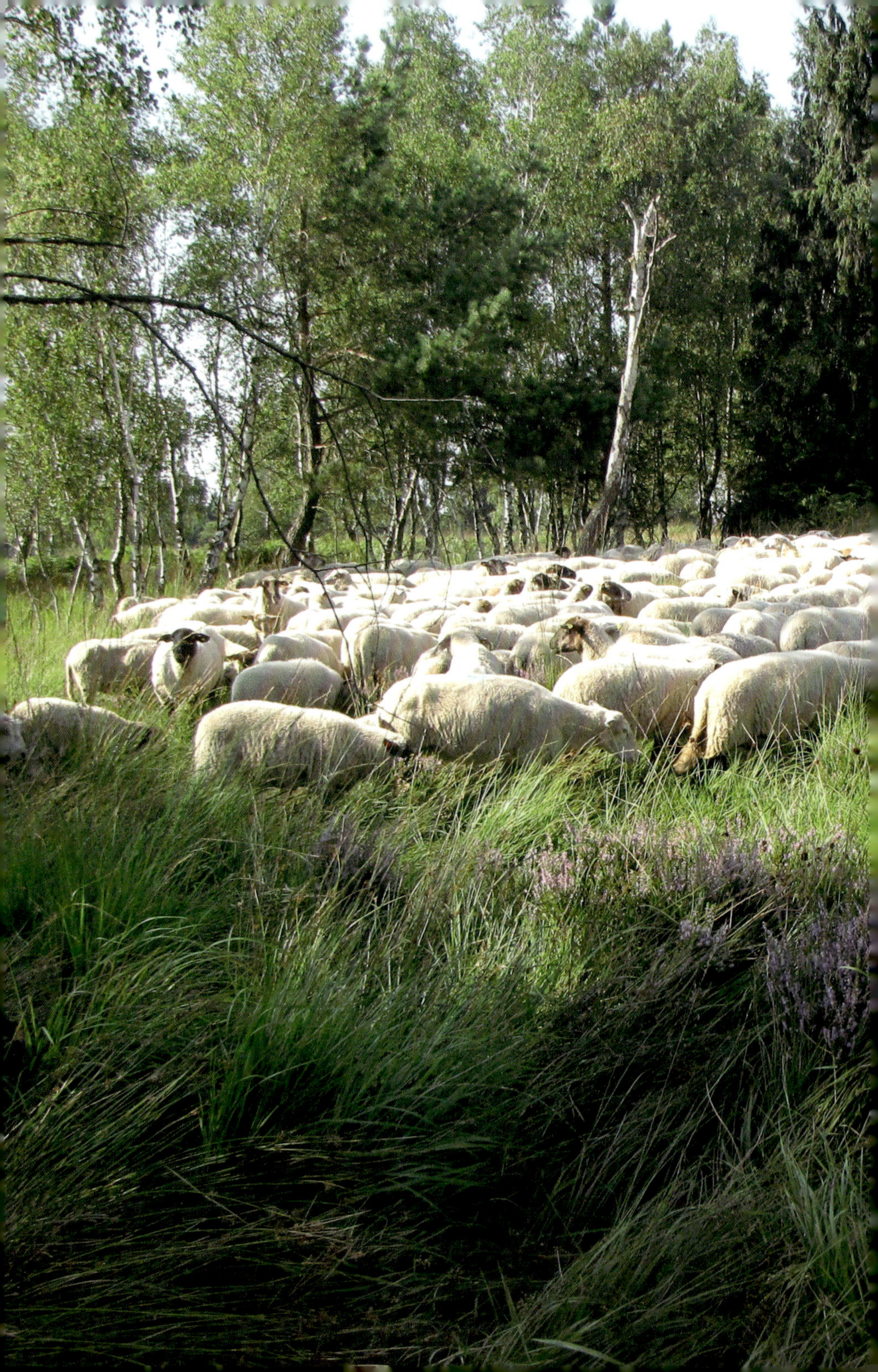

2 Aachen – Stippvisite am Rande der Eifel

2.1 Aachen für Querleser

2.2 Das Vennvorland und das Hohe Venn

2.3 Roetgen

2.4 Struffelter Heide

2 AACHEN – STIPPVISITE AM RANDE DER EIFEL

Herzlich willkommen in **Bad Aachen**!

Ein Stirnrunzeln stelle ich oft bei meinen Besuchern fest ... Bad Aachen? Nie gehört? Aachen ist seit 1974 staatlich anerkanntes Heilbad.

Bevor wir unsere Streifzüge durch die Nordeifel beginnen, stelle ich Ihnen die Stadt in einem kleinen Überblick vor. Wie wir wurden, was wir sind – sozusagen.

Im Dreiländereck ist Aachen die westlichste deutsche Stadt; unsere direkten Nachbarn sind das Königreich der Niederlande und (seit 1830) das Königreich Belgien. 50 % unserer ca. 80 km langen Stadtgrenze ist auch Staats-

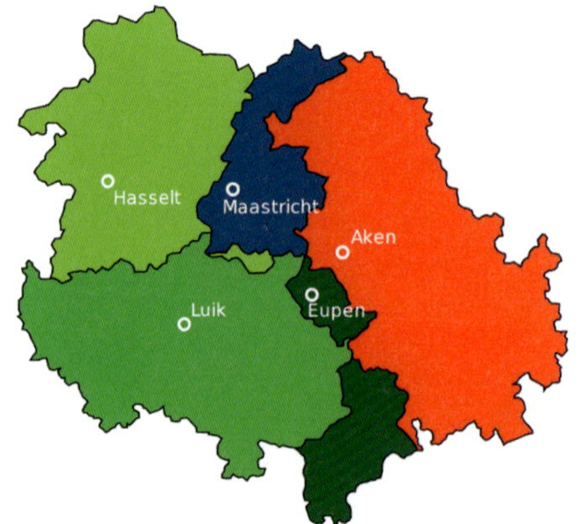

Quelle: www.wikipedia.org/wiki/Euregio_Maas-Rhein aufgerufen am 24.10.2023

grenze. Unsere Nachbarstädte sind in den Niederlanden Maastricht und in Belgien Lüttich. In diesem Städtedreieck wird 1991 die Euregio Maas-Rhein gegründet.

Ein kulturpolitischer Zusammenschluss von ca. 130 Kommunen, in denen ca. vier Millionen Menschen leben.

Aachen zählt ca. 252.000 Einwohner mit über 50.000 Studenten der Rheinisch-Westfälischen Technischen Hochschule (RWTH) und den drei Fachhochschulen und jetzt kommt's: Wir sollen noch die einzige Stadt in Deutschland sein, in der es mehr Männer als Frauen gibt ... Einige meinen: ein übler Zustand ... Wie dem auch sei, diese kleine statistische Besonderheit ist natürlich den technischen Fakultäten zuzuschreiben mit einem sehr hohen Anteil männlicher Studierender.

2.1 AACHEN FÜR QUERLESER

Unsere Siedlungsgeschichte beginnt vor etwa 5.000 Jahren. In der Steinzeit bauen Menschen auf dem Lousberg Feuersteine ab, die zu Halbwerkzeugen weiterverarbeitet werden. Die Kelten leben hier rund 800 Jahre vor unserer Zeitrechnung und hinterlassen uns Hügelgräber, die im Öcher Bösch, im Aachener Wald, in der Umgebung um den Klausberg zu finden sind. Die Römer – jetzt wird's spannend, geben uns die Ehre. Um die neue Zeitrechnung entdecken sie heißes Wasser und sind begeistert. Ein Element, das ziemlich rar ist in der römischen Provinz Niedergermanien. Das römische Aachen, *Aquae Granni*, so wird die Siedlung seit mittelalterlichen Zeiten genannt. Römische Legionen bauen zwei Thermen, eine Siedlung entwickelt sich bis ins fünfte Jahrhundert. Es folgt die Völkerwanderungszeit, eine unruhige Zeit; germanische Stämme ziehen von Norden nach Süden und von Osten nach Westen.

Im achten Jahrhundert kommen die Franken, die ihr Machtgebiet aus dem Pariser Becken nach Nordosten zwischen Rhein und Maas verlagern und mit ihnen die Familie Karls des Großen. Sein Vater Pippin III. lässt hier schon einen Königshof bauen. Karl kennt also die Gegend schon vor Übernahme königlicher Würden im Jahre 768. Während seiner Regierungszeit besucht er die Aachener Quellen und lernt sie schätzen: 27 Besuche sind belegt und in den letzten zwei Lebensdekaden wird er sesshaft, lässt einen für fränkische Verhältnisse gigantischen Regierungssitz bauen – der heute *Aachener Kaiserpfalz* genannt wird. Karl der Große ist nicht in Aachen geboren, ist weder hier zum König noch zum Kaiser gekrönt worden.

Zum König gekrönt wird er 768 in Noyon, heute ein kleines Dorf 110 km nordöstlich von Paris. Papst Leo III. nimmt am Weihnachtstag 800 in Rom die Kaiserkrönung vor. Karl der Große stirbt am 28. Januar 814 und wird noch am Todestag in seiner Kirche beigesetzt. Alljährlich erinnert das Karlsfest Ende Januar daran. Karls Sohn, Ludwig der Fromme, tritt das Erbe an und unter seinen Söhnen kommt es zu den fränkischen Reichsteilungen: das Westfrankenreich mit Karl dem Kahlen, Lotharingien mit Lothar, der auch die Kaiserwürde erhält und das Ostfrankenreich mit Ludwig dem Deutschen. Otto I. lässt sich 936 in Aachen krönen und damit beginnt die Zeit der Königskrönungen bis 1531.

Die Stadtrechte erhält Aachen 1166; am 8. Januar 1166 verleiht uns Friedrich I. Barbarossa das Stadtrecht, mit Markt- und Münzrecht am Folgetag. Zwei Märkte dürfen jährlich gehalten werden. Im 13. Jahrhundert ziehen Pilger nach Aachen. Es wird bekannt, dass in Karls Schatz Reliquien aufgenommen worden sind: das Kleid Mariens aus der Geburtsnacht ihres Sohnes, Windel- und Lendentuch ihres Sohnes Jesus und das Enthauptungstuch Johannes des Täufers – so die christliche Überlieferung. Ein Besucher entgegnete mir bei einer Stadtführung: Enthauptungstuch des Johannes haben wir auch! – Über die Echtheit von Reliquien sind Regale vollgeschrieben worden; müssen wir nicht vertiefen. Die Aachener Heiligtumsfahrt, deren siebenjähriger Rhythmus 1349 von Karl IV. festgelegt wird, findet bis heute statt.

Wirtschaftlich bedeutend für Aachen ist das Gewerbe der Tuchmacher, Kupfermeister und Nadelhersteller mit den entsprechenden Zünften. Aachen wird wichtiger Handels- und Verkehrsort. Die Aachener Tuche werden bis nach Nowgorod im heutigen Russland gehandelt. Die letzte Tuchfabrik schließt 2012.

Kupfermeister aus dem belgischen Dinant sollen es gewesen sein, die hier schön geformtes Brot präsentieren. Die kommen nach der Zerstörung ihrer Stadt nach Aachen. Jetzt haben wir zwei Sorten, die ohnehin schon gebackene und geschnittene Form des Lebkuchens und die in Formen gedrückte Variante: der in Formen geprentete Lebkuchen. Später nehmen die Bäcker hierfür Holzmodeln. Lecker! Zu allen Zeiten und kalorienreich ... Ursprünglich mit Honig gesüßt, dann mit Rohrzucker und als dann Napoleon I. 1806 die Kontinentalsperre verhängt, wird Zuckerrübensirup, dem Chemiker Marggraf sei Dank, verwendet.

Mit der Kaiserkrönung Karls, der ersten nach dem Untergang des antiken römischen Westreiches, wird sich dann später der Name *Heiliges Römisches Reich* entwickeln, das bis 1806 besteht. Für 20 Jahre gehört Aachen zu Frankreich – Aix-la-Chapelle ist eine von 36 *Bonne Villes* im napoleonischen Reich. Die Franzosen sind zunächst wenig beliebt, bringen der Aachener Wirtschaft aber einen ungeahnten Schub, leider nur für kurze Zeit.

Der Wiener Kongress beschließt 1815, dass das Königreich Preußen Gebiete links des Rheins erhält. Zuerst sind wir Franzosen und dann Preußen, gefragt werden wir nicht. Aber Unterschiede gibt es schon zwischen den Rheinländern und Preußen, die ich aber schnell dem Besucher verdeutliche: Wenn der Rheinländer sagt: „Ich komme gleich!", heißt das nicht, dass er das sofort tut und die Zwischenzeit kann schon mal zu atmosphärischen Störungen führen ...

1865 gibt es gleich zwei Gründe zu feiern: Das linksrheinische Gebiet gehört seit 50 Jahren zum preußischen Staat und der Grundstein für die „Königlich Rheinisch-Westfälische Polytechnische Schule zu Aachen" wird gelegt. 1870 wird der Lehrbetrieb aufgenommen. Die Rheinisch-Westfälische Technische Hochschule, wie sie heute heißt, ist seit 2007 „Exzellenzuniversität" und Mitglied im TU-9-Verband.

Die Stadt Aachen gehört zur Provinz Großherzogtum Niederrhein. Die linksrheinischen Provinzen Jülich-Kleve-Berg und das Großherzogtum Niederrhein werden am 22. Juni 1822 zur Rheinprovinz vereint und in fünf Regierungsbezirke gegliedert. Zum Regierungsbezirk Aachen gehören die Landkreise Aachen, Düren, Erkelenz, Eupen, Geilenkirchen, Heinsberg, Jülich, Malmedy, Montjoie und Schleiden. Moment! – Montjoie? Nie gehört. Kann ich verstehen. Montjoie war der französische Name für Monschau. Nach kaiserlichem Willen und Beschluss Wilhelms II. vom 09. August 1918 wird aus *Montjoie Monschau*. Wo sind wir denn? Eine deutsche Stadt mit französischem Namen im wilhelminischen Kaiserreich – niemals. Deswegen Monschau bitte mit weichem *schau* aussprechen und nicht verwechseln mit dem französischen Schlachtruf des Mittelalters: „Mont-joie!", der bezieht sich auf die Festung Montjoie im Heiligen Land. Wir bleiben im Rheinland. Der Regierungsbezirk Aachen wird 1972 in den Regierungsbezirk Köln aufgenommen und der Landkreis Aachen heißt seit 2009 Städteregion Aachen und der Landrat wird zum St-ä-d-t-e-r-e-g-i-o-n-s-r-a-t umbenannt, ist etwas gewöhnungsbedürftig.

Der *Internationale Karlspreis zu Aachen* ist DAS Ereignis in der Stadt, der seit 1950 an Persönlichkeiten verliehen wird, die sich nachhaltig für die europäische Vereinigung und den Frieden einsetzen. Das Karlspreisdirektorium entscheidet über die Wahl der Kandidaten/Kandidatin. Am Christi-Himmelfahrtstag findet dann im Krönungssaal des Aachener Rathauses die feierliche Verleihung statt. Seit 2008 wird der *Karlspreis der Jugend* verliehen, der selbstredend an junge Menschen vergeben wird, die sich für die europäische Verständigung einsetzen. Da wir schon bei Orden und Ehrungen sind, muss ich den *Orden wider den tierischen Ernst* erwähnen, der ebenfalls seit 1950 verliehen wird. Jetzt kommen die Karnevalisten zu Ehren.

Wer jetzt noch mehr über die Kaiserstadt erfahren möchte, dem empfehle ich einen stillen Begleiter in Form eines kostenpflichtigen E-Books *Aachen – Aken – Aix-la-chapelle – ein Stadtbummel*. Downloaden und loslaufen – viel Spaß dabei!

2.2 DAS VENNVORLAND UND DAS HOHE VENN

Von Aachen geht's in südöstlicher Richtung ins Vennvorland, Teil des deutsch-belgischen Naturparks. Landwirtschaft und alte Industriegeschichte prägen diesen Landstrich. Hier wird jahrhundertelang der Blaustein abgebaut. Die Töpfer finden hier tonhaltigen Boden; ihr Schaffen ist in Langerwehe und Raeren noch sichtbar. Der Übergang zum Venn bietet in einem waldreichen Gebiet Wanderern Ruhe und Erholung. Das Naturzentrum, Haus Ternell, gelegen an der Straße von Eupen Richtung deutsch-belgischer Grenze – ist das Tor zum Hertogenwald. Im Vorland zum Venn liegen drei Talsperren: die Gileppe-Talsperre, die Wesertalsperre in Belgien und die Dreilägerbachtalsperre in der Nähe von Roetgen an der deutsch-belgischen Grenze. Das Wahrzeichen der Gileppe-Talsperre ist ein 12 m hoher Löwe; sie wurde ursprünglich gebaut für den Wasserbedarf der Eupener Tuchmacher: Der ca. 300 Tonnen schwere Löwe steht in Richtung der Stadt Eupen und der ehemals nahen preußischen Grenze. Ein Schelm, der Böses dabei denkt.

Ich fahre von Aachen über die Monschauer Straße und die „Himmelsleiter" (B 258) nach

2.3 ROETGEN

Die „Himmelsleiter" hat ihren Namen zu Recht; wie an einer Schnur gezogen und mit einer guten Steigung gebaut, verleitet sie ein wenig dazu, aufs Gaspedal zu treten – nicht übertreiben; die „Blitzer" sind geladen! – genießen Sie lieber die Fahrt. Napoleon hat die Straße 1809 bauen lassen. Von Roetgen, Grenzort zum Königreich Belgien, geht's für Wanderer und Radfahrer direkt in die Natur; die Vennlandschaft wartet vor der Haustür im wahrsten Sinne des Wortes.

Das merke ich jedes Mal an Schön-Wetter-Wochenenden. Der Autoverkehr schiebt sich durch den Ort, zu dem noch Rott und Mulartshütte gehören. Für die Siedlungsgeschichte bedeutend war auch hier die Eisenverhüttung mit dem *Reitwerk* Mulartshütte – auf die Reitwerke werden wir noch zu sprechen kommen. Die Grenzgemeinde hat etwa 8.000 Einwohner – „viele gut situiert", sagen die einen, „die haben hier nur ihr Schlafzimmer", sagen die anderen.

Die ersten Siedler kommen Ende des 15. Jahrhunderts in den heutigen Ortsteil Mulartshütte, hier wird im Reitwerk schmiedbares Eisen hergestellt. Der zweite Ortsteil ist Rott. In der Nähe der Kirche habe ich den „Tinnes" gesehen, der dort anlässlich des 500-jährigen Bestehens des Dorfs 2003 aufgestellt worden ist. *Tinnes* war der Gemeindediener, der die neuesten Nachrichten zu verkünden hatte, rief mit seiner Glocke die Leute herbei: „Bekannt-ma-chung! – Bei Einbruch der Nacht ist mit zunehmender Dunkelheit zu rechnen!" (Diese Nachricht habe ich ihm in den Mund gelegt.)

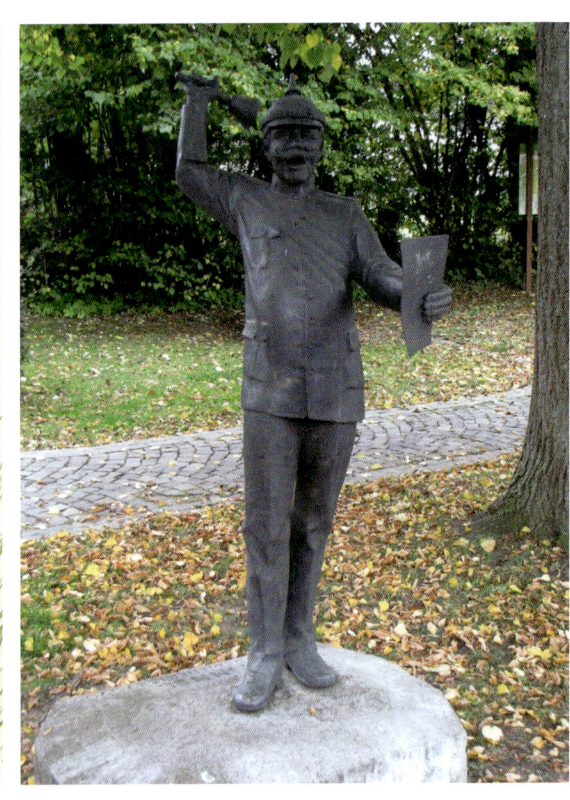

Rotter Tinnes

An der Außenmauer der Rotter Kirche steht der Quirinus-Brunnen und erinnert an den Heiligen Quirinus von Malmedy. Quirinus befreite in Vaux-Sur-Seine die Dorfbewohner vom Teufel, der dort in Form eines Drachens sein Unwesen trieb und den Brunnen vergiftete. Eine Quirinus-Reliquie gelangt über Malmedy auch nach Rott; in der Folgezeit kommen zahlreiche Pilger in das kleine Eifeldorf.

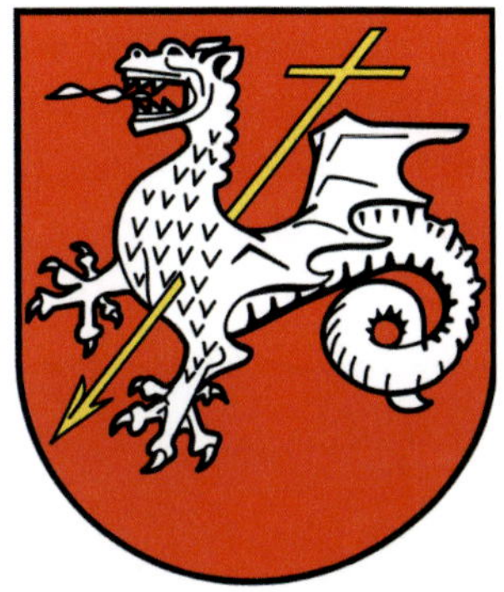

(Quelle: http://st-antonius-rott.kibac.de/ aufgerufen am 05.10.2015).

Der Drachen ziert heute das Roetgener Wappen. Das nahe Aachen ist für viele Roetgener Arbeitsplatz und Einkaufsstadt. Für Saunabesucher, die den Weg ins „ferne" Aachen scheuen, ist das Saunadorf „Roetgen-Therme" eine gute Alternative. Der Besucher kann wählen vom Caldarium bis zur Aufgusssauna, mehrere Pools stehen zur Verfügung. Im Winter gibt's eine kalte Dusche im Eisbrunnen.

» www.roetgentherme.de

Fürs Navi: 52159 Roetgen, Postweg 8 , Tel. 02471/1 20 30

Ich bin aber aus einem anderen Grund hier; ich besuche die

2.4 STRUFFELTER HEIDE

Die Struffelttour ist etwa 10 km lang. Sie bekommen einen First-Class-Eindruck von den Moorlandschaften ringsum. Zwischen Rott und Roetgen parke ich auf dem Parkplatz am Filterwerk und wandere gleich los auf der gut ausgeschilderten Route. Gegenüber vom Parkplatz kann man gleich hochlaufen zur Dreilägerbachtalsperre, die mit der Kalltal- und der Rurtalsperre verbunden ist. Die Talsperre versorgt die Aachener Region mit Trinkwasser und wird vom Dreilägerbach und von zwei wasserführenden Gräben gespeist. Die Heidelandschaft Struffelt ist zu jeder Jahreszeit reizvoll, besonders natürlich im Spätsommer, wenn das Heidekraut blüht, überzeugen Sie sich selbst ...

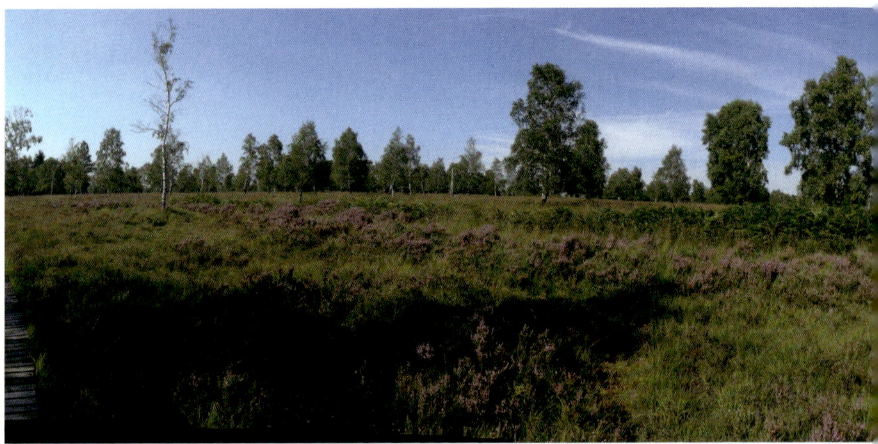

Struffelter Heide

Ich erlebe die Tour als sehr abwechslungsreich – die Knüppeldämme führen durch die malerische Heidelandschaft, dann geht's durch den dichten Wald mit dem Naturdenkmal Rackesch, dann auf einem kurzen Stück am Schwarzwildgehege Roetgen vorbei. Der Waldlehrpfad zeigt, wie die Fotosynthese abläuft, wie ein Blatt aufgebaut ist und beschreibt den Lebensraum einheimischer Tiere. Wenn Sie ganz viel Glück haben, erleben Sie an der Talsperre den Eisvogel. Sein oft leuchtend blaues Gefieder ist gut zu erkennen. Am Ende der Wanderung passieren Sie kleine Reste des Westwalls (vgl. S. 121).

Wenn Sie dann noch Lust auf den Schwarzwildpark Roetgen haben, dann fahren Sie über die Borensgasse dorthin.

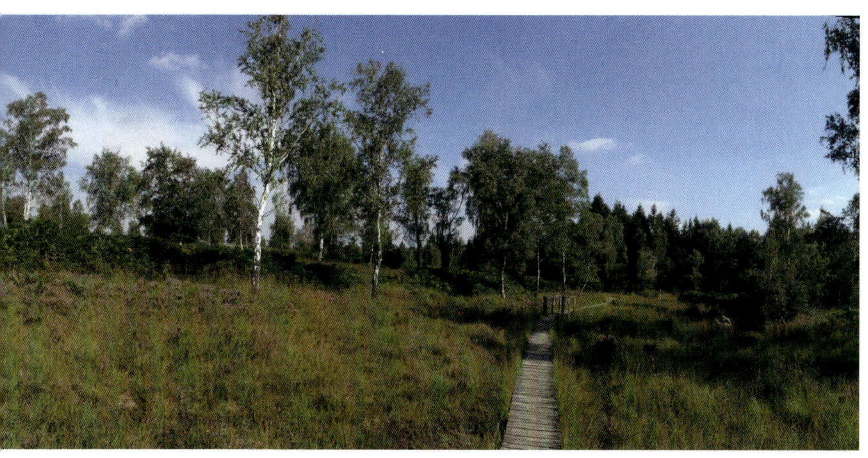

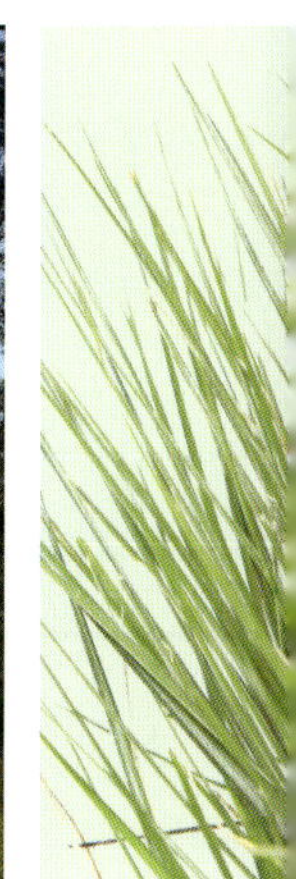

Die Roetgentouristik erreichen Sie in der Gemeindeverwaltung Roetgen.

Fürs Navi:
Hauptstr. 55, 52159 Roetgen
02471/84 78

» www.roetgen.de www.roetgen-touristik.de

Impressionen am Struffelt

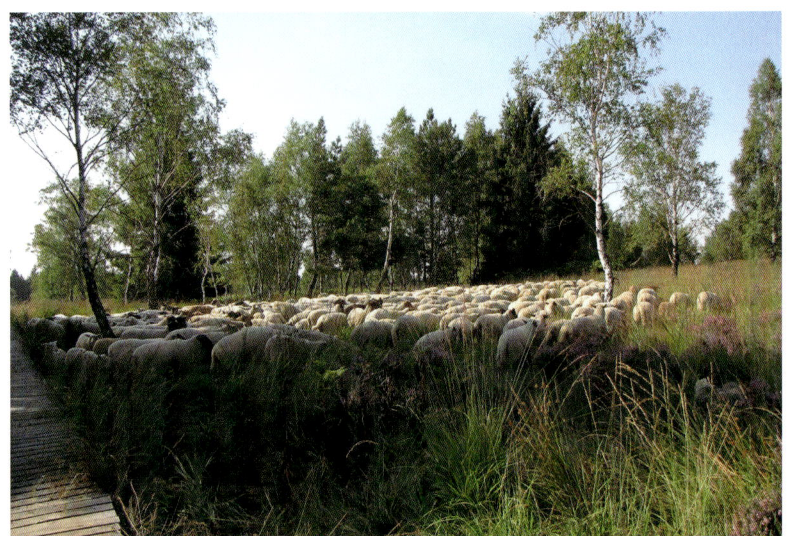

Schafsherde in Struffelter Heide

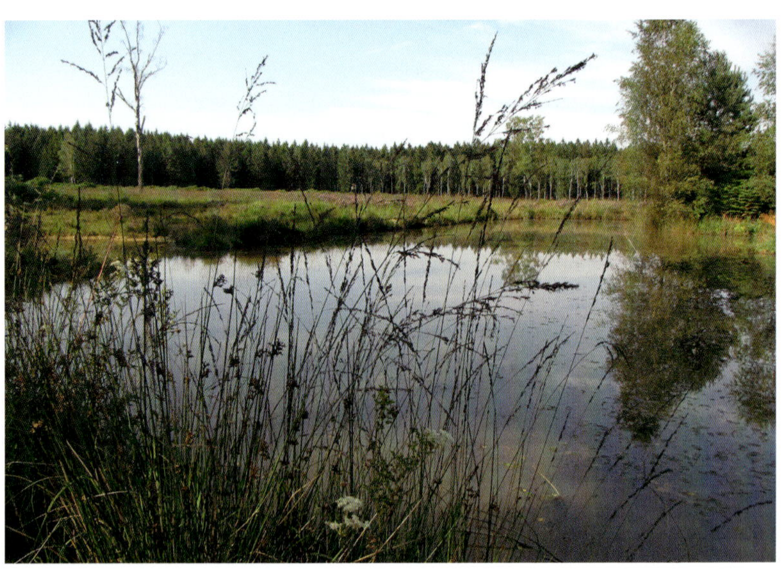

Stille in der Struffelter Heide

Wie entsteht ein Moor?

Nach der letzten Eiszeit vor etwa 12.000 Jahren begann die Moorbildung. Die Eisgletscher schmolzen, der Grundwasserspiegel stieg, Täler wurden geflutet. Feuchtigkeitsliebende Pflanzen vermehrten sich und dort, wo die abgestorbenen Pflanzen nicht abgebaut werden konnten, entstanden Moore. Die Struffelter Heide hat Hochmoorflächen. Hochmoore entstehen in niederschlagsreichen Gebieten und haben einen mineral- und sauerstoffarmen Wasserhaushalt. Das sauerstoffarme Wasser erhöht die pflanzliche Stoffproduktion. Die Biomasse wird allmählich zu Torf, das 1 mm pro Jahr wächst. Ein Hochmoor wird im Gegensatz zum Niedermoor von Regenwasser gespeist und ist nährstoffarm, nur wenige Pflanzen „überleben" in diesem Milieu wie der Sonnentau, Torfmoose, Rosmarinheide oder Wollgräser. Moore sind wichtige CO_2-Speicher, ca 30 % des in der Erdatmosphäre vorhandenen Kohlenstoffs wird in Mooren gebunden. Übrigens: das größte Torfmoor der Erde liegt im afrikanischen Kongo unter dem tropischen Feuchtgebiet Cuvette Centrale, ca. 145.500 km^2 groß. Hier werden 30 Milliarden Tonnen CO_2 gespeichert.

Trocknen die Moore aus, wird das gespeicherte Kohlenstoffdioxid (CO_2) freigesetzt und erhöht den Treibhauseffekt. Das weiß der Mensch, was tut der Mensch? Er legt Moore trocken und rodet den Regenwald.

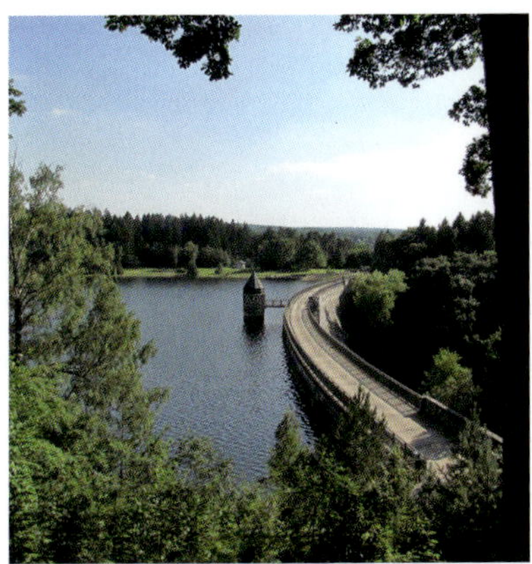

Dreilägerbachtalsperre

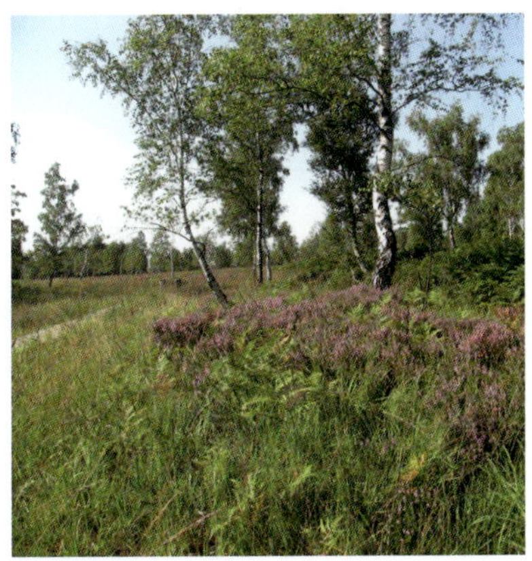

Heideblüte im Struffelt

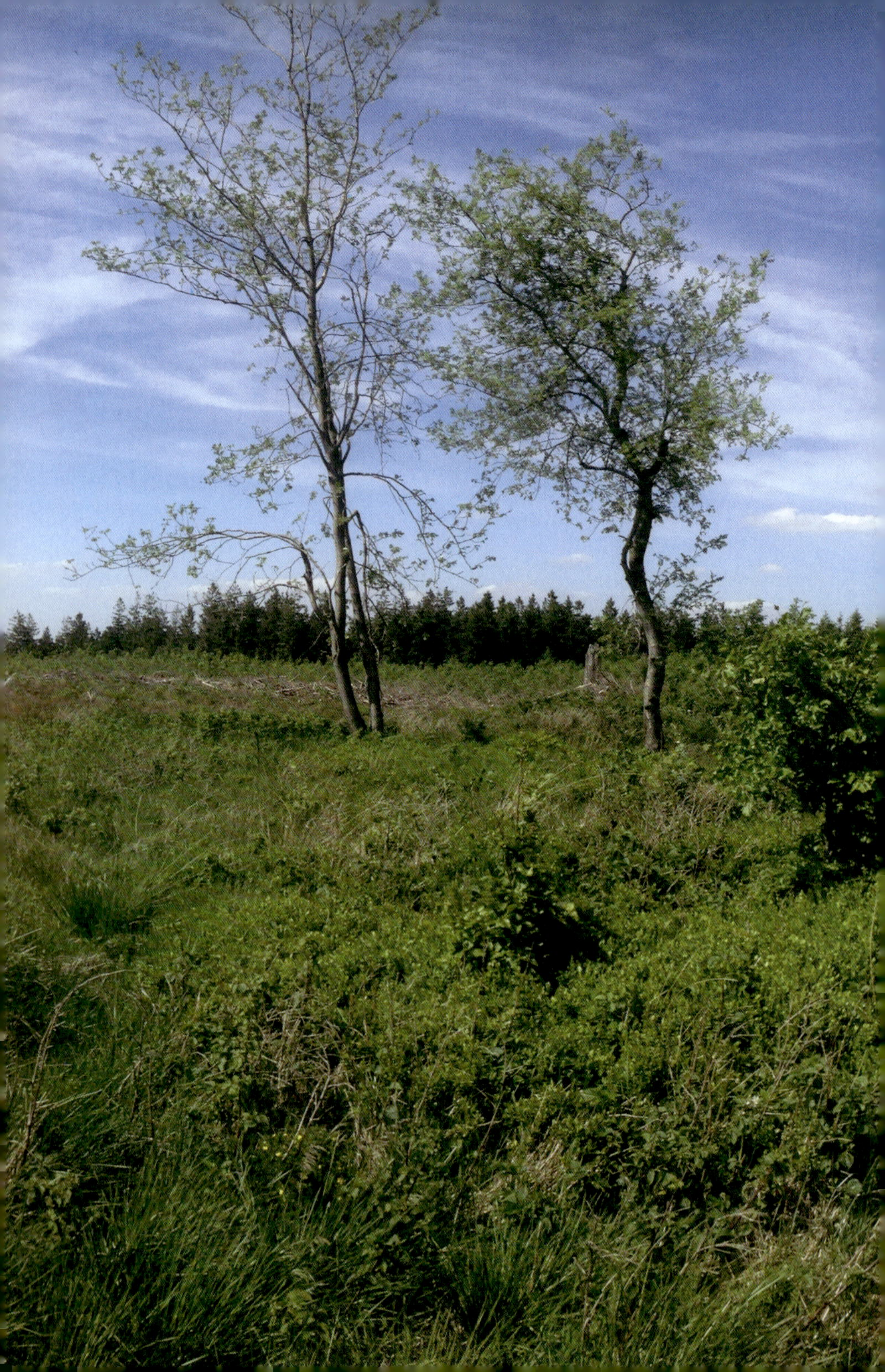

3 Mützenich

3.1 Das Schmugglerdorf

3 MÜTZENICH

3.1 DAS SCHMUGGLERDORF

Mützenich wird schnell und gerne in einem Atemzug mit der Zeit des Kaffeeschmuggelns in Verbindung gebracht. Das ist aber nur eine Facette Mützenicher Geschichte, die ich aber aufschreiben möchte.

Die „harte" DM verführt und der knappe wie teure Kaffee ist Mangelware. In den ersten Nachkriegsjahren war Kaffee begehrt und wurde in kleinen Mengen über die Landesgrenze verbracht; bis das Ganze auch bandenmäßig organisiert wurde. Tonnenweise wird Kaffee über die Grenze geschoben auf teils abenteuerlichen Wegen mit Fahrzeugen, die eigentlich einen anderen Verwendungszweck hatten. Ausgemusterte Armeefahrzeuge wurden eingesetzt, das Volumen der Autotanks „verkleinert", jedenfalls für das Benzin. Gleich am Ortsrand, dort, wo früher an der deutsch-belgischen Grenze das Zollhäuschen stand, ist eine kleine Verkehrsinsel angelegt worden und seit 2012 steht dort ein Standbild, das einen Mann zeigt, der fast lauernd nach Gefahren um die Ecke schaut. Das Schmugglerdenkmal erinnert an die kargen Nachkriegsjahre. Das „braune Gold" war teuer und begehrt – ich erwähnte es.

Die Preußen hatten im 17. Jahrhundert schon die Kaffeesteuer eingeführt. Die „Schmugglerzeit" ist eine wilde und gefährliche Zeit. In deutschen Landen ist, im Gegensatz zum belgischen Nachbarn, der Kaffee extrem hoch besteuert. Wie es so oft ist im Leben – alles fängt ganz harmlos an. Kleine Mengen Kaffeebohnen werden für den Eigenbedarf in Hosen, Taschen gesteckt, in Geheimfächern von Kinderwagen, Frauen sollen plötzlich „hochschwanger" gesehen worden sein. Not macht erfinderisch. Die Schmuggler finden im Wald eine gute Deckung im Adlerfarn, der den Namen „Schmugg-

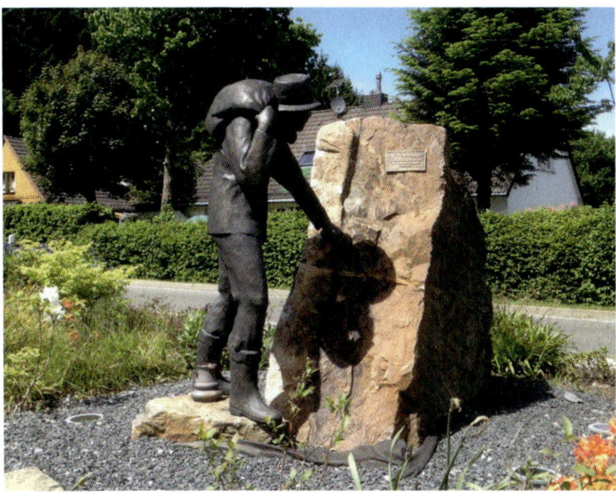

Schmuggler-Denkmal

lerfarn" erhält. Wenn Sie wissen möchten, wie der Adlerfarn zu seinem Namen gekommen ist, schneiden Sie den Stiel am unteren Ende von der abgeflachten Seite her schräg an und der Adlerkopf ist unverkennbar. Das Hissen einer weißen Flagge signalisierte in einem Eifeldorf „die Luft ist rein".

Den Zollbeamten mit ihren lahmen Dienstfahrzeugen bleibt oft das Nachsehen, bis – der Porsche 356 eingesetzt wird, eine „Rakete". Schmuggeln macht erfinderisch: Über die Fahrbahn geworfene Krähenfüße setzen der Verfolgungsfahrt ein jähes Ende, die Reifen werden zerfetzt. Die adäquate Reaktion kommt prompt; der Porsche erhielt eine Zusatzausstattung in Form eines Stahlbesenaufsatzes – der „Besenporsche" ist geboren. Die Situation eskaliert. Dienstwaffen kommen zum Einsatz, Menschen sterben. Umfangreiche Ermittlungen und Prozesse führen u. a. dazu, dass die Fußballmannschaft des TSV Mützenich mangels verfügbarer Spieler absteigen muss. Wo die wohl waren? Vielleicht im „Eifeler Hof", so wurde die JVA Ossendorf, in Insiderkreisen genannt. Obwohl: Das (neue) Gefängnis liegt ca. 6 km vom Klingelpütz entfernt, dort stand das alte und Ende der 1960er-Jahre abgerissene *Gefängnis am Klingelpütz*. Hier hatte die Familie Clingelmann auf ihrem Grundstück einen Brunnen. Der Kölner nennt den Brunnen „Pütz". Im

Klingelpützpark erinnert heute ein Gedenkstein an die während der NS-Zeit hingerichteten Menschen. 1931 wurde im „alten" Klingelpütz der Serienmörder Peter Kürten, bekannt als „Vampir von Düsseldorf", hingerichtet.

Wer mehr über die Schmugglerzeit erfahren möchte, dem empfehle ich einen Besuch im Zollmuseum Friedrichs im Aachener Stadtteil Horbach.

Horbacher Str. 497
52072 Aachen
Tel. 0241/9 97 01 65
›› www.zollmuseum-friedrichs.de

Die Schmugglerzeit findet mit einer eher unspektakulären Maßnahme ein Ende: 1953 wird die Steuer abgesenkt, das Schmuggeln verliert an „Attraktivität" und Ruhe kehrt ein an der „Sündige(n) Grenze", so heißt der Film, der 1951 gedreht wurde.

Mützenich – heute. Das Eifeldorf, mehrfach ausgezeichnet als Golddorf im Bundeswettbewerb „Unser Dorf hat Zukunft", ist Startpunkt für Wanderer und Radfahrer gleichermaßen. Das nahe gelegene Hohe Venn und ausgedehnte Wälder sind ein Mekka für Eifelbesucher.

Mutiniacum heißt wahrscheinlich die römische Siedlung und im Dorfmuseum „Uraalt Scholl" erfahre ich dann, dass der Helm im Mützenicher Wappen einem römischen Soldaten gehörte, dessen sterbliche Überreste 1783 im Hohen Venn gefunden wurden.

In der Dorfmitte, unweit der Kirche in der Ringstraße 4, steht das Dorfmuseum, die „Uraalt Scholl" – die „uralte Schule", 1830 als erste Mützenicher Schule gebaut und heute unterhalten vom Heimatverein Mützenich. Dargestellt wird nicht nur die Dorfgeschichte anhand vieler Fotos, sondern auch die geografische Lage, die schon außergewöhnlich ist – Mützenich ist quasi umgeben von belgischem Hoheitsgebiet.
›› www.heimatverein-mützenich.de

Der Heimatverein begrüßt Sie auf seiner Homepage mit einem netten Vers:

„Eh Dörpsche litt em Monscher Langk, dat ös os all jo jott bekanngkt, et litt net wig vam Ruede Venn on och net wig vah Stehle. Vör Johre wor do noch de Mode kuerte Bozze bös böver de Brohde, ne lange Keddel on Schnalleschohn, eh Mökschje mot nem Plümsche drahn. Ne Storm passeert en dessem Ort, on reß denne Männscher de Mökschjer vort. Do sahte si: Op iewischlisch hescht dat Dorp nu ‚Mötzenich'".

Das Museum hat regelmäßig nur an einem Sonntag im Monat geöffnet; also vorher anrufen: 02472/90 99 13

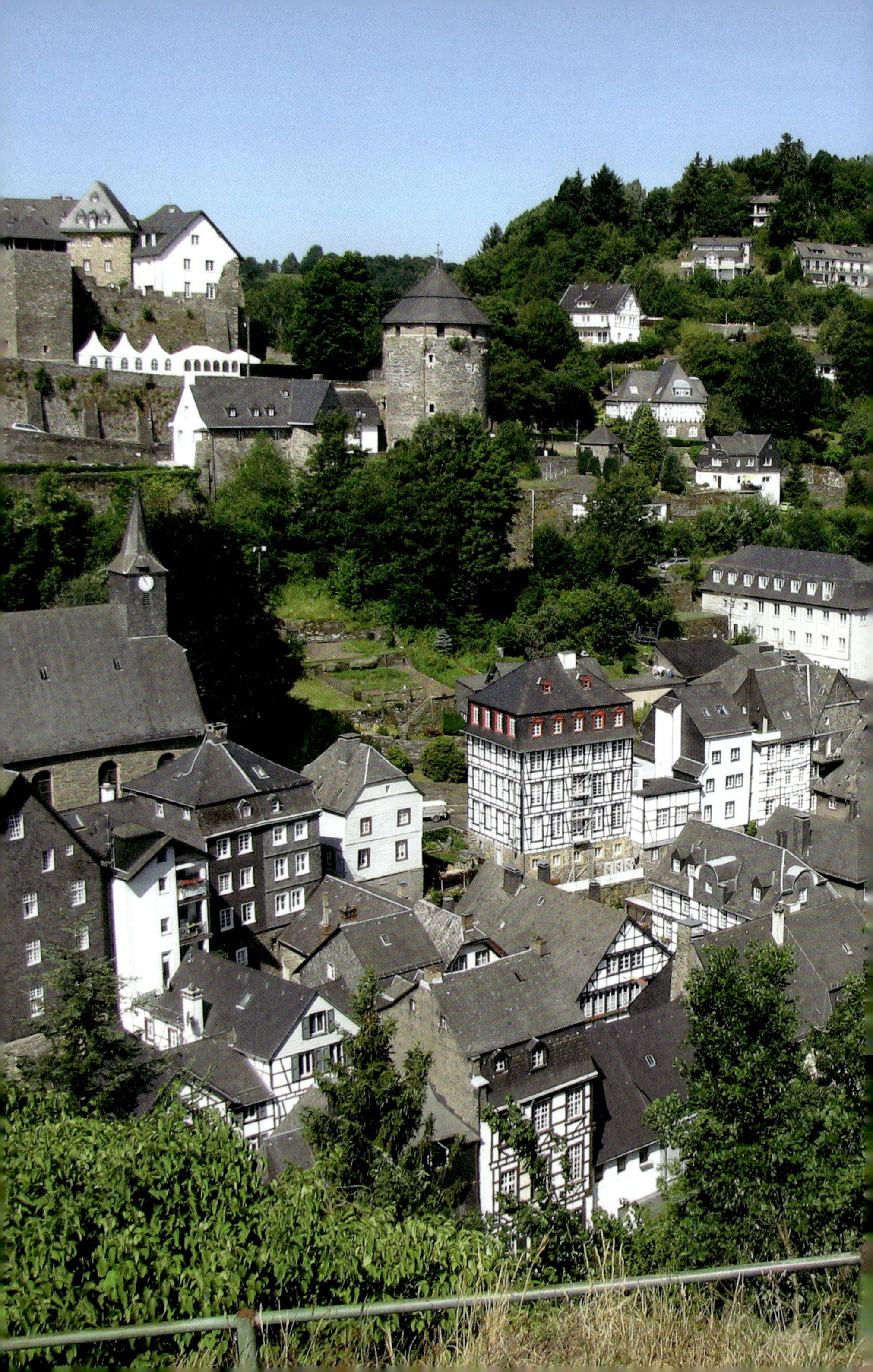

4 Das Monschauer Heckenland

4.1 Eicherscheid – ein Eifeldorf, ein Golddorf

Die Heckenlandroute

4.2 Monschau – die Perle der Eifel

Die Burg Monschau

Monschauer Impressionen

4.3 Höfen

Die Landschaftskrippe in Höfen

4.4 Im Perlenbachtal

4 DAS MONSCHAUER HECKENLAND

Rotbuchenhecken prägen seit dem 17. Jahrhundert viele Dörfer im Monschauer Land, die einen guten Kälteschutz gegen den oft bitterkalten, vom Atlantik kommenden Westwind bieten. Dabei ist ein Dorfname selbstredend – Kalterherberg, heute ein Stadtteil von Monschau. Lange vor der Aufforstung der Eifel mit dem „Prüsseboom", damit ist die Fichte gemeint, die im 19. Jahrhundert von der preußischen Forstverwaltung in die Eifel gebracht wurde, war die Eifel vor allem Buchen- und Laubwald. Buche hat einen hohen Brennwert und war ideal geeignet für die Herstellung von Holzkohle – das wussten nicht nur die Römer, sondern auch später, als große Mengen Holzkohle von den in Aachen und Stolberg ansässigen Kupfermeistern für die Herstellung von „gelbem Kupfer", Messing, gebraucht wurde. Unübersehbar und meterhoch gebaut, sind die Hecken vor allem in den Dörfern Höfen und Eicherscheid zu sehen.

4.1 EICHERSCHEID – EIN EIFELDORF, EIN GOLDDORF

Im Sommer habe ich Eicherscheid besucht, dort war ich mit Kurt Förster, einem Eicherscheider Urgewächs, verabredet. Das weitläufige Dorf haben wir mit dem Fahrrad ausgekundschaftet. Förster erzählt mir, dass im Dorf die Gemeinschaft lebt und vieles von den örtlichen Vereinen Hand in Hand geschaffen wurde – Zeuge sind z. B. die Sportanlagen und der Eicherscheider Saalbau, die „Tenne". Wer es also mal krachen lassen möchte, einen Raum sucht für seinen Geburtstag oder die Hochzeit zu feiern hat, ist in der „Tenne" am rechten Ort.

» www.tenne-eicherscheid.de

Das Wappen von Eicherscheid zeigt die Eiche, die vielfach wie die Buche für die Herstellung von Holzkohle benötigt wurde, und deutet auf den großen Waldbestand in dieser Gegend hin. Die Holzsattler fertigen Kummethölzer (links), die werden den Zugtieren um den Hals gelegt und ermöglichen ein gutes Steuern der Zugkraft. Der Hammer weist auf die Eisenproduktion im ebenfalls zu Simmerath gehörenden Dorf Hammer hin, in dem ein Hammerwerk betrieben wurde. Die Eiche steht als trennendes Element im Wappen auch für die Wasserscheide(nlinie), die die Zuflüsse von Kall und Rur abgrenzt.

Die Wurzeln von Eicherscheid führen in das 15. Jahrhundert zurück, dokumentiert ist eine Streitigkeit um die Festlegung des Zehnten für den Lehnshof Eicherscheid. 1683 wird eine erste Kirche gebaut, wesentlich beteiligt Stephan Horrichem, Abt vom Kloster Reichenstein.

Die Kirche ist der Heiligen Lucia gewidmet. Die 283 im italienischen Syrakus geborene Lucia war die Tochter eines wohlhabenden Bürgers aus Rom. Sie hatte die Ehelosigkeit gelobt und ihren Bräutigam zurückgewiesen. Der, ein wohl in seiner männlichen Eitelkeit getroffener Edelherr, klagt Lucia als Christin an. Der Richter will die Angeklagte in ein Bordell stecken, aber selbst ein Ochsengespann und ein Heer starker Männer können der Frau nichts anhaben. Schließlich wird sie mit einem Schwertstich in den Hals getötet. Ihr Gedenktag ist der 19. Dezember. Eine Bauernregel sagt: An St. Lucia ist der Abend dem Morgen nah. St. Luzen tut den Tag stutzen.

Lucia ist die Patronin der Armen, Blinden, der reuigen Dirnen, Weber und Messerschmiede und der Städte Syrakus und Venedig. Die Karibikinsel St. Lucia trägt ebenfalls den Namen dieser offensichtlich standfesten Frau. In Skandinavien, vor allem in Schweden, wird heute noch das Luciafest gefeiert mit dem Tragen weißer Gewänder und dem Verzehr von Luciakatzen, einem süßen Safrangebäck.

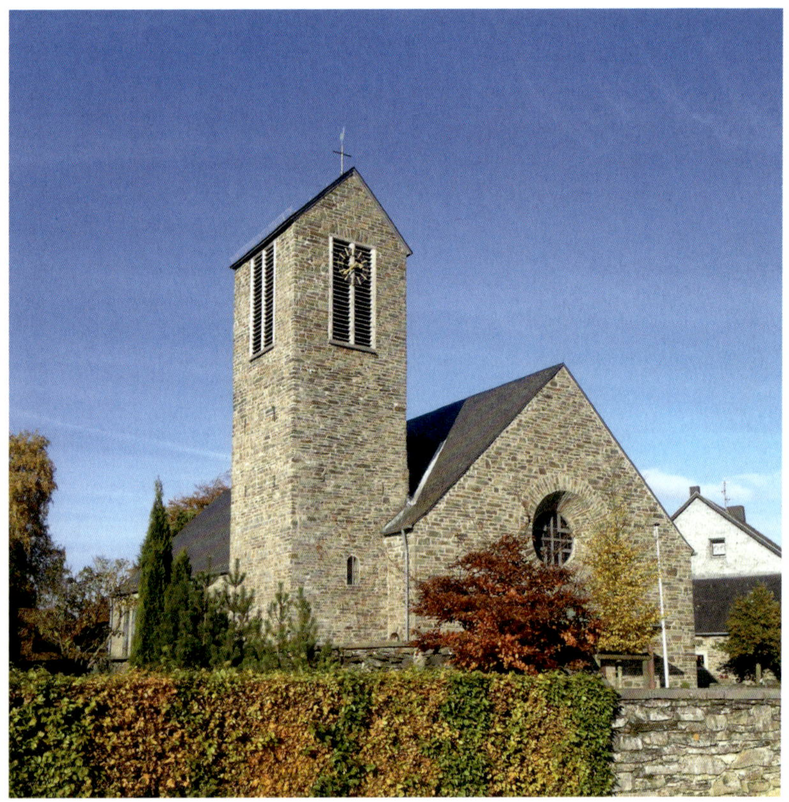

Pfarrkirche St. Lucia in Eicherscheid

Das Dorfbild bestimmt neben den Buchenhecken die 20 m hohe Dorflinde.

An den Gerichtslinden tagte im Mittelalter das Dorfgericht, vielfach fanden unter den Linden auch die Ratsversammlungen statt.

Wir radeln weiter durchs Dorf und passieren die erste Haushecke – gigantisch, auch wenn der Buchautor kein groß gewachsener Mensch ist ...

Wer schneidet die obere Etage? Die gekrümmten Heckenhölzer wurden in Eicherscheid bis ins 20. Jahrhundert für die Herstellung des Kummets am Pferdegeschirr hergestellt, sie brachten so Brot und Geld in die Familie.

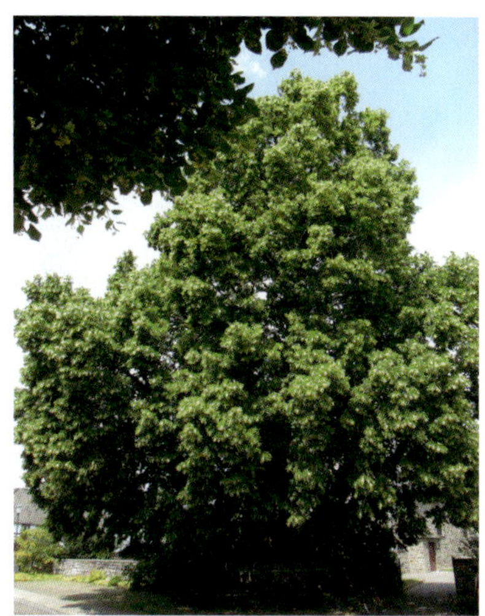

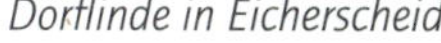

Dorflinde in Eicherscheid

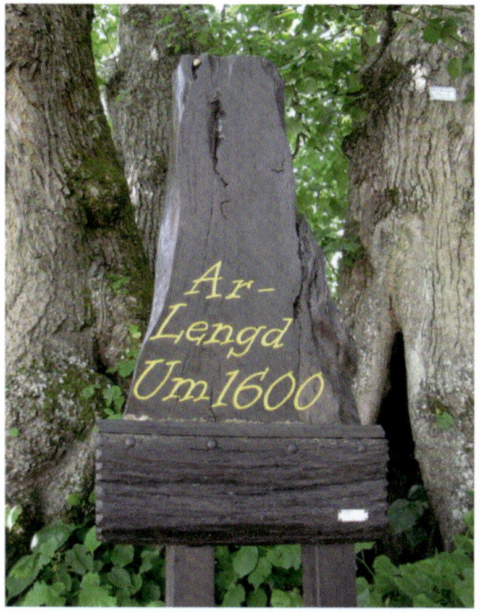

ar lengd um 1600 – an der Linde um 1600

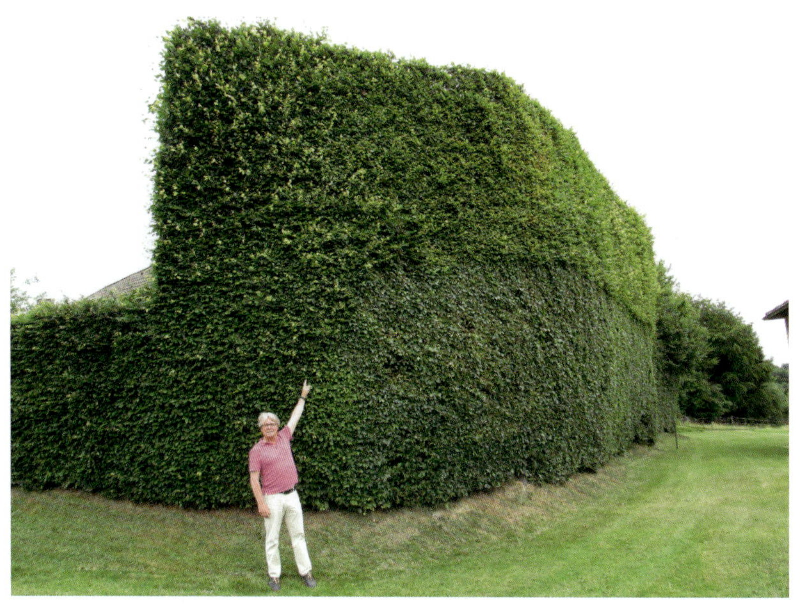

Buchenhecke in Eicherscheid

Und weiter geht's zum Bauernmuseum „Zur Alten Scheune". Die Ausstattung des Museums kann sich sehen lassen: bäuerliches Werkzeug, Musikinstrumente, wie „de Trööt", die fein säuberlich neben anderen Musikinstrumenten hängt. Am Herd hängt ein „Schottelplack" (Putzlappen), obendrauf steht ein Kaffeepott mit Koerkessel (Kornkessel), een „Schmies" (feiner Zwirn).

» www.eicherscheid.de/eicherscheid/bauernmuseum
» www.eicherscheid.de
» www.geschichte-eicherscheid.de

Das Bauermuseum ist zu finden in der

Breitestr. 23
52152 Simmerath - Eicherscheid
Tel. 02473/82 52

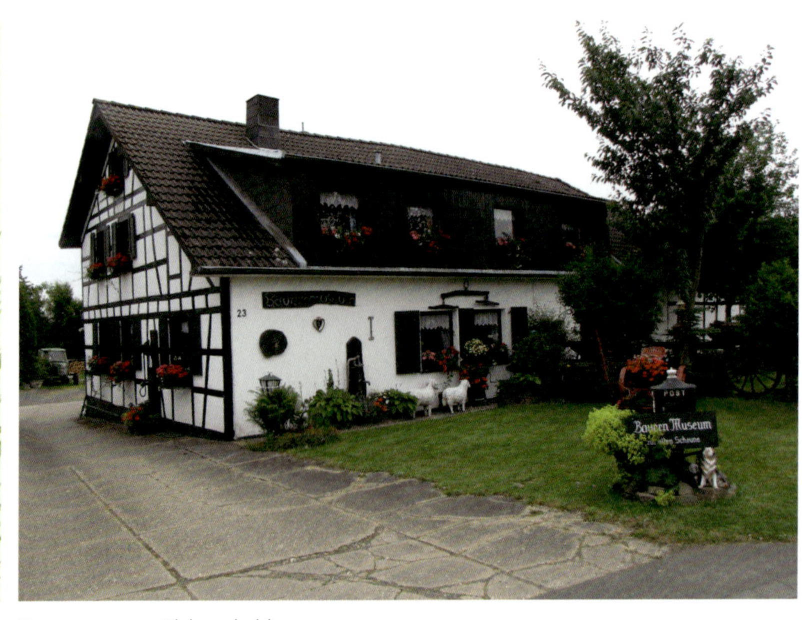

Bauernmuseum Eicherscheid

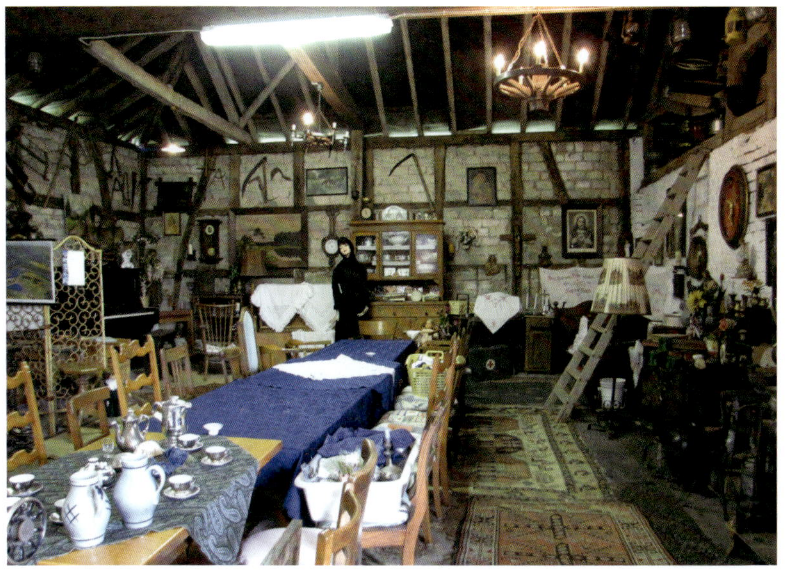

Das Herz des Museums in Eicherscheid

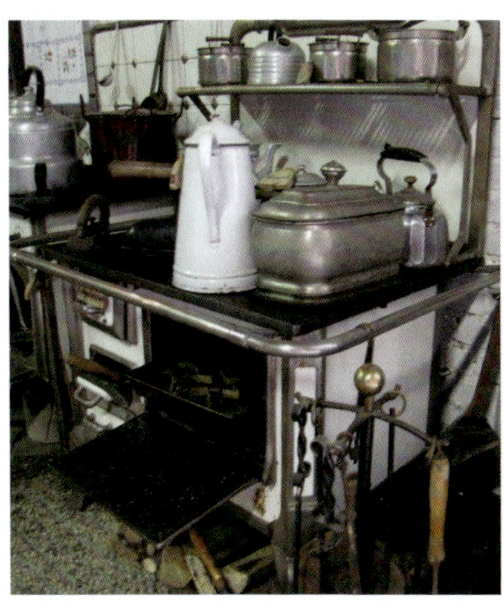

Der gute alte Herd

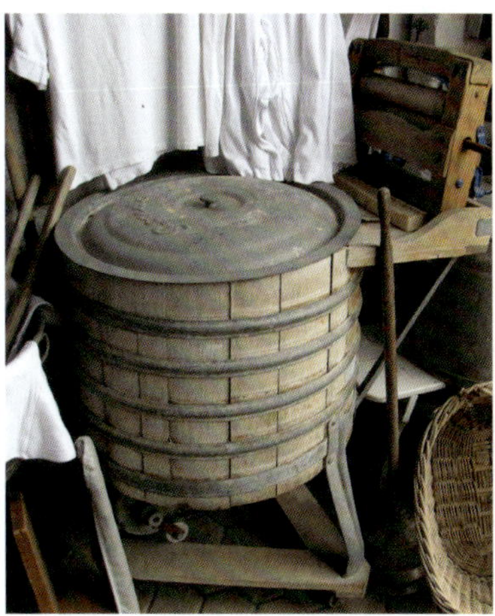

Die Waschmaschine

Der Eescher Moospang

In früheren Zeiten wurde in jedem Eicherscheider Garten Weißkohl angebaut, oder besser gesagt, „Kappes", Sauerkraut, das Eicherscheider Leibgericht. Im Museum steht ein „Kappesschaber". *Suur Moos* nennt der Eescher das Sauerkraut, serviert mit Speck oder Schweinebraten und weißen Bohnen. Da bekanntlich ohne „Moos" nix los ist, wird das Gericht bei Festivitäten kredenzt. Nein, dieses Moos ist dem jiddischen „Moes" (= Geld) entlehnt. Wer es übertreibt, wird dann schnell auch mal etwas spöttisch „Eescher Moospang" genannt; will sagen, der Eicherscheider hat ein Sauerkrautbäuchlein ... nicht wirklich überraschend, scheint doch Sauerkraut wesentlicher Bestandteil der alltäglichen Mahlzeit gewesen zu sein; in den Familien sollen über 100 kg davon pro Jahr konsumiert worden sein.

Die Jans Naat

bringt die unverheirateten Burschen des Dorfes auf die Beine. Kurz nach der Sommersonnenwende, wo andernorts das Johannisfeuer entfacht wird, stellen die Junggesellen des Dorfes ihrer Liebsten einen Ahornbaum ans Haus. Nach getaner Arbeit wird dann in geselliger Runde über die Ordnung im Dorf gewacht. Eindringlinge, die in dieser Nacht den „Dorffrieden" stören und gleichfalls Zeugnis ihrer Zuneigung zu einem Eicherscheider Mäddche ablegen wollen, sollten an den fälligen Obelus in Naturalien denken ...

Der Johannistag läutet in der Regel das Ende der Schafskälte ein, die Ernte kann beginnen und die Glühwürmchen (Johanniskäfer) sind besonders aktiv; das Johanniskraut zeigt seine Blüten und schließlich findet man die Wirkstoffe in pflanzlichen Heilmitteln bei der Behandlung von depressiven Erkrankungen.

DIE HECKENLANDROUTE

Ich starte die Route in Eicherscheid; der Routenplan gibt eine Wanderstrecke von 15 km vor, bei einem durchschnittlichen Wandertempo von 4 km pro Stunde wäre die in ca. vier Stunden zu schaffen. Startpunkt ist die Kreuzung L 106/Rott.

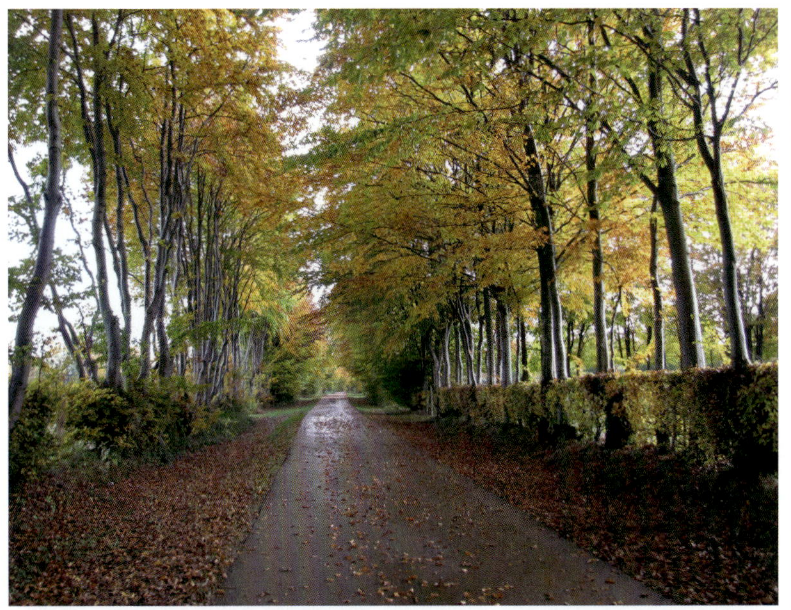

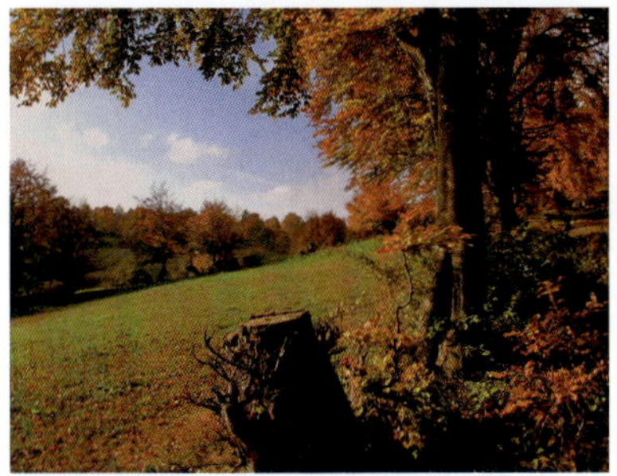

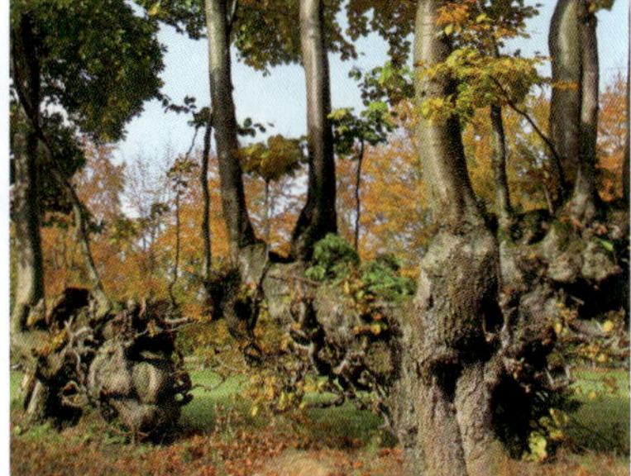

Hecken in der Nähe von Eicherscheid

4.2 MONSCHAU – DIE PERLE DER EIFEL

Oder besser gesagt – eine der Perlen ...

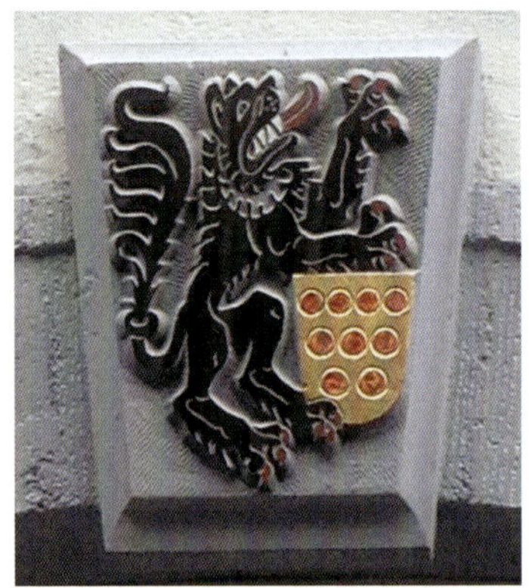

Das Monschauer Stadtwappen zeigt gleich, wer Herr im Haus war – die Jülicher Herzöge.

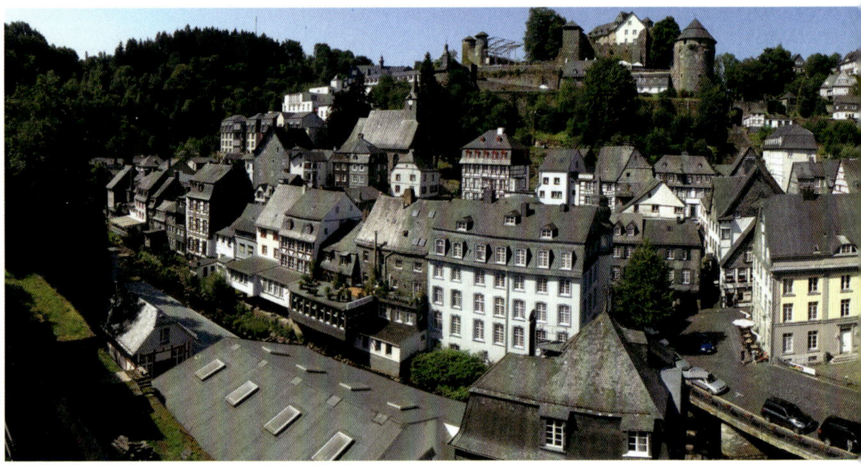

Perle der Eifel - Monschau

Die Herzöge von Limburg bauen hoch über dem Tal die Burg; Monschau erhält 1352 das Stadtrecht. Johann III. von Schönforst ist Herr über Montjoie bis zur ersten Hälfte des 15. Jahrhunderts. Die Herren von Schönforst hatten ihren Stammsitz auf Burg Schönforst im heutigen Aachener Stadtteil Forst und das Wappen zieren neun rote Kugeln, deren Identität ist nicht ganz geklärt. Danach folgte der Herzog von Jülich und dafür steht der schwarze Löwe. Die Jülicher bleiben Hausherren bis zur französischen Zeit. In der nachnapoleonischen Zeit wird das linksrheinische Gebiet preußisch und der Landkreis Monschau gehört im Regierungsbezirk Aachen zur Rheinprovinz, die nach dem Zweiten Weltkrieg aufgelöst wird. 1946 folgt das Bundesland Nordrhein-Westfalen in der britischen Besatzungszone. Die Briten führen dann auch die kommunale Doppelspitze Stadtdirektor und Bürgermeister ein, die bis Ende der 1990er-Jahre Bestand hatte.

Das Stadtbild von Monschau ist geprägt von über 300 Baudenkmälern, eines schöner als das andere. Hoch über dem Tal der Rur thront die Burg, 1217 wird das „Castrum in Monjoje“ schriftlich erwähnt und in der Folgezeit von den Jülicher Landesherren als Festungsanlage ausgebaut.

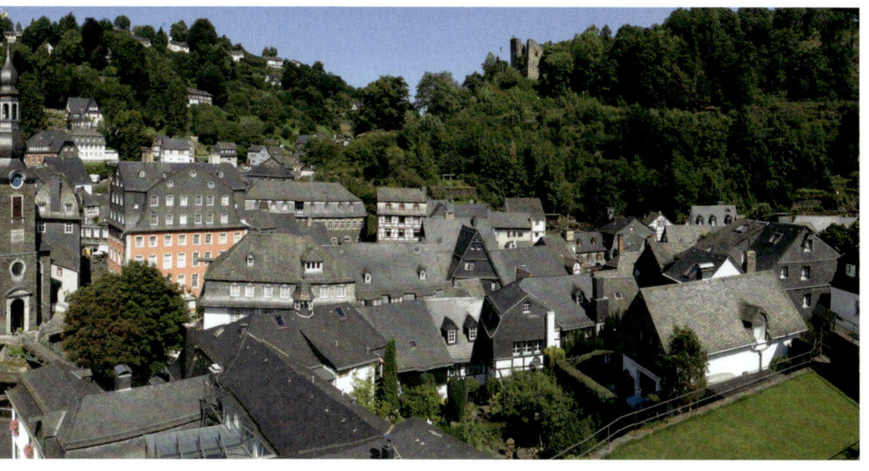

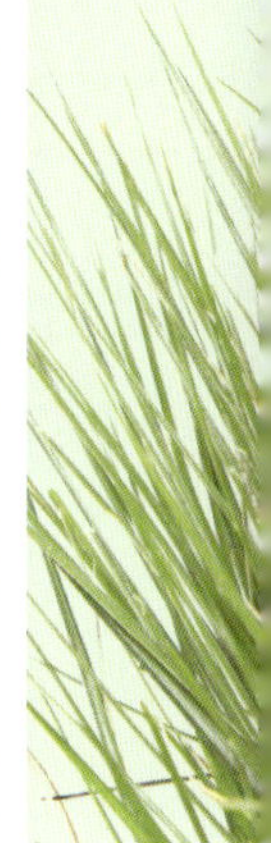

Monschau hat heute ca. 12.000 Einwohner in den Stadtteilen Imgenbroich, Höfen, Kalterherberg, Mützenich, Rohren, Konzen und im Stadtkern von Monschau selbst.

Wer die Eifel besucht und nicht der Stadt Monschau einen Besuch abgestattet hat, macht einen Fehler, den man aber revidieren kann. Monschau heißt noch nicht lange Monschau. Die Rur fließt durch dieses Städtchen – die Rur ohne H!, damit es keine Verwechslung mit der rechtsrheinischen RuHr gibt. Die Eifel-Rur entspringt im Hohen Venn, genauer gesagt, in der Nähe von Botrange, einem Ortsteil von Weismes (Belgien). Vom Hohen Venn fließend, erreicht die Rur in Kalterherberg deutschen Boden, um dann durch Monschau über die Rurtalsperre nach Heimbach, Düren, Jülich und Heinsberg ins niederländische Roermond zu fließen; hier mündet die Rur in die Maas – bis dahin hat der Fluss drei Länder durchflossen und etwa 165 km zurückgelegt. An diesem Fluss wurden vielfach Mühlengräben angelegt als Wasserspeicher für die Mühlen.

Die Rur hat auch politische Bedeutung. Zum einen gibt sie dem Department de la Roer, dem Verwaltungsbezirk während der französischen Herrschaft von 1794 bis 1814, den Namen, die Hauptstadt war Aix-la-Chapelle.

Während des Zweiten Weltkrieges verlief entlang der Rur die Rur-Front, wo in jener Zeit heftige Kämpfe stattfanden.

Heute dient die Rur friedlichen Zwecken, wie der Stromerzeugung in den Kraftwerken Schwammenauel, Heimbach und Roermond. Der gut befahrbare Rurufer-Radweg führt von der Quelle bis zur Mündung und ist ausgeschildert.

» www.rurufer-radweg.de

Ich stelle meinen PKW auf dem Parkplatz Burgau ab, „bewaffnet" mit allem, was ein Touri braucht, und laufe los: Rucksack, Kamera, Papier und Bleistift, iPad® und gute Beine, denn in Monschau muss man schon ein wenig „klettern" können ... aber es lohnt sich – versprochen!

Auf dem Gelände einer alten Tuchfabrik steht der Handwerkermarkt. Ein künstlich angelegter Bach lässt eher einen dörflichen Charakter entstehen,

zugegeben, ein sehr kleines Dorf. Glas, wie es vor 2.000 Jahren hergestellt wurde, zeigt die Glashütte. Die Glasmacher zeigen mit gekonnten Handgriffen an der Glasmacherpfeife ihr Können. Eine schweißtreibende Arbeit, die Temperatur im Schmelzofen liegt bei etwa 1.300° C. Nebenan kann eine Modelleisenbahn bestaunt werden und für das leibliche Wohl ist selbstverständlich auch gesorgt.
›› www.eifel.info/a-handwerkermarkt-monschau

Auf dem Weg in die Stadt lese ich auf dem Straßenschild „Herbert-Isaac-Straße". Wer war das? Issac wurde 1923 in Imgenbroich geboren, war lange Jahre Leiter der Elwin-Christoffel-Realschule, war u. a. Ratsmitglied und Bürgermeister der Stadt und Mitglied des Kreistages des früheren Landkreises Monschau. Übrigens – das alte Nummernschild MON ist wieder zu haben. Da antwortete doch ein Passant auf meine entsprechende Frage mit einem kleinen Augenzwinkern: „**M**ensch **O**hne **N**erven" ... hat er recht? Ich weiß es nicht.

Von dort bin ich dann entlang des Eifelwanderwegs 25 hoch auf den Kierberg gelaufen, hier ist die obige Panoramaaufnahme entstanden. An der Sonntagsley ist ein kleiner Kräutergarten angelegt. Der Wanderer wird hier daran erinnert, dass Monschau einst bedeutende Tuchmacherstadt war. Die gewalkten Tuche wurden auf Rahmen gespannt und getrocknet und dieser Arbeitsvorgang gab dem Rahmenberg den Namen. Gut erkennbar an seiner terrassenförmigen Anlage.

Wieder in der Altstadt angekommen, biege ich nach rechts in die Austraße ein, dass Haus mit der Nr. 9 ist das „**Kunst- und Kulturzentrum**" der Städteregion Aachen, kurz: KuK genannt. In diesem Haus saßen in früheren Zeiten die Finanzbeamten; na ja, mit dem bundesrepublikanischen Steuersystem klarzukommen, ist manchmal auch „Kunst". Das KuK hilft jungen Künstlern bei der Existenzgründung, ist Arbeitsstätte für kunstinteressierte Menschen und Museum für zeitgenössische Kunst – alles unter einem Dach. 2007 wurde das KuK von der Berliner Initiative „Deutschland – Land der Ideen" ausgezeichnet. Das Veranstaltungsprogramm ist einzusehen auf
›› www.kuk-monschau.de
›› www.land-der-ideen.de

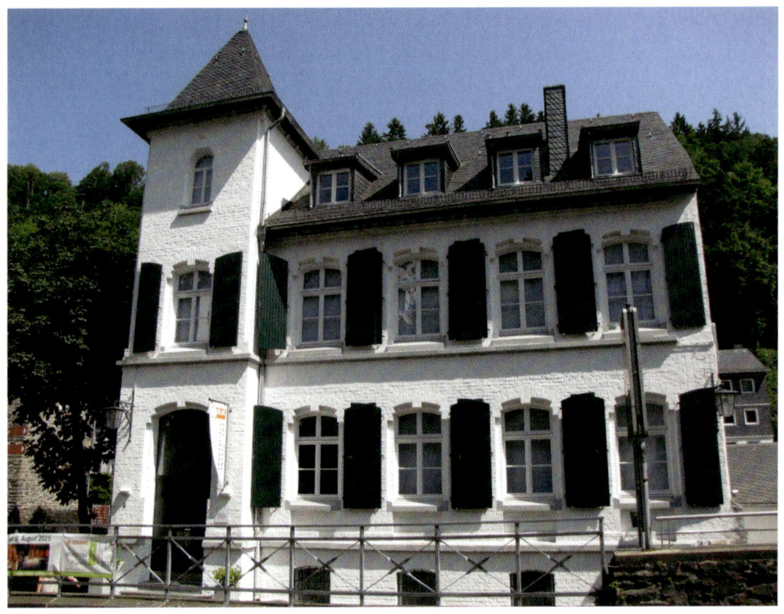

KuK - Monschau

In Richtung Marktplatz steht auf der rechten Seite das im 18. Jahrhundert gebaute Minoritenkloster, das Aukloster, und die Aukirche ist heute die (neue) katholische Pfarrkirche. Die Herren von Au, Besitzer des Klostergeländes, waren die Namensgeber. 1803 wurde das Kloster im Zuge der Säkularisation aufgelöst. Der heutige Innenausbau ist das Ergebnis des Zweiten Vatikanischen Konzils. Das neue Eucharistieverständnis stellt ein Mitwirken der am Gottesdienst teilnehmenden Menschen in den Vordergrund, sodass auch der Zelebrationsaltar mitten unter den Gläubigen steht. Ins Auge fällt die direkt rechts neben dem Eingang stehende schwarze Modanna (erste Hälfte des 18. Jahrhunderts) aus dem ehemaligen Ursulinenkloster (heute Sparkasse). Die Minoriten gehören als franziskanischer Orden mit den Dominikanern, Karmeliten und Augustiner-Eremiten zu den vier „Bettelorden". Im ehemaligen Klostergebäude finden Ausstellungen, Konzerte und Konferenzen statt.

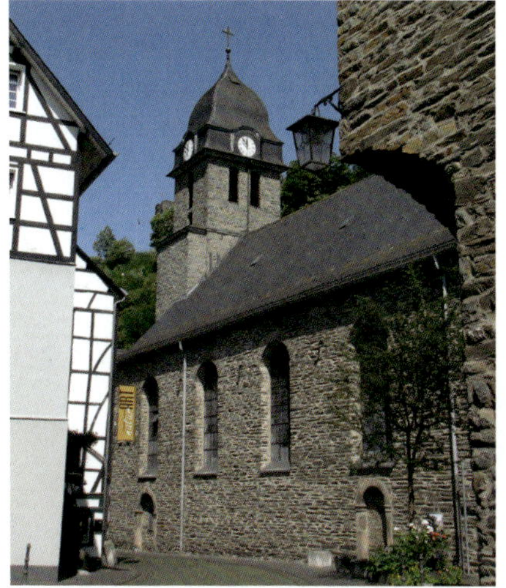

Aukloster

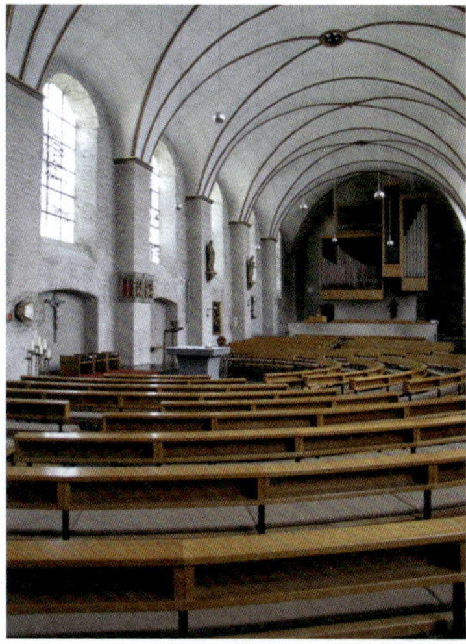

Aukloster – Innenansicht

Geradezu romantisch am Lauf der Rur liegt der Monschauer Marktplatz, in der Pflasterung des Platzes sind noch die Grundrisse der während eines Stadtbrandes zerstörten Häuser zu sehen; hier steht der Tuchmacherbrunnen.

Der muss aber noch ein wenig warten. In der Fensterauslage der Bäckerei „Kaulard" sehe ich die *Monschauer Dütchen*, eine Monschauer Spezialität. Die muss ich probieren:

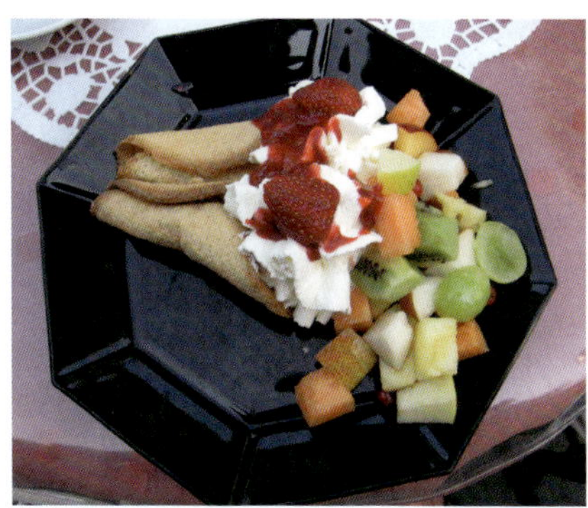

Monschauer Dütchen

Zu einem Hörnchen geformter Eierbisquit wird mit Sahne und Obst gefüllt. Sieht gut aus und ist lecker. Eine süße Zwischenmahlzeit und für einen Nachschlag zu Hause gibt's die Dütchen im Zehnerpack zu kaufen.

» www.cafekaulard.de

Ach so, der Tuchmacherbrunnen ...

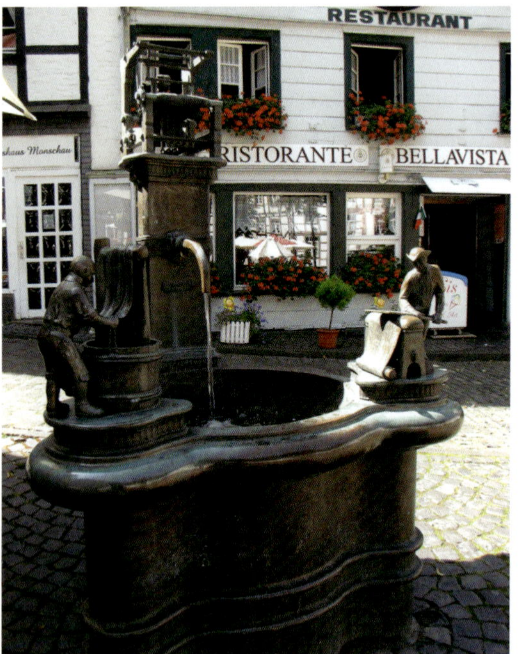

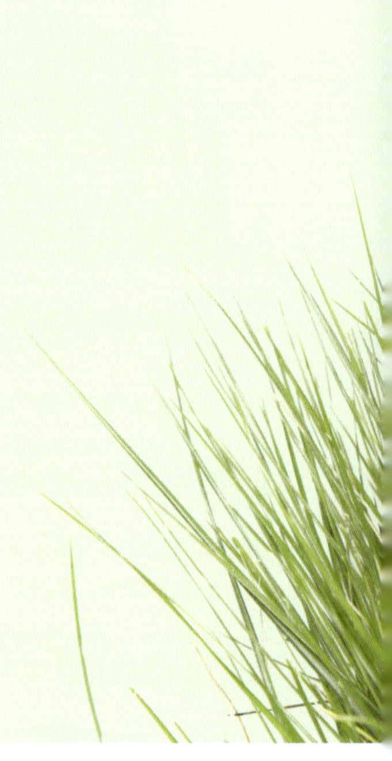

Tuchmacherbrunnen von B. Stirnberg

Der Tuchmacherbrunnen erinnert an die Zeit der Tuchherstellung, die im 17. und 18. Jahrhundert ihre Blütezeit hatte und den Monschauern Arbeit und den Unternehmern Reichtum brachte. Der wohl bekannteste Vertreter dieser „Zunft" war Johann Heinrich Scheibler, dessen Haus, das berühmte „Rote Haus", werden wir noch sehen. Der Aachener Künstler Bonifatius Stirnberg zeigt auf dem Brunnen den Weber, den Färber und den Tuchscherer – die

Protagonisten in der Tuchherstellung. Dass sich Monschau zur Tuchmacherstadt entwickelte, war kein Zufall. Die reformatorische Zeit verändert vieles. In Aachen werden Ende des 16. Jahrhunderts die protestantischen Fabrikanten vertrieben und was machen die? Sie lassen sich im Umland nieder: in Vaals, Stolberg, Düren und Monschau. Hier finden die Tuchmacher gute Standortvoraussetzungen: kein Zunftzwang, Wasser, dazu auch noch kalkarm und bestens zum Färben geeignet, Schafszuchten im Umland und Menschen, die Arbeit brauchen. Hier dürfen die Tuchfabrikanten mit ihren Familien ihren Glauben ausüben.

Vom Markt laufe ich über die Rurstraße zur evangelischen Kirche und kurz davor steht „Maaßens Päulche"; von ihm wird berichtet, dass er als reisender Kaufmann, gestriegelt und gebügelt, durchs Monschauer Land zog. Päulchen trug sein „Geschäft" aufm Buckel, einen Korb, gefüllt mit Kurzwaren. Er soll so geschwätzig gewesen sein, dass diese Fähigkeit ihm so manche zusätzliche Mark in den Geldbeutel brachte. Gelebt hat der Mann von 1856 bis 1940.

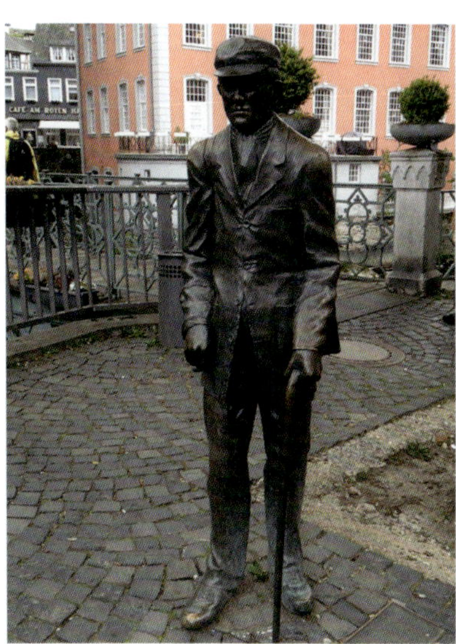

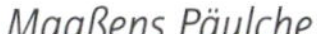

Maaßens Päulche

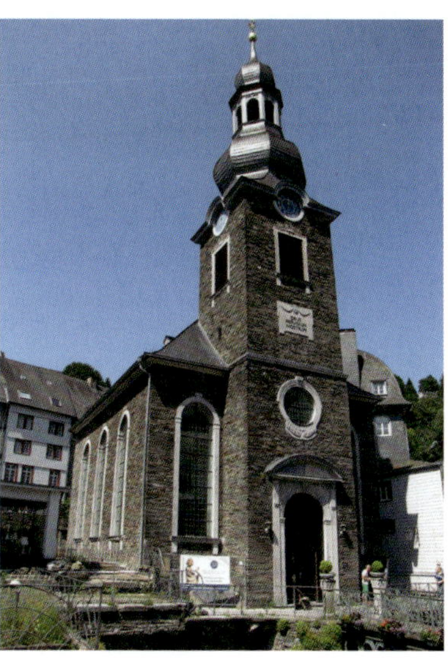

Ev. Kirche – Monschau

Ein Blickfang ist sicher auch die *evangelische Stadtkirche* – viele Jahre musste sie wegen der umfangreichen Renovierung geschlossen bleiben. Jetzt erstrahlt sie in neuem Glanz und ist wahrlich ein Refugium, der Spruch an der Eingangsseite des Turms unterhalb der Schallluke sagt es: „Deus Refugium Nostrum" – Gott ist unsere Zuflucht.

Der Bau der Kirche wurde insbesondere von der Tuchmacherfamilie Scheibler unterstützt. 1789 wurde die Kirche nach nur zweijähriger Bauzeit eingeweiht. Der erste Pfarrer kam auch aus dem Scheibler-Clan: Maximilian Friedrich Scheibler. Erst auf den zweiten Blick erkennt man, dass die Kirchturmspitze eine „Besonderheit" zeigt: einen Schwan! Und nicht, wie meistens zu erwarten, einen Hahn. Was macht der Schwan auf des Kirchturms Spitze? Ich habe die Erklärung gefunden und die hat mit Martin Luther und Jan Hus zu tun.

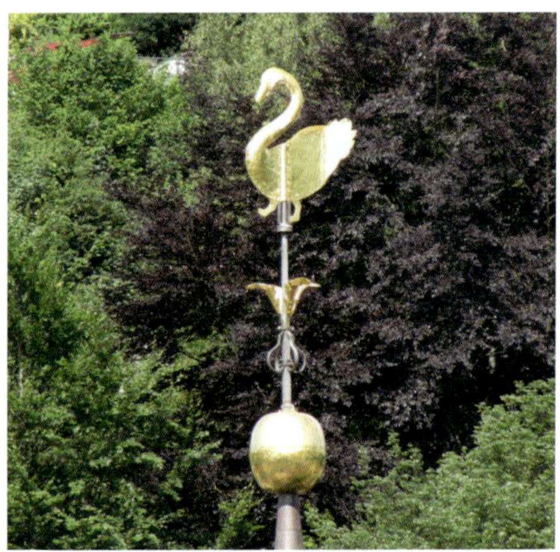

Ev. Kirche - Schwan

Jan Hus war Theologe und Rektor der Karls Universität in Prag, nein, nicht Karl der Große, sondern der böhmische König Karl IV. ist der Namensgeber. Hus kritisierte vor allem das weltliche Treiben der Kirche und damit den Klerus. Dafür muss er sich auf dem Konstanzer Konzil 1415 verantworten, widerrufen hat er seine Meinung nicht und wird als Ketzer auf dem Scheiterhaufen verbrannt. Aus dem Tschechischen übersetzt, heißt Hus Gans. Hus wird folgender Satz nachgesagt: „Heute bratet ihr eine Gans, aber aus der Asche wird ein Schwan erstehen", also etwas, das „größer" oder „bedeutender" ist und das soll die Vorausdeutung auf Martin Luther gewesen sein. Deshalb sieht man auf einigen lutherischen Kirchen den Schwan.

MARTIN LUTHER

Martin Luther wird am 10. November 1483 in der Grafschaft Mansfeld, genauer in Eisleben, geboren. An der Erfurter Universität beschäftigt er sich mit den sieben freien Künsten und holt sich das Rüstzeug für das folgende Jurastudium. Dann passiert Sonderbares: Martin gerät am 2. Juli 1505 in ein fürchterliches Unwetter, durchlebt wohl nie gekannte Ängste und gelobt klösterliches Leben, so er denn überlebt. Er tritt noch im gleichen Monat in das Erfurter Kloster der Augustiner-Eremiten ein und studiert in Wittenberg Theologie und bringt es bis zum Professor. Luthers biblisches Schriftverständnis stellt ihn gegen die Kirchenmeinung und dazu formuliert er 95 Thesen, die die Praxis des Ablasshandels kritisieren, angetrieben wohl von einem „Schlüsselereignis".

Der Mainzer Erzbischof Albrecht hatte sich von der reichen Augsburger Handelsfamilie Fugger sein Kurfürstenamt finanzieren lassen und war damit hoch verschuldet. Das Geld sollte von Ablasshändlern eingeholt werden und ein ganz Fleißiger auf diesem Gebiet war der Dominikanermönch Johann Tetzel, genau der .... „wenn die Münze in den Kasten klinkt, die Seele in den Himmel springt ..." – wer's glaubt, wird selig. Albrecht zeigt Luther an und der hat sich in Rom zu verantworten. Angehört wurde Luther im Oktober 1518 von Kardinal Cajetan während des Augsburger Reichstages.

Luthers Thesen werden verworfen, er soll sich binnen 60 Tagen der Kirchenmeinung unterwerfen. Der Kirchenkritiker wird unterstützt vom sächsischen Kurfürsten Friedrich dem Weisen. Auf dem Reichstag in Worms 1521 wird Luther erneut aufgefordert, seine Schriften zu widerrufen, sein Wille wird nicht gebrochen. Die Reichsacht macht ihn zu einem „vogelfreien" Mann, ein jeder darf den in Ungnade Gefallenen straffrei töten. Friedrich der Weise gewährt ihm eine Bleibe auf der Wartburg und tarnt ihn als „Junker Jörg". In dieser Zeit übersetzt der „Junker" das Neue Testament in die deutsche Sprache und macht die biblischen Texte für jedermann zugänglich. Luthers Grundgedanke einer Kirchenreform führte dann schließlich zur Spaltung der Kirche. Die Veröffentlichung der 95 Thesen in Wittenberg erfolgte am 31. Oktober 1517. Heute ein wichtiges Datum im Kalender: Der Reformationstag gedenkt den damaligen Ereignissen.

Dass Luther dann heiratet, war Teil seiner Lehren: Die Ehe ist kein Sakrament und zölibatäres Leben lehnte er ab. Er heiratet am 27. Juni 1525 die Nonne Katharina von Bora und wird sechsfacher Vater. Luther stirbt während einer Reise in Eisleben und wird am 22. Februar 1546 in der Wittenberger Schlosskirche beigesetzt.

Übrigens: Johann Tetzel, der oben erwähnte Dominikanermönch, ist nicht am Tetzelstein, ca. 20 km östlich von Braunschweig, gestorben. Tetzel stirbt im August 1519 in Leipzig an den Folgen der Pest.

Die Kirche wird mit Bruchsteinen gebaut und mit Blaustein eingefasst. Blaustein ist ein Kalkstein, der vor etwa 400 Millionen entstanden ist und aufgrund seines graublauen Tones *Blaustein* genannt wird und als lokales Baumaterial keine weiten Transportwege erforderte.

In neuem Glanz erlebt man den Innenraum der Kirche. Im Chorraum steht die Kanzel, davor der Altar im Louis-seize-Stil aus dem Jahr 1789. Der Stil ist benannt nach dem französischen König Ludwig XVI. und zeigt den Übergang vom Spätbarock zum Klassizismus Ende des 18. Jahrhunderts.

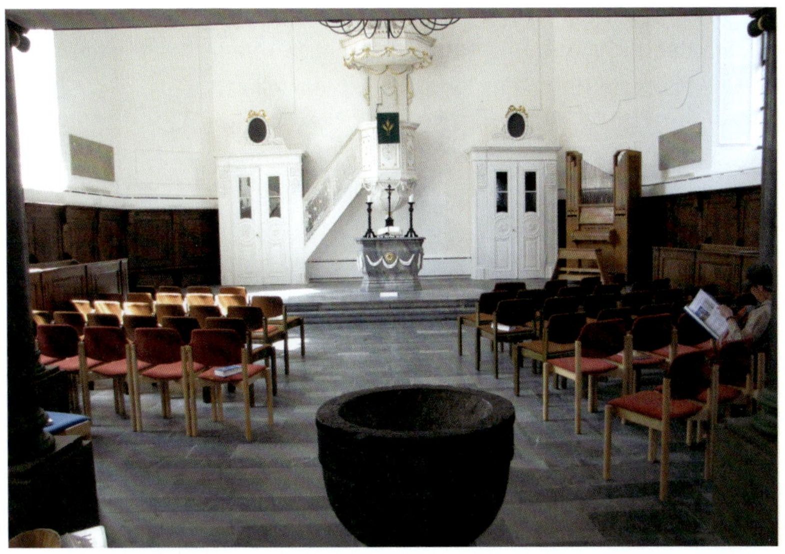

Ev. Kirche – Innenansicht

Unweit der evangelischen Stadtpfarrkirche steht Monschaus bekanntestes Haus, das „Rote Haus", in der Laufenstraße 10, die rote Farbe gibt dem Haus den Namen. Bauherr war Johann Heinrich Scheibler (1705-1765) in der zweiten Hälfte des 18. Jahrhunderts. Ein Tuchfabrikant, der Monschau zu einer wohlhabenden Stadt macht. Das „Rote Haus" war Wohnhaus, Kontor (Büro) und Fabrik zugleich und heute Museum, ein sehr sehenswertes noch dazu. Scheibler ist aber kein Monschauer Eigengewächs. Er wird im bergischen Volberg (heute der Rösrather Stadtteil Hoffnungsthal) geboren; nach dem Schulbesuch kommt er ins Monschauer Land und wird in der Imgenbroicher Tuchfabrik Offermann zum Tuchhändler ausgebildet. Johann Heinrich heiratet Maria, die Tochter des Tuchfabrikanten, übernimmt die Firma und baut ein Imperium auf. Importiert spanische Merinowolle, ein edles Stöffchen, stellt mit neuen Färbeverfahren edle Tuche her, die die Mode der Zeit revolutionierten, mit mehrfarbigen Stoffen. Die englischen und französischen Tuchmacher bekamen Konkurrenz – aus der Eifel! Auch der Vertrieb war durchdacht: Scheibler liefert die Ware in Kommission an

Händler, die nach Verkauf der Tuche an Scheibler den vereinbarten Preis zahlten und nicht verkaufte Ware zurückgeben konnten. Scheiblers Tuche wurden bis in die Türkei, Russland und Persien geliefert.

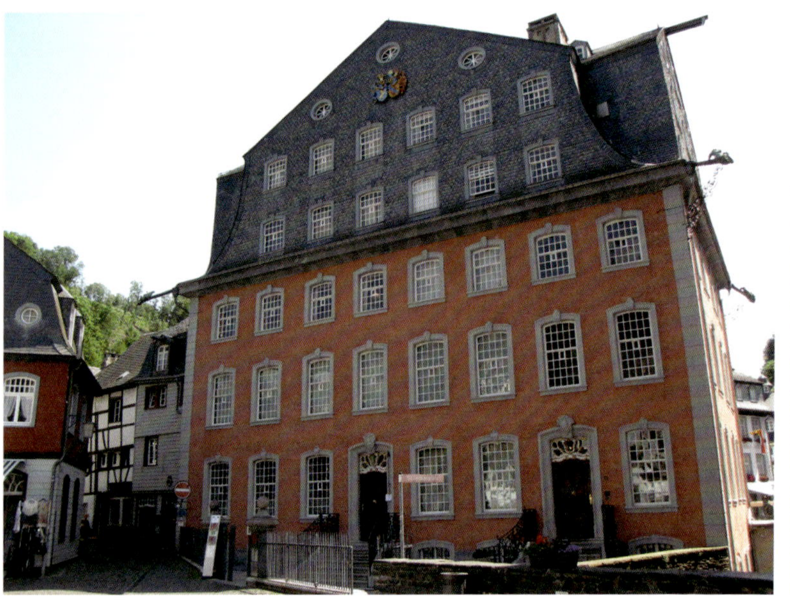

Rotes Haus Monschau

Das Museum „Rotes Haus" zeigt beeindruckend die Wohnkultur des Großbürgertums damaliger Zeit. Seinesgleichen sucht die Wendeltreppe, die facettenreich den Herstellungsprozess der Tuche zeigt. Das Haus ist geöffnet vom 1. April bis 30. November und generell montags geschlossen.

Ein Muss für jeden Monschau-Besucher!

Eine ähnliche Bedeutung hat das **Haus Troisdorff in der Laufenstraße 18**. Bartholomäus Troisdorff baut eine Tuchfabrik in Monschau auf und heiratet Anna Katharina Offermann und tut es damit Johann Heinrich Scheibler gleich – die beiden sind jetzt verschwägert. Klüngel? – N e i n! Achten Sie mal auf die Wappen der Scheiblers und Troistorffs ... klar heirateten die wohlhabenden Familien untereinander. Das Wappen des einen trägt Elemente des anderen – ein Allianzwappen – gewinnbringend für beide dieser Allianzen ... Gebaut wurde das Haus allerdings von Matthias P. W. Troisdorff. Der Tuchfabrikant Sauerbier erwirbt später das Haus und heute ist es im Besitz der Städteregion Aachen. Wer sich trauen lassen möchte in Monschau, findet im dort untergebrachten Trauzimmer des Standesamtes der Stadt Monschau ein ansprechendes Ambiente.

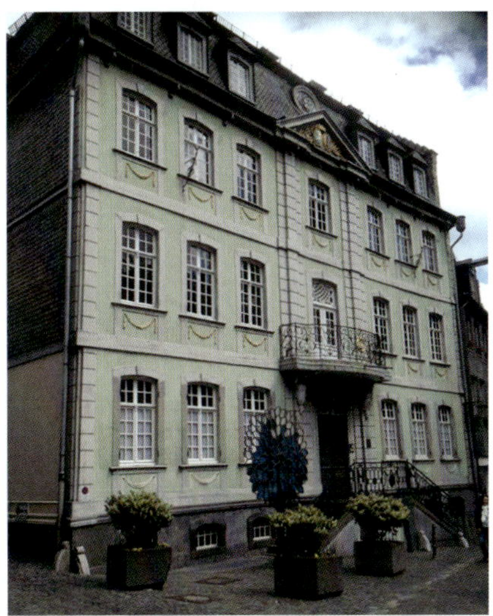

Haus Troisdorff

DIE BURG MONSCHAU

Sie wacht hoch oben über der Stadt, erbaut im 13. Jahrhundert als „Castrum in Monjoje". Die Herrschaft über Monschau wechselte mehrfach: Nach dem Falkenberger Geschlecht waren die Grafen von Schönforst und danach ab 1435 die Jülicher Herzöge die Hausherren. Die Kampfhandlungen während der Jülicher Fehde schädigten Burg und Stadt, die geplündert wurde. 1543 prügelten sich die Truppen Karls V. mit den Truppen der Vereinigten Herzogtümer Jülich-Kleve-Berg um das Herzogtum Geldern. In der Franzosenzeit (1794-1815) wird die Burg verkauft. Heute wird sie als Jugendherberge genutzt.

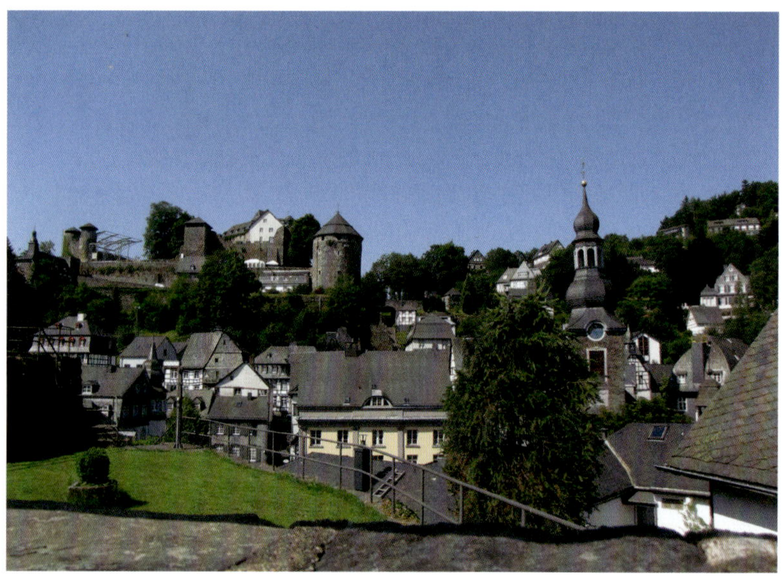

Burg Monschau

Durch den Eselsturm gelange ich in den Burghof. Was im Jahr 2000 mit der Guiseppe-Verdi-Oper „Rigoletto" begann, ist gute Tradition geworden und wird in diesem Jahr (2015) mit den „Lustigen Weibern von Windsor" fortgesetzt. Ein Ereignis, das weit über die Region bekannt ist – die *Monschau-Klassik*. Bliebe noch, ein paar Worte zum **Eselsturm** zu verlieren. Mein erster Gedanke war, dass die Esel in früheren Zeiten als Lastentier eingesetzt wurden. Vielleicht zu einfach und habe mich beim Stadtarchivar Dr. Läufer schlaugemacht – die Antwort kam prompt und ein Dank an dieser Stelle. Der berichtete mir, dass der Turm wohl seinen Namen von einer Flurbezeichnung „Eselsweide" erhalten hat.

(Quelle: Elmar Neuß (1998). Die Burg Monschau 1198-1998, Beiträge zur Geschichte des Monschauer Landes (S. 82). Hrsg.. vom Geschichtsverein des Monschauer Landes, Bd. 4, Monschau.)

» www.monschau-klassik.de

» www.monschau-festival.de

In unmittelbarer Nachbarschaft zur Burg liegt das *Maria-Hilf-Stift*, das 1876 als Krankenhaus gebaut wurde und heute ein Seniorenzentrum ist; die Schwestern der katholischen Ordensgemeinschaft Holy Family aus dem südindischen Kerala kümmern sich hier um die Bewohner des Hauses. Wenn man sich das Angebot des Hauses anschaut, muss man sich um das Wohl der Menschen dort keine Sorgen machen. Ordensgründerin der „Kongregation von der Heiligen Familie" war Mariam Thresia (*26. April 1876, + 08. Juni 1926), Tochter einer adligen indischen Familie. Eine ausführliche Vita ist auf der folgenden Homepage nachzulesen:
» www.maria-hilf-stift.de

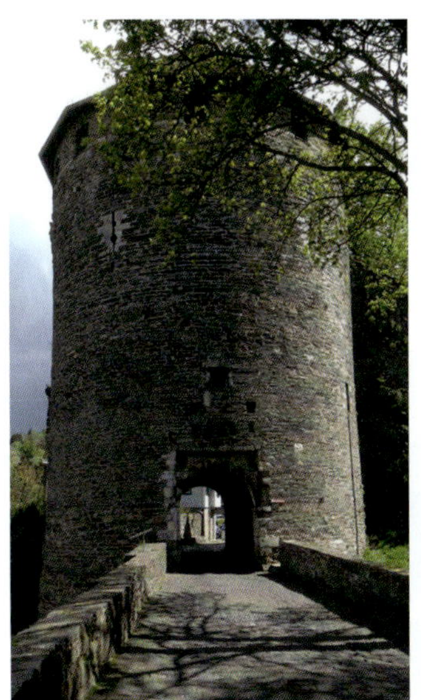

Eselsturm

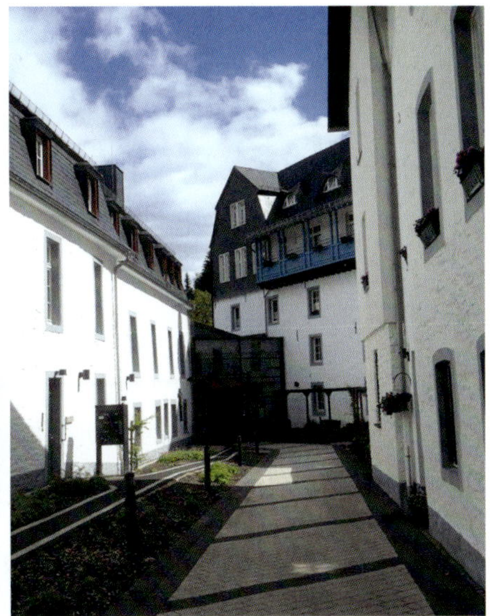

Maria-Hilf-Stift

Von der Burg lohnt ein kurzer Besuch in der alten Pfarrkirche *St. Mariä Geburt*, sie, Mitte des 17. Jahrhundert im Barockstil gebaut, wurde von den Prämonstratensern des Reichensteiner Klosters übernommen. Die regelmäßigen Gottesdienste finden aber unten in der Aukirche statt. Brautpaare bevorzugen dann schon eher diese Kirche. Aufgefallen ist mir die Aufteilung

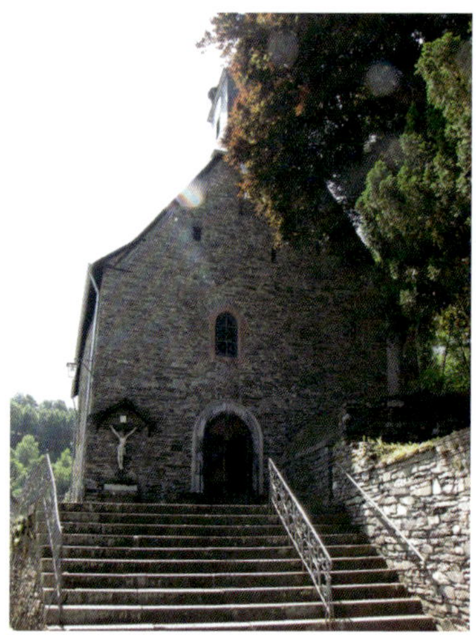

Katholische Pfarrkirche St. Mariä Geburt

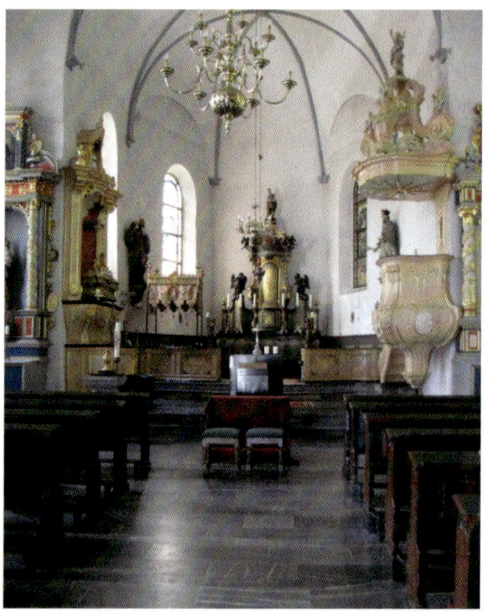

Katholische Pfarrkirche St. Mariä Geburt – Innenansicht

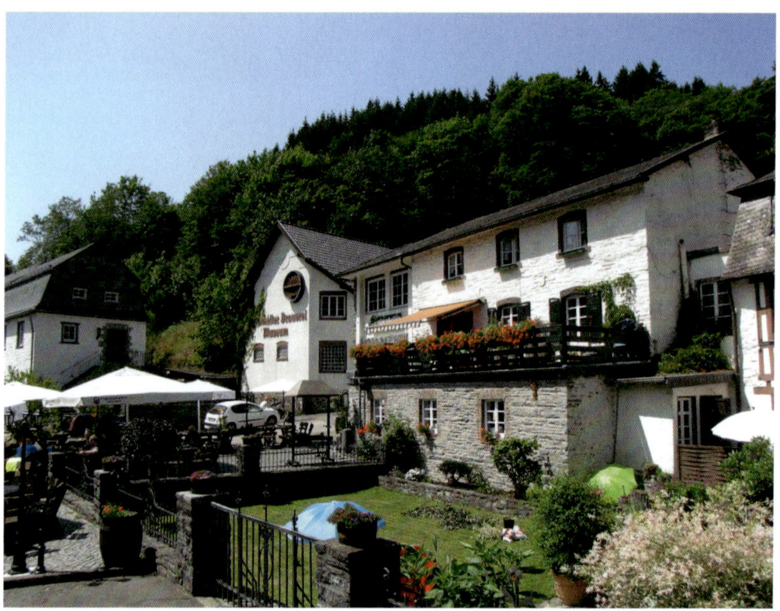

Felsenkeller – Brauerei und Museum

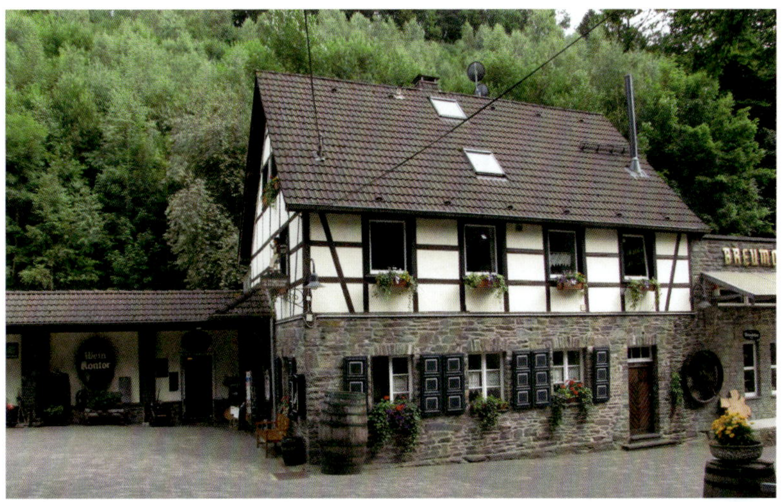

Historische Senfmühle

der Treppenhandläufe zum Eingang der Kirche. Während einer Stadtführung habe ich dann erfahren, dass genau festgelegt war, welche Seite von den männlichen bzw. weiblichen Kirchenbesuchern in früheren Zeiten benutzt werden musste ... selbst das war geregelt! Da die Frauen in der Kirche links saßen, kann der Männeranteil nicht sehr hoch gewesen sein ...

Ich habe noch ein wenig Zeit und statte der historischen *Monschauer Senfmühle* einen Besuch ab. Die Senfmühle wird seit 1882 von der Familie Breuer in der fünften Generation geführt; heute in der Laufenstraße 118. Vor Ort findet man den Verkaufsladen, was sage ich, eine Sammlung von Delikatessen, einen Weinkeller, in dem man edle Tropfen findet und gegenüber das *Schnabuleum*. Das *Schnabuleum* bietet Gerichte für den feinen Gaumen und dabei spielt natürlich Senf eine wesentliche Rolle.

Die wechselvolle Geschichte des *Schnabuleums* vom Spinnerei-Wohnhaus zum Ort der Gaumenfreude können Sie auf der Homepage des Hauses nachlesen.

» www.senfmühle.de
» www.schnabuleum.com
Fürs Navi: 52156 Monschau, Laufenstr. 118 – Tel. 02472/22 45

Eine weitere Monschauer Spezialität endete 2019 nach 170 Jahren; dabei hatte die Stadt 1907 noch 14 Brauereien. Eine Besonderheit der Brauerei war der Felsenkeller, der 1830 in den Schieferberg gesprengt wurde. Die konstant niedrige Temperatur ermöglichte das Brauen untergäriger Biere. Das Monschauer Zwickelbier wird heute nach altem Rezept von einer Privatbrauerei hergestellt. Zwickel nannte man übrigens den Hahn mit dem das Bier direkt aus dem Tank entnommen wurde.

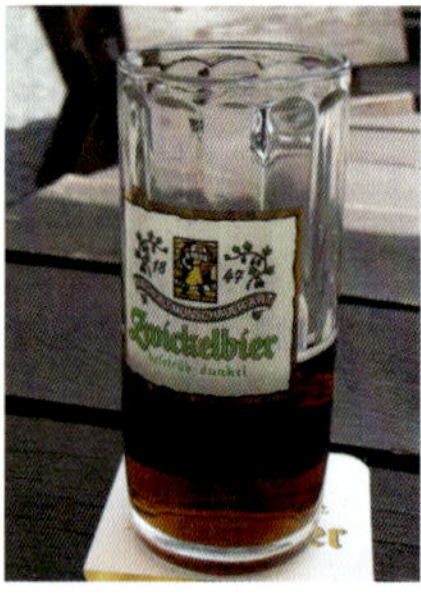

Monschauer Zwickelbier

Monschauer Impressionen

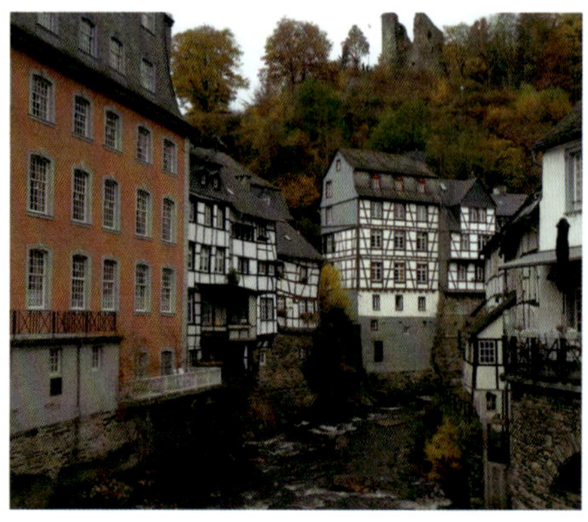

Rotes Haus – Rückseite

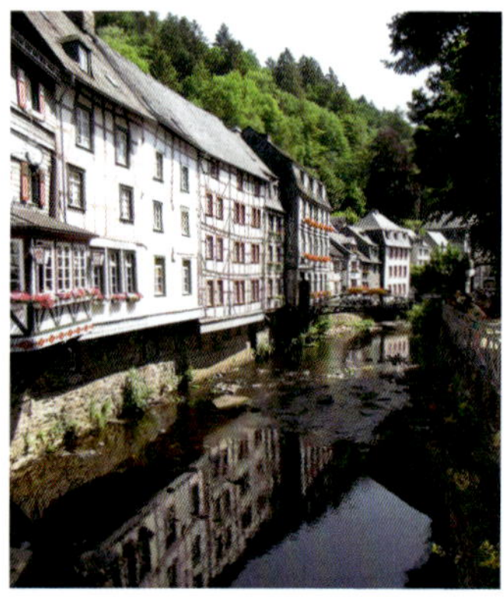

Häuserzeile am Monschauer Markt

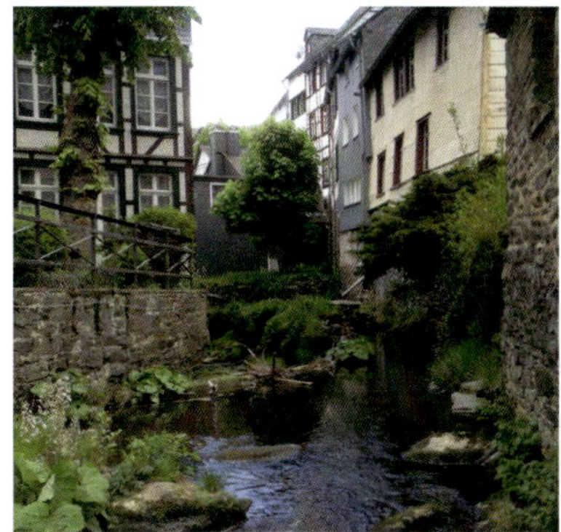

Laufenbach

Haller

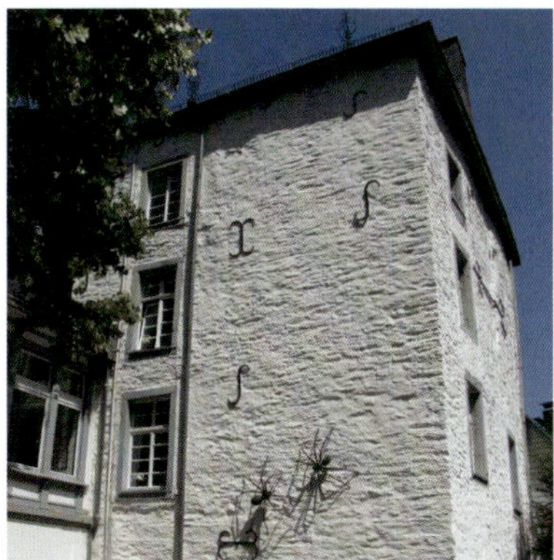

Haus zum Turm

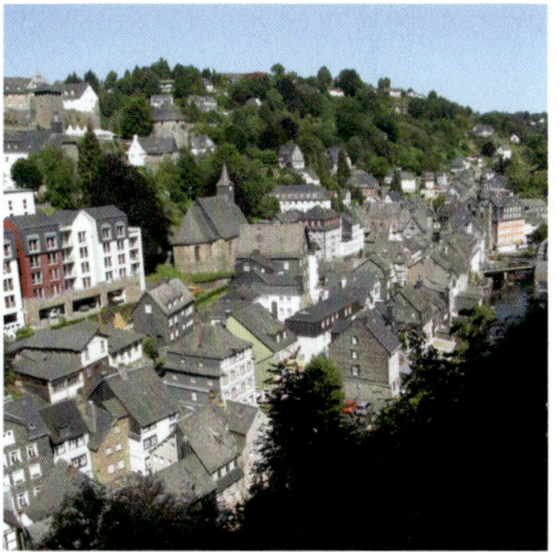

Monschau im Rurtal

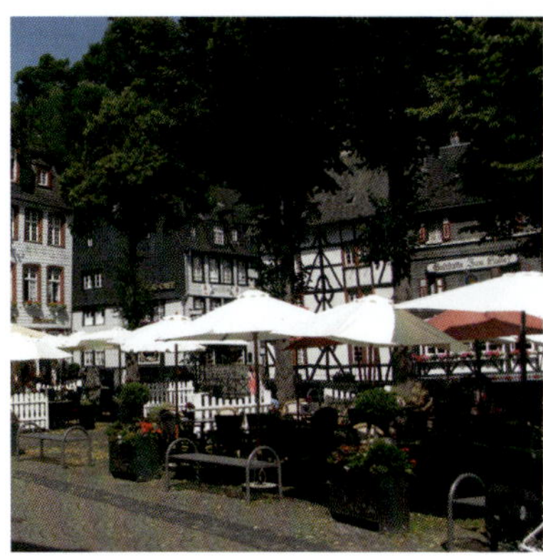

Marktplatz in Monschau

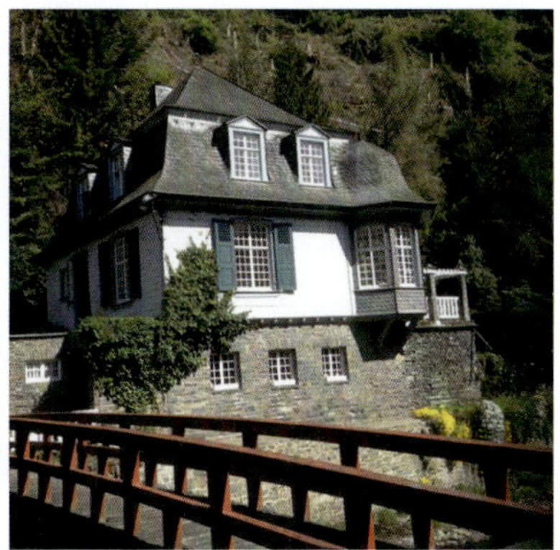

Haus am Gerberplatz in Monschau

So, das war mein Streifzug durch Monschau.

Die Eifeldörfer Eicherscheid, Imgenbroich, Kalterherberg, Kesternich, Mützenich, Rohren, Roetgen und Höfen bilden das Heckenland. Bis zu 10 m hohe Rotbuchenhecken schützen die Häuser vor dem eiskalten Westwind und geben ihnen Schatten – eine naturgewachsene Klimaanlage, die mit hohem Aufwand von den Hausbesitzern gepflegt wird und den Dörfern einen ganz eigenen Charakter verleiht. Eisig kalt ist es in „Preußisch-Sibirien" an manchen Wintertagen, selbst ein Ort an der deutsch-belgischen Grenze deutet darauf hin, Kalterherberg. Die Eifel galt lange Zeit als arme und kalte Region und regenreich dazu.

Rotbuchenhecken setzen auch die Flurgrenzen. In Abständen sieht man dann die sogenannten *Durchwachserbäume*, die das Brennholz lieferten.

4.3 HÖFEN

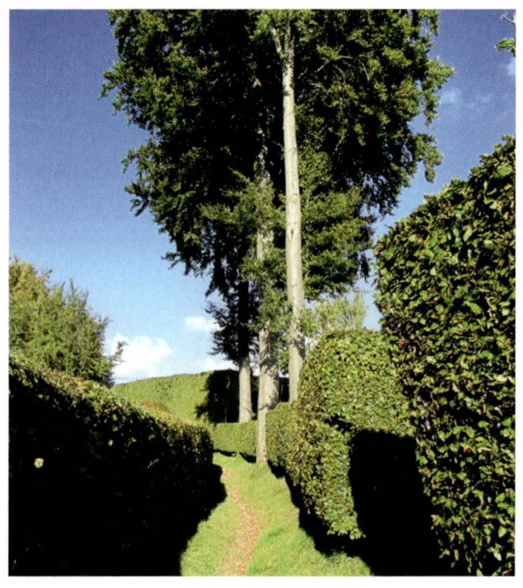

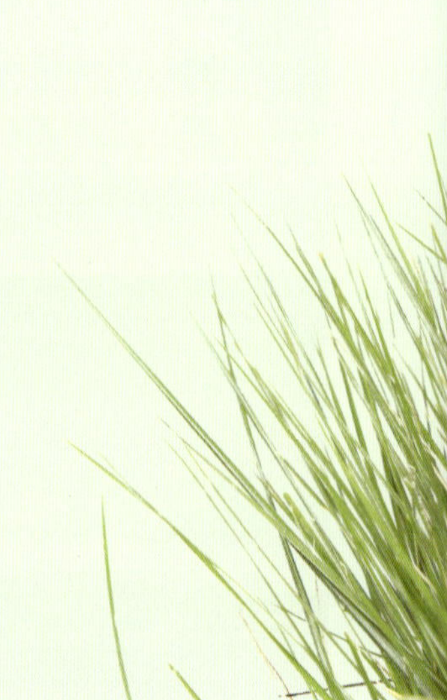

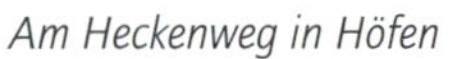

Am Heckenweg in Höfen

Ist der nächste Ort auf meiner Tour in Richtung Schleiden. Höfen wird im 14. Jahrhundert erstmals erwähnt – die Bauernhöfe „auf den Hoven" geben dieser Siedlung den Namen.

Höfen wird in Verbindung gebracht mit dieser alten Kulturlandschaft, mit dem Nationalpark, mit den im Frühjahr blühenden Narzissen im Perlenbachtal und mit der Landschaftskrippe in der Höfener Pfarrkirche und ... hinfahren! Beim Bundeswettbewerb „Unser Dorf hat Zukunft" wurde das Dorf mit der Goldmedaille ausgezeichnet. Geheimnisvoll ging es in Höfen bis vor einigen Jahren zu; der Bundesnachrichtendienst unterhielt dort eine „Bundesstelle für Fernmeldestatistik", also einen Horchposten mit dem Namen „Talsperre".

Vom Parkplatz mache ich eine Runde durchs Dorf, entlang des Heckenweges. Der Heckenweg ist gut ausgeschildert mit der Weg-Nr. 31, etwa 4,5 km lang und in gemütlichem Tempo in zwei Stunden zu schaffen. Am besten starten Sie gleich vom Parkplatz am Nationalparktor aus.

Nationalparktor Monschau Höfen
Hauptstr. 172, 52156 Monschau
Tel: 02472/8 02 50 79

Während des Rundgangs lohnt auch ein Besuch des Naturhauses Seebend an der Hauptstr. 123 mit angeschlossenem Webereimuseum, das allerdings regelmäßig von April bis Oktober, jeweils sonntags von 14.00-17.00 Uhr, geöffnet hat. Das Museum wird vom Eifelverein Höfen unterhalten und zeigt noch voll funktionsfähige Webstühle, die in der Höfener Weberei Jansen zum Einsatz kamen.

» www.eifelverein-hoefen.de
» www.webereimuseum-hoefen.de

Höfener Impressionen entlang des Heckenweges

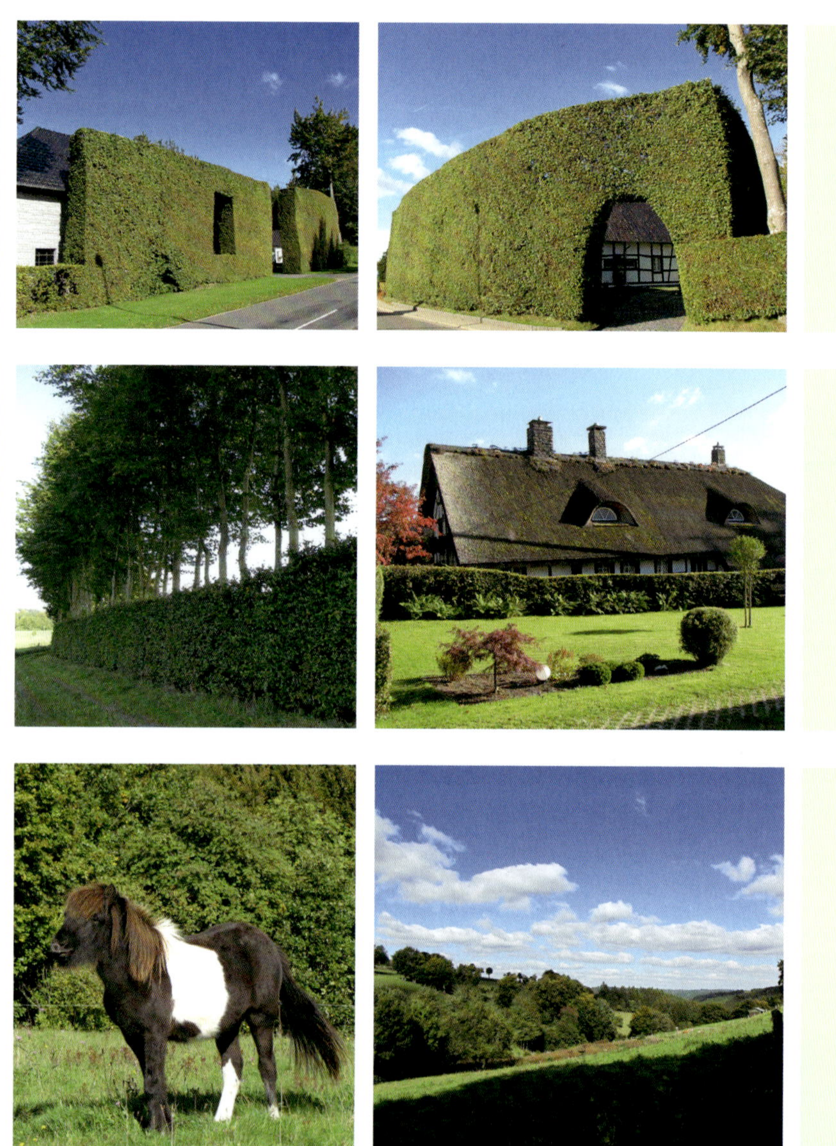

DIE LANDSCHAFTSKRIPPE IN HÖFEN

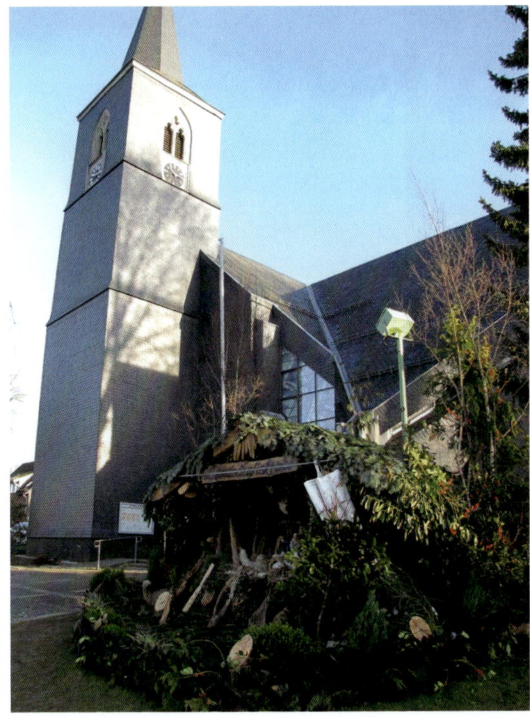

Michaelskirche in Höfen

Der „singende Hirte" Rainer Jakobs hat über 30 Jahre in der Höfener Michaelskirche mit seinen Gehilfen die überregional bekannt gewordene Höfener Landschaftskrippe aufgebaut und in der Weihnachtszeit alltäglich von 10 bis 18 Uhr seine Stimme erklingen lassen und tausenden Menschen Freude gebracht. Diese dankten es mit Spenden für den Aachener Förderverein für krebskranke Kinder. Seit 2023 kann der heute 81-jährige Träger des Bundesverdienstkreuzes und Monschauer Ehrenbürger aus Altersgründen sein Lebenswerk nicht fortführen.

DANKE Rainer Jakobs.

Der singende Hirte aus Höfen

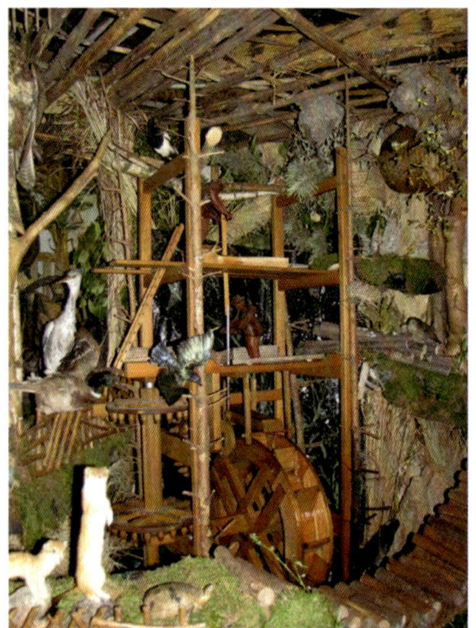

Szenen der Landschaftskrippe

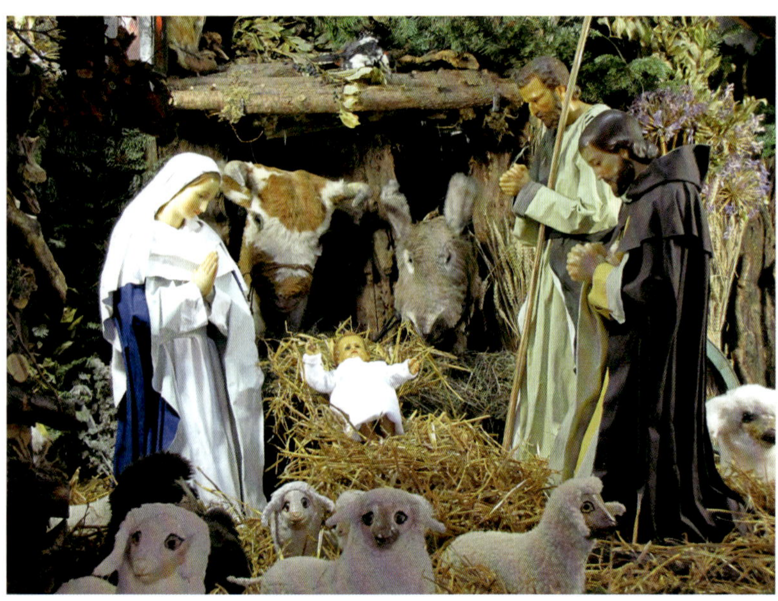

Krippenszene mit Maria, Josef und dem Jesuskind

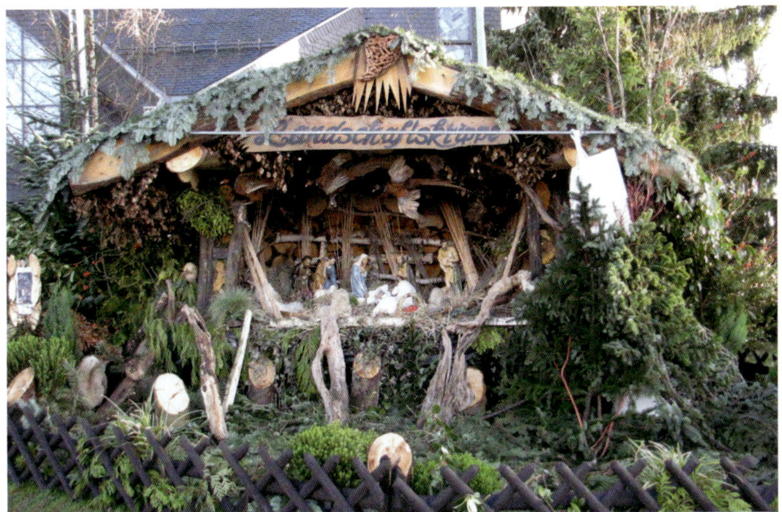

Außenkrippe

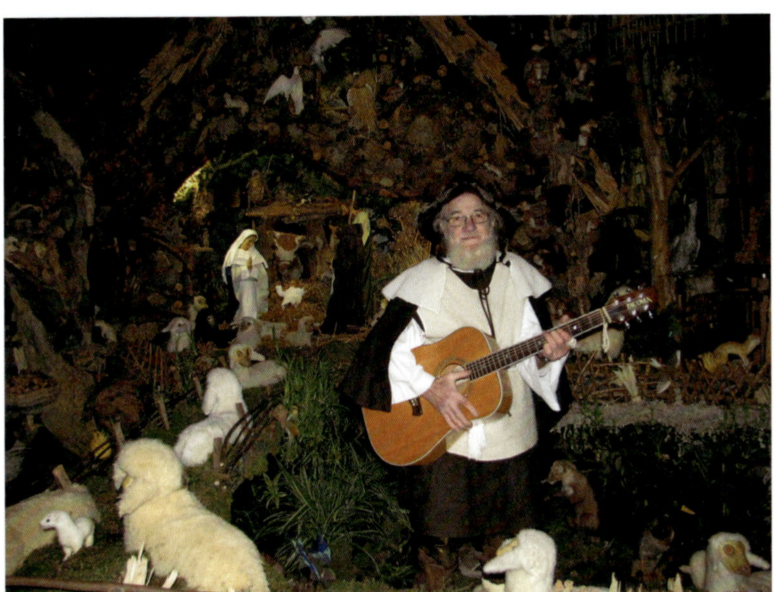

Der singende Hirte Rainer Jakobs

4.4 IM PERLENBACHTAL

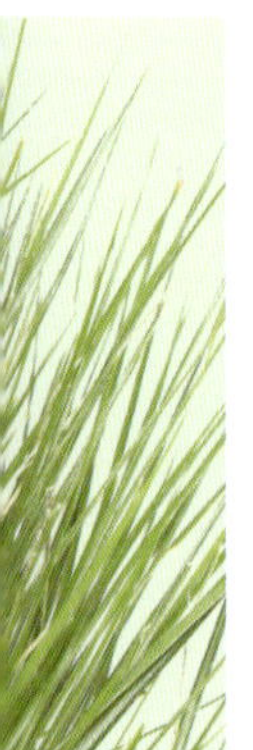

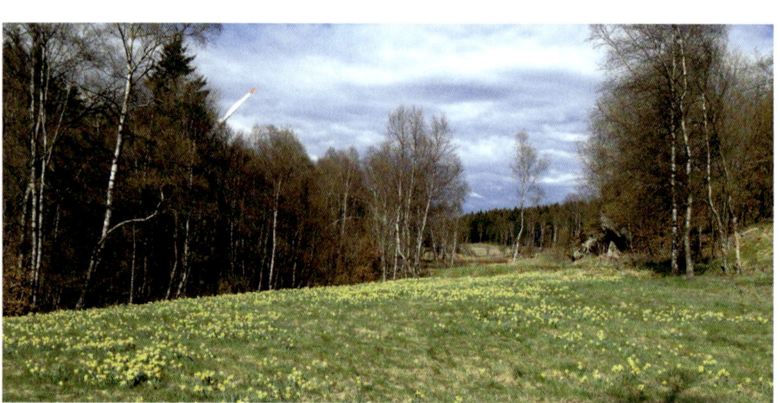

Narzissenblüten im Perlenbachtal

Unweit von Höfen liegt ein kleines Naturparadies – das Perlenbach- und Fuhrtsbachtal und da lohnt vor allem im Frühjahr ein Besuch. Narzissen überdecken zu Tausenden die Wiesen im Tal. Gut zu erreichen ist das Narzissen-Eldorado vom Parkplatz am Nationaltor und der Beschilderung „Narzissenroute" folgen und festes Schuhwerk ist notwendig! Unten im Tal angekommen, ist die Perlenbacher Mühle zu sehen, die als Getreidemühle seit 1805 bis zum Zweiten Weltkrieg betrieben wurde.

Die Bunker entlang des Westwalls sind auch im Fuhrtsbachtal zu sehen – stumme Zeitzeugen des Zweiten Weltkriegs.

Durchs Tal führt auch „Der Weg des Gedenkens"; ein deutsch-belgisches Gemeinschaftsprojekt der Stadt Monschau und der Gemeinde Bütgenbach. Auf einer Wegstrecke von etwa 100 km informieren 30 Informationstafeln über die Ereignisse des Zweiten Weltkriegs. Auf einer Tafel ist zu lesen:

„Der Erste Weltkrieg ging am Monschauer Land spurlos vorüber. Von den Kämpfen in Belgien und Frankreich erfuhr man durch Zeitungsmeldungen und durch Berichte der Soldaten. Im Zweiten Weltkrieg sollte alles ganz anders kommen.

Bereits vor dem Heranrücken der Front hatte es vereinzelt Schäden durch Bombenangriffe der Alliierten gegeben. Doch was sich an Zerstörung zwischen September 1944 und Februar 1945 abspielte, unterschied sich mancherorts kaum von dem, was sich in den von Deutschland überfallenen Ländern zugetragen hatte.

Das Dorf Höfen ... wurde zu 77 % zerstört ... Darüber hinaus wurde die Wasserversorgung des Ortes völlig vernichtet, ebenso das Stromnetz. 94 % der Landstraßen des Monschauer Landes waren am Ende des Krieges durch Bomben, Granaten oder das Befahren mit Panzern zerstört. Auch der Wald, eine der wichtigsten wirtschaftlichen Säulen der Region, hatte in den Kämpfen schwer gelitten, insgesamt 2.211 Hektar waren zerschossen."

Die Flussperlmuschel gibt diesem Tal den Namen. Diese Süßwassermuschel ist vom Aussterben bedroht, insbesondere weil die Muschel eine schwierige „Geburt" hinter sich bringen muss. Nach dem Schlüpfen sucht das Muschelbaby eine Bachforelle und nur die darf es sein! Es nistet sich in den Kiemen ein und entwickelt sich in etwa 8-10 Monaten zur jungen Muschel. Im Früh-

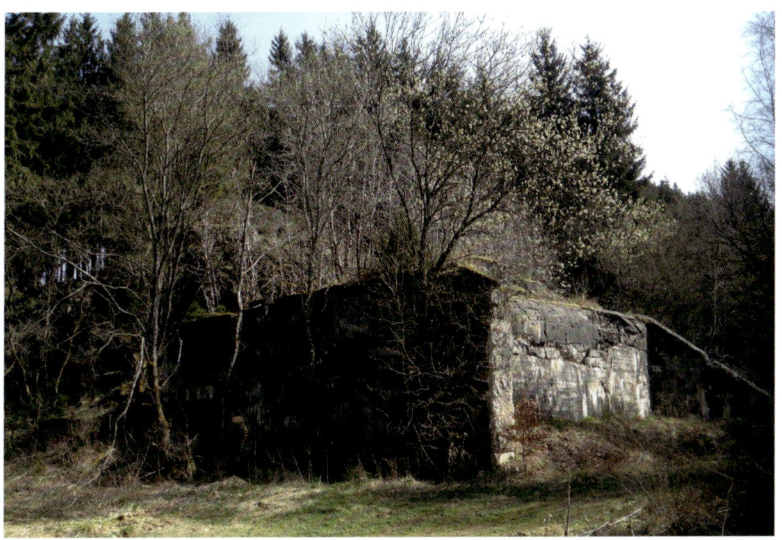

Reste der Bunkeranlage im Perlenbachtal

jahr dann, wenn das Bachwasser angenehme Temperaturen hat, wird sie flügge und buddelt sich im Bachbett ein, nach etwa sieben Jahren ist sie ausgewachsen. Eine Perle haben allerdings die wenigsten Exemplare. Ein Führer auf der Route meinte, dass etwa nur jede 1.000. Muschel auch die begehrte Perle unter der harten Schale hat. Klar waren die Perlen begehrt. Die Jülicher Landesherren drohten den Perlenräubern gar mit dem Galgen, der am Galgenberg gestanden haben soll.

Jetzt kümmern wir uns noch um die Narzisse, die gelbe Wildnarzisse, die Narcissus pseudonarcissus, würde der Experte und Osterglocke der botanische Laie sagen, ein Spross aus der Familie der Amaryllisgewächse. Zu bewundern in den Monaten April bis Anfang Mai; in dieser (Blüte-)Zeit öffnen sich die sechs Blütenblätter und die Glocke wird sichtbar und damit das so bleibt, eine Bitte ... – bewundern, staunen, fotografieren und stehen lassen! Jahrhundertelang dienten die Wiesen im Tal als Heulieferanten. Im Frühjahr wurden die Heuwiesen aus Flüchsgräben, die die Bauern angelegt hatten, mit Bachwasser gedüngt. Die entstehenden Feuchtwiesen waren ein guter Boden für Narzissen, Bärwurz und viele andere Blumen. Das Ende der Mahdwirtschaft und das Aufforsten des Bachtals mit Fichten bedrohte die Existenz der Narzisse. Heute sind die Wiesen renaturiert und werden wieder gemäht, die Narzisse behält ihren Lebensraum und wir ein Naturerlebnis; auf diese Markierung müssen Sie achten:

Die Route ist etwa 12 km lang, ich habe mir vier Stunden Zeit genommen. Den aktuellen Stand der Narzissenblüte können Sie erfragen beim Nationalparktor Höfen unter der Nr. 02472/8 02 50 79

Ein guter Start für die Narzissentour ist auch vom Parkplatz „Rothes Kreuz" möglich; der Parkplatz liegt an der B 258 von Monschau-Höfen in Fahrtrichtung Schleiden.

Und wie kommt die Blume zu ihrem Namen?

Die Narzisse

Die Narzisse hat auch schon die antiken Dichter beschäftigt. Narziss war der Sohn des Flussgottes Kephissos und Leiriopes. Ein schöner Knabe und in sein eigenes Spiegelbild verliebt. Mann wie Frau – keine war ihm gut genug, so erging es auch Ameinios und der Nymphe Echo. Ameinios bat die Götter um Rache und tötete sich mit einem Schwert. Nemesis, die Göttin des Zorns und der Rache, erhörte seine Worte und strafte Narziss wegen seiner Selbstüberschätzung mit zerstörerischer Selbstliebe. Narziss erkannte nur noch seine eigene Schönheit bis zum Tod. Die Baumgeister aber fanden keinen Leichnam, sondern eine Narzisse.

Und die Moral von der Geschicht' – zu lange in den Spiegel schauen, lohnt sich nicht!

Nach der Tour klopfe ich mir meine Wanderschuhe ab, suche mein Auto und erlebe eine „kleine" Überraschung ...

Mehr als 600 Schafe – in Worten sechshundert – Schafe umlagern mein Auto und dann mich! Woher ich das weiß? Ich habe die Beine der Schafe gezählt und durch 4 geteilt! Nein, natürlich nicht ... ich habe den Schäfer gefragt und der meinte: „Heute sind's über 600!", und als der Schäfer samt Herde weg war – war die Straße grün und „glatt" ... Ich bin an diesem Tag trotzdem noch zu Hause angekommen. Das ist (auch) die EIFEL!

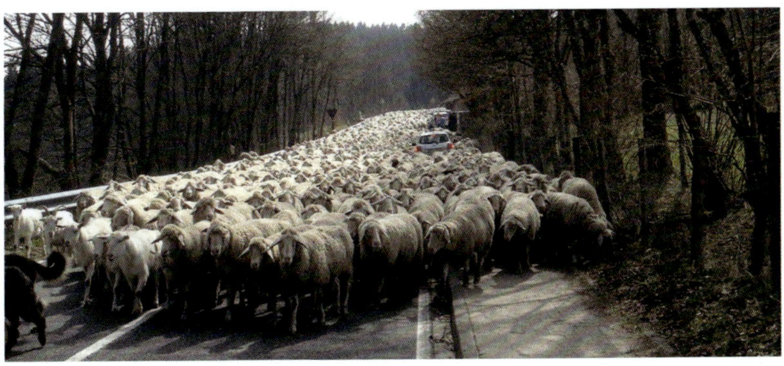

Besuch im Perlenbachtal

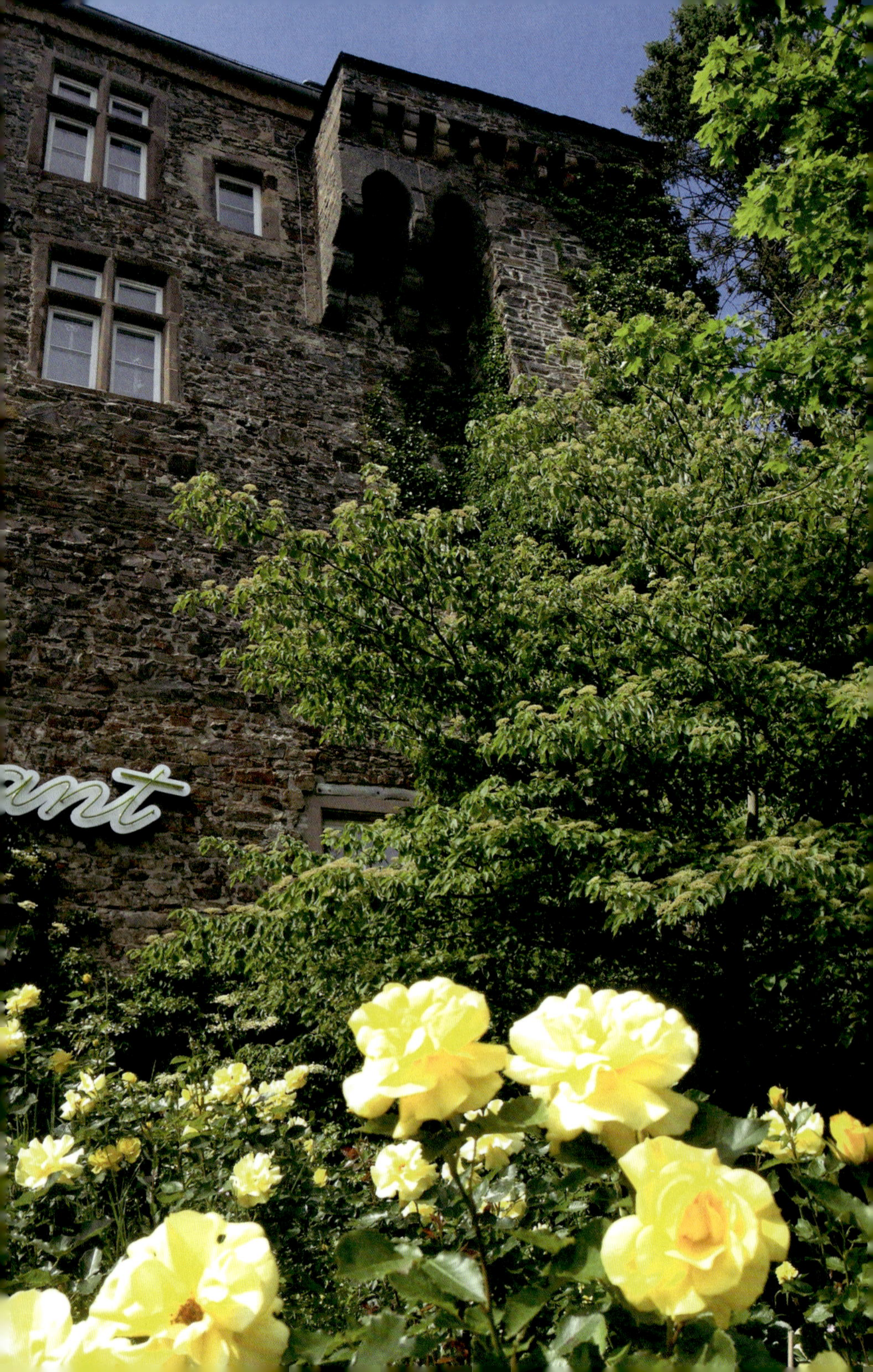
ant

5 Schleiden – die Hauptstadt des Nationalparks

5 SCHLEIDEN – DIE HAUPTSTADT DES NATIONALPARKS

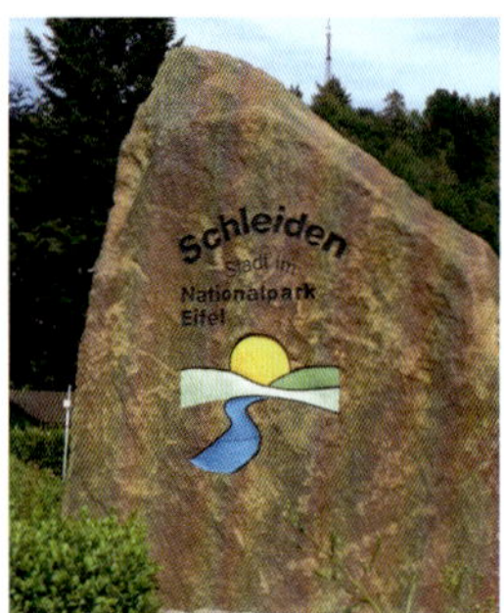

So lese ich es hier vor Ort. Das 13.000-Einwohner-Städtchen liegt an der Olef und hat mit Gemünd etwas gemeinsam; das Geheimnis lüfte ich später. Für Schleiden braucht man den „zweiten Blick". Die Wurzel der früheren Grafschaft Schleiden liegt in Blankenheim, besuchen wir natürlich auch noch. Die Grafschaft gehört zum Herzogtum Luxemburg – Sie erinnern sich an die vier großen Herren der Eifel, wenn nicht, einmal zurückblättern. Es folgt dann die Burgunder und die Habsburger Zeit. In früheren Zeiten hat die Eisenproduktion das Schleidener Tal geprägt.

Erst seit dem 1. Januar 1972 hat Schleiden das (neue) Stadtrecht nach der Eingemeindung von Gemünd und anderen, ehemals selbstständigen Gemeinden und Ortsteilen erhalten. Die Stadt hat einen informativen Rundgang angelegt, der die wichtigsten Gebäude und Geschichtsfacetten vorstellt. Die im 12. Jahrhundert erbaute Burg gibt dieser Siedlung den Namen, *Castrum Sleyda*. Der Ruppenberg bietet einen guten Blick auf die Stadt, einer der vielen *Eifelblicke* mit Infotafel.

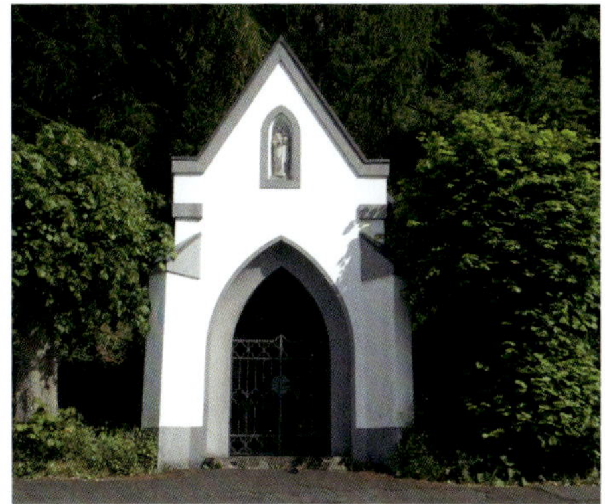

Pestkapelle am Ruppenberg

Auf dem Weg zum *Ruppenberg* passiere ich die Pestkapelle, die 1897 gebaut wurde und Zielort von Prozessionen war in Dankbarkeit, dass die gefürchtete und todbringende Pest das Tal nicht heimgesucht hat. Gleich daneben liegt der ehemalige jüdische Friedhof.

Weitere Informationen finden Sie auf

» https://nordeifel-tourismus.de/die-nordeifel/nationalparkhauptstadt-schleiden.

Das ist die Belohnung für den Aufstieg zum Ruppenberg ....

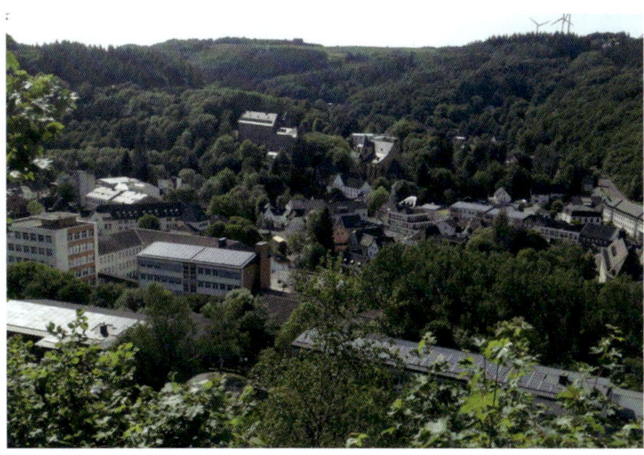

Schleiden vom Ruppenberg aus gesehen

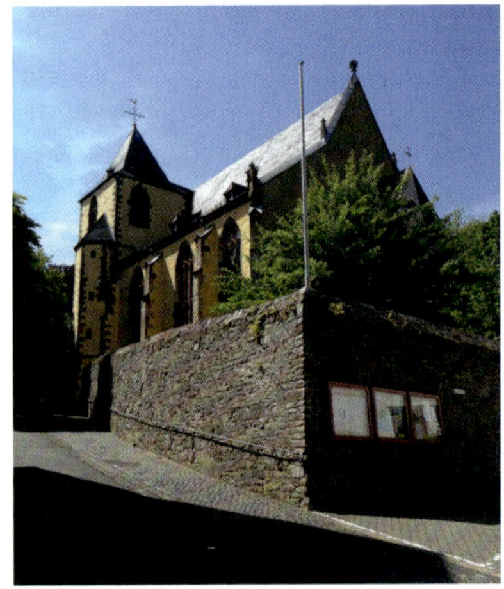

Schlosskirche

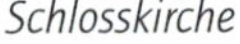

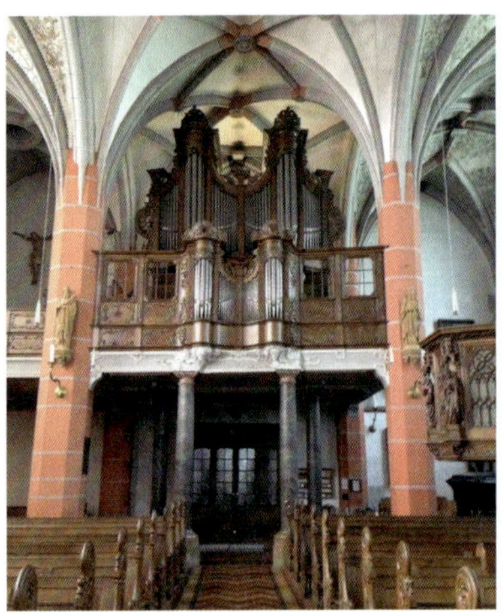

Schlosskirche – Orgelempore

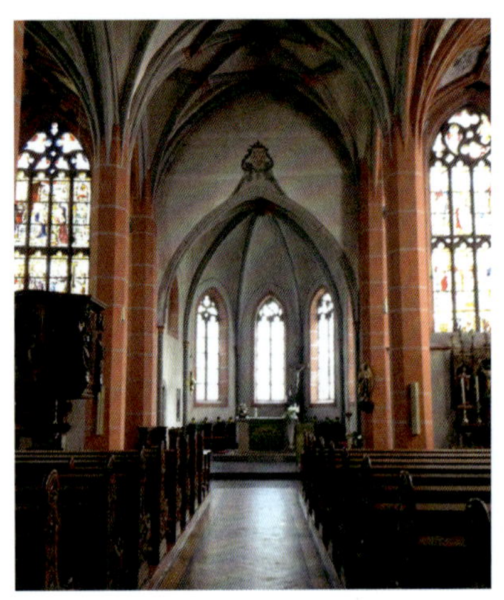

Schlosskirche – Chor

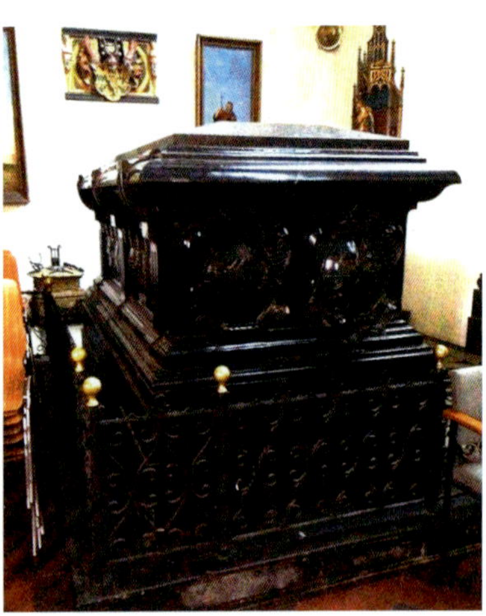

Sarkophag Sibylla von Hohenzollern

Die Schlosskirche von Schleiden lohnt den Anstieg dorthin. Die Kirche wurde mit dem Bau des Schlosses erstmals erbaut, später zu einer dreischiffigen Hallenkirche erweitert. Nicht weniger eindrucksvoll ist die König-Orgel. Der Orgelbauer Christian Ludwig König ist auch ein Kind der Eifel, 1717 in Bad Münstereifel geboren.

In der Schlosskirche, nicht zu übersehen, steht der Sarkophag der Sibylla von Hohenzollern, einer der Schleidener Burggrafen war also mit einem Familienmitglieder der Hohenzollern liiert. Die brandenburgisch-preußische Linie der Hohenzollern stellt die preußischen Könige bis 1918 und in Personalunion sogar die deutschen Kaiser Wilhelm I., Friedrich III. und Wilhelm II. In einigen Städten wurde ein „Drei-Kaiser-Haus" gebaut, wie z. B. am Aachener Fischmarkt, war nur nochmal ein kurzer Rückblick, pardon. Kommt nicht wieder vor – das kann ich aber nicht versprechen ...

„Wilhelm I. war der greise Kaiser, Friedrich III. der weise Kaiser und Wilhelm II. der Reisekaiser", schlussfolgerte man.

Gegenüber der Schlosskirche erinnert ein mächtiger Stein an den Eifelmaler Albert Larres und ein Rundwanderweg ist dem Maler, der ca. 1.000 Werke zur Eifeler Region geschaffen hat, gewidmet. Er wurde am 8. Dezember 1900 in der Eifelgemeinde Obergolbach (heute ein Ortsteil der Gemeinde Kall) geboren und stirbt am 7. Dezember 1987 in Köln. Larres arbeitete als Landschaftsmaler von 1930 bis zu seinem Tod in Schleiden.

Die Sleidanus-Brücke führt über die Olef, wer aber war „Sleidanus"?

Johannes Sleidanus

Johannes Sleidanus war von Beruf Jurist und ist 1506 in Schleiden geboren. Bekannt geworden ist das Schleidener Eigengewächs als Historiker beim *Schmalkaldischen Bund*. Im Schmalkaldischen Bund waren protestantische Landesherren vereint im Kampf gegen Kaiser Karl V. während des Schmalkaldischen Krieges. Karl V. war ein kategorischer Gegner des „neuen" Glaubens, des Protestantismus. Karl hatte zunächst die Oberhand, verlor den Krieg ab letztlich und dankte 1556 ab, zog sich in ein Kloster in der Nähe von Madrid zurück und überließ seinem Bruder, Ferdinand I., die Regentschaft. Ferdinand wurde bereits 1531 in Aachen zum König gekrönt.

1786 wurde mit dem Bau der evangelischen Kirche begonnen. Auf einem Grabkreuz lese ich die Inschrift: „Carl Poensgen, Hüttenmeister und Bürgermeister". Die Familie Poensgen geht bis ins 15. Jahrhundert zurück und hat als Reitmeister Eisen produziert (ritan = herstellen).

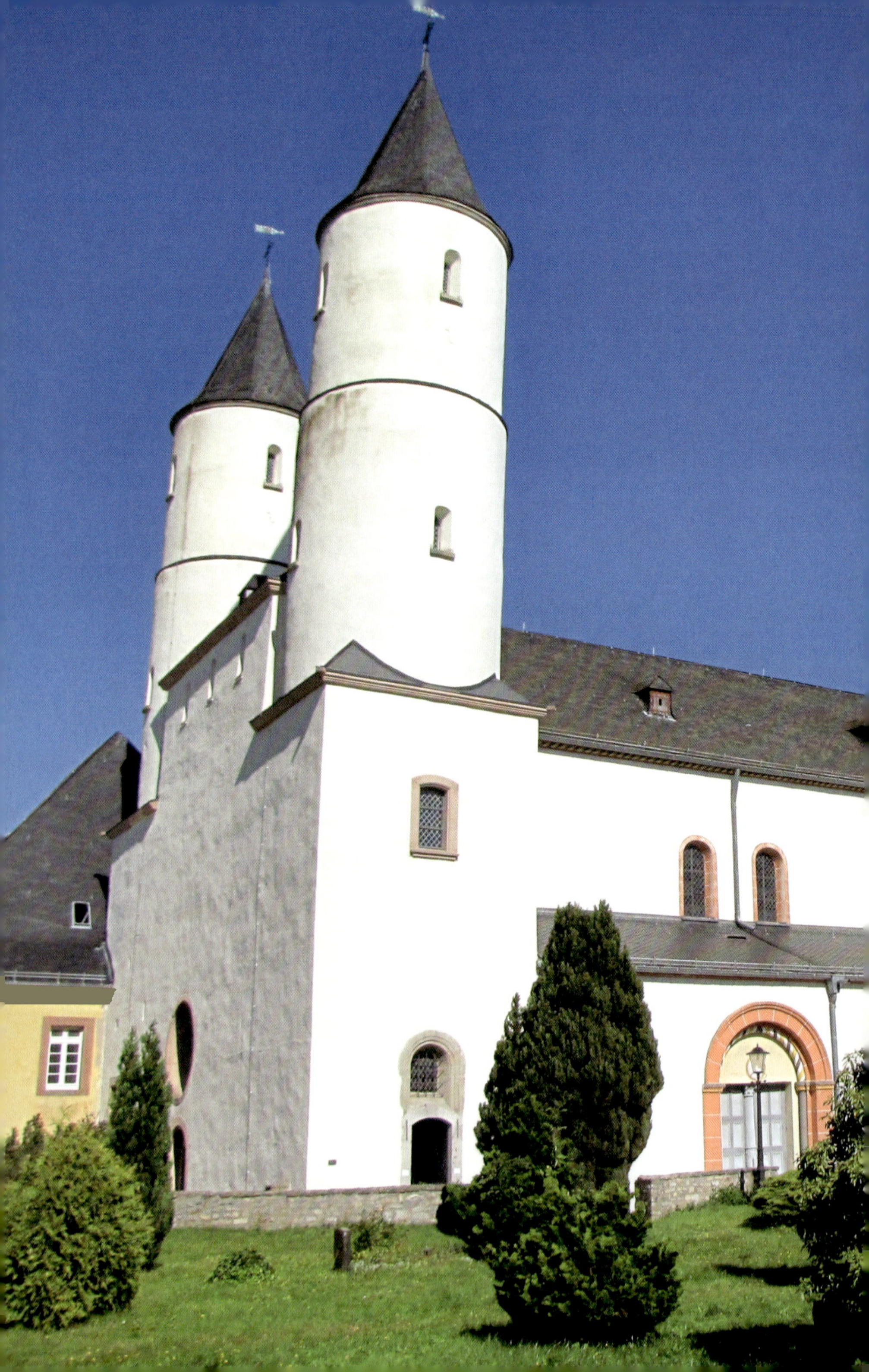

6 Kloster Steinfeld

6 KLOSTER STEINFELD

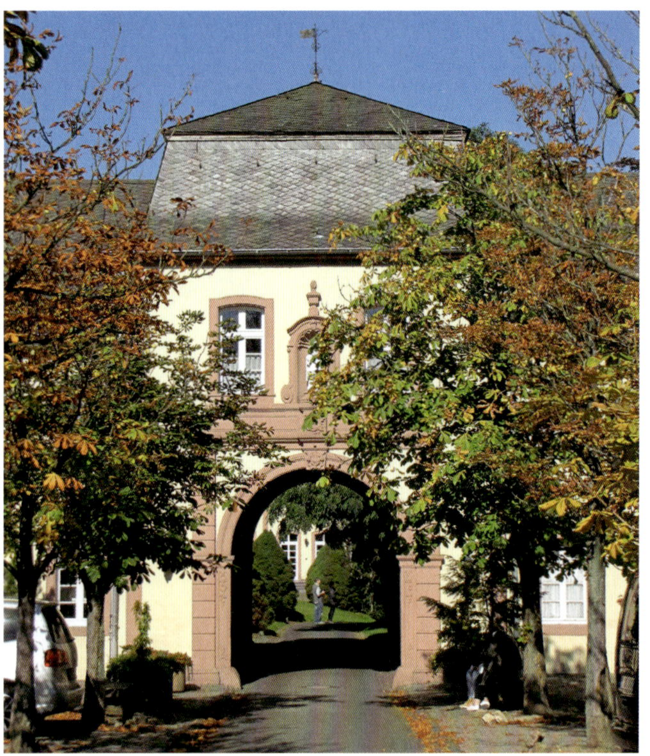

Kastanienhof am Kloster Steinfeld

Die Anfänge des Klosters sollen bis ins 10. Jahrhundert zurückreichen; die Zeit des Prämonstratenserordens beginnt im 12. Jahrhundert und endet, als 1802 das Kloster aufgehoben wurde. Bis die Salvatorianer in Steinfeld 1923 einziehen, ist die Abteikirche die Pfarrkirche des Dorfes. Der neue Orden rettet das Kloster vor dem Verfall und gründet ein Internat. Die Salvatorianer werden gegründet von Franziskus Maria vom Kreuze Jordan (1848-1918), der Mann „begegnet" mir im Klosterhof vor dem Gästehaus, das seinen Namen trägt.

Vor zwei Jahren etwa war ich das letzte Mal hier im Kloster, die Führung dauerte etwa eine Stunde, viel verändert hat sich seither nicht. Die heute mit Barockaltären ausgestattete Abteikirche, seit 1960 eine Basilika minor, hat reich ausgemalte Kreuzrippengewölbe.

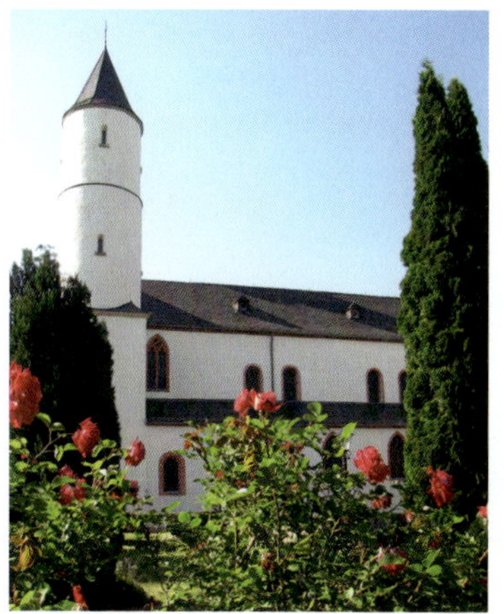

23 Basilika

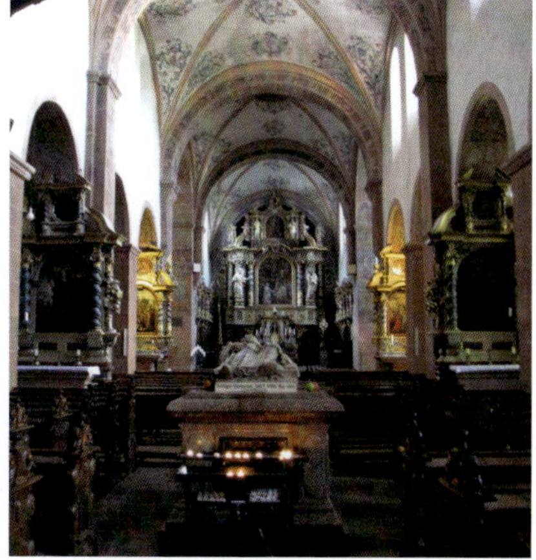

Hochgrab des Hl. Hermann-Josef von Steinfeld

Seit Jahrzehnten findet im Kloster Steinfeld das Eifeler Musikfest statt; alle Jahre wieder am Wochenende nach Pfingsten. Besondere Aufmerksamkeit erlangt dann die barocke *König-Orgel*, 1727 fertig gestellt von Balthasar König, der in Bad Münstereifel als Orgelbauer eine Werkstatt unterhielt.

Mitten in der Basilika steht das Marmor-Hochgrab des Heiligen Hermann-Josef von Steinfeld, auf der Grabplatte liegen auch heute wieder ein paar Äpfel. Draußen am Eingang zum Kloster habe ich schon gelesen, dass der Mann 91 Jahre lang in Steinfeld gelebt hat. Hermann trat noch als Kind in das Kloster ein und wurde in Steinfeld Priester und Küster. Er soll ein gottgefälliges Leben geführt haben und soll eine mystische Hochzeit mit Maria eingegangen sein, aus dieser Zeit stammt die Namensergänzung Josef. Eine Kopie des Gemäldes „die mystische Verlobung des seligen Hermann-Josef mit Maria" ist im Kirchenraum zu sehen. Handwerkliche Fähigkeiten werden ihm auch nachgesagt, er ist der Schutzpatron der Uhrmacher. Die Äpfel auf seinem Sarkophag erinnern an Hermann-Josefs Gepflogenheit in seiner Heimatstadt Köln. In der Kirche Maria im Kapitol soll er der Gottesmutter Äpfel gebracht haben.

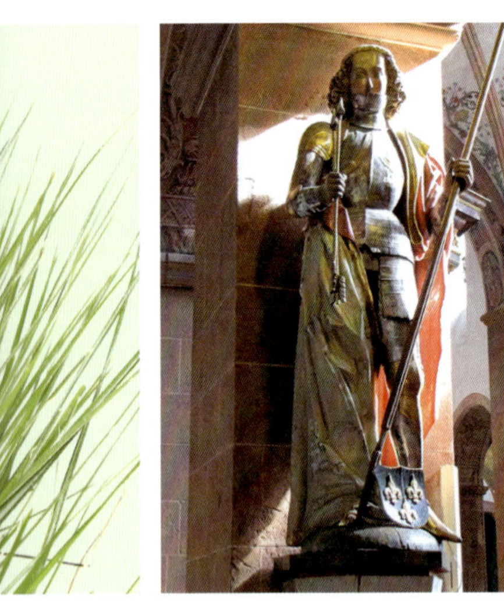

Hl. Potentinus

Der Patron der Pfarre ist der Heilige Potentinus. Der Mann stammt aus Aquitanien und soll mit seinen beiden Söhnen Felicius und Simplicius nach Trier gereist sein. Potentinus wollte ein religiöses Leben führen und bat den Trierer Bischof Maximin um einen geeigneten Platz; den fanden Potentinus und seine Söhne in Karden. Die drei kommen schließlich 920 nach Steinfeld. Das Attribut des Heiligen sind zwei Pfeile. Daher also die gekreuzten Pfeile im Steinfelder Wappen(!?).

(Quelle: https://www.heiligenlexikon.de/BiographienP/Potentius_von_Steinfeld.htm, aufgerufen am 25.10.2023)

Der Hauptflügel der barocken Klosteranlage wurde 1738 gebaut, das lese ich aus den römischen Ziffern über der Klosterpforte. Ein Türflügel steht offen, ich traue mich mal einfach rein, was soll mir in einem Kloster schon passieren? Im Büro sitzt Herr Höfel, ein ehrenamtlicher Mitarbeiter des Hauses, der gleich noch ein paar Fragen zum Kloster beantwortet. Meine Fragen zum Kreuzgang verleiten ihn wohl dazu, mir den Zutritt außerhalb der Führung zu gewähren. Eine gastfreundliche Geste! Der Kreuzgang ist auch nur durch die Klosterpforte erreichbar. Links neben dem Hauptflügel befindet sich die *Prälatur*, die Abtswohnung.

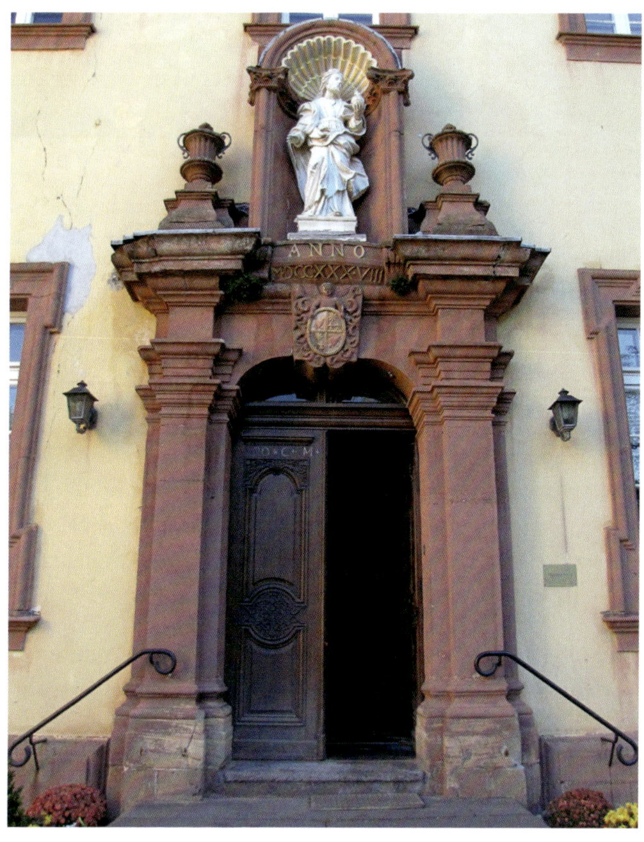

Konventhaus

Der Steinfelder Kreuzgang

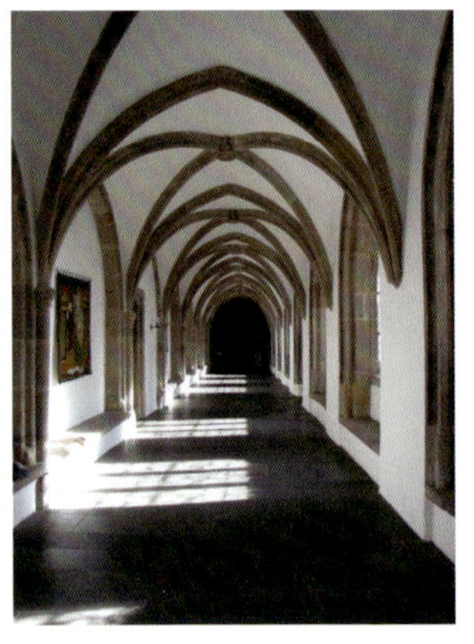

Steinfelder Kreuzgang

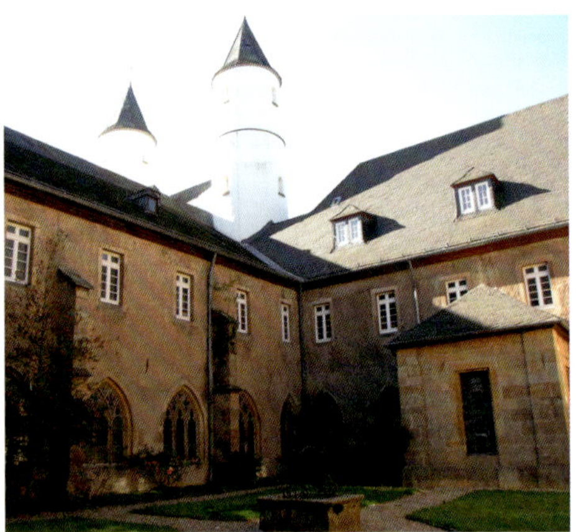

Innenhof im Kloster Steinfeld

Im Kreuzgang erinnert eine Gedenktafel an Pater Pankratius Pfeiffer. Der Salvatorianer hat während der deutschen Besatzung Roms Bürgern der Stadt zur Flucht verholfen. Viele Menschen versteckte er in seinem Haus und verhinderte so ihren Abtransport ins Konzentrationslager. In Rom ist eine Straße nach ihm benannt.

Bei meiner Verabschiedung an der Klosterpforte gibt mir Herr Höfel noch einen kulinarischen Tipp; im Klostercafé gibt es leckere Gulaschsuppe – ohne jede zeitliche Verzögerung suche ich das Café auf. In der Tat, so viel Fleisch in einem Gulaschtopf habe ich nicht oft gesehen. Sie können vom Café direkt in den Klosterladen gehen.

Das Leben im Kloster ist auch heute noch sehr rege. Im ehemaligen Internatshaus ist das Franziskus-Jordan-Gäste- und Bildungshaus untergebracht. Seit 1992 besteht die Akademie Kloster Steinfeld, die ein breit gefächertes Kurs- und Seminarprogramm anbietet. Im gymnasialen Hermann-Josef-Kolleg drücken heute noch mehrere hundert Schüler die Bank; die ehemaligen Schüler finden sich im Catena e. V. wieder – dann kann es doch so schlimm nicht gewesen sein mit dem Schulbesuch ... Ganz schön was los bei den Salvatorianern in Steinfeld.

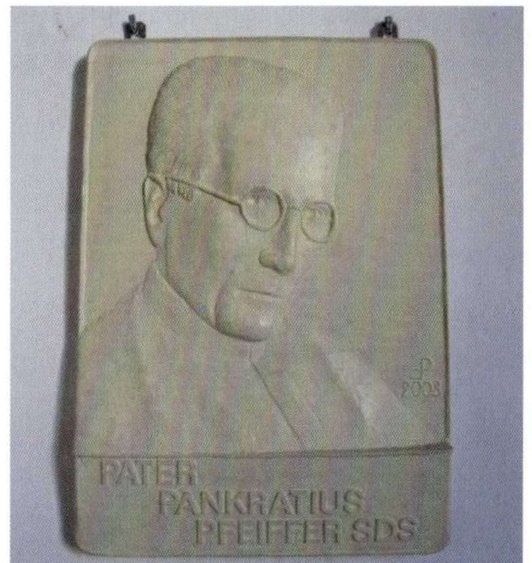

Pater Pankratius Pfeiffer

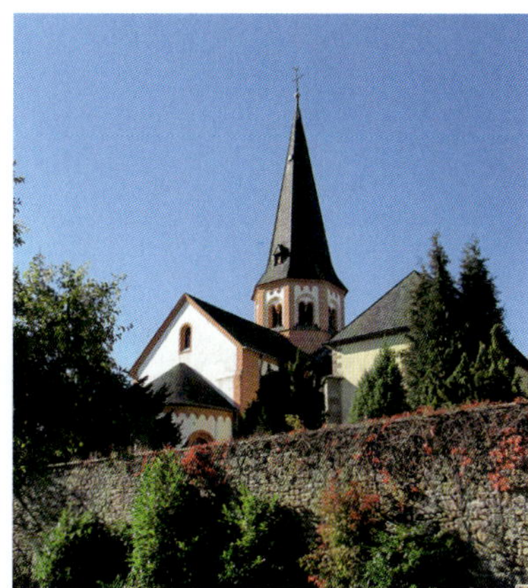

Am Steinfelder Kreuz

Die Klosteranlage ist sehr weitläufig und lädt gerade deshalb schon zum Verweilen ein. Schließlich besuche ich noch das Labyrinth mit dem Steinfelder Kreuz. Sie finden es auf der Rückseite der Klosterkirche. Laufen Sie drauflos, hier kann man die Seele baumeln lassen – sich hinsetzen und die Ruhe genießen.

So, das war mein Steinfelder Tag, leider viel zu kurz!

Alles, was Sie zum Kloster Steinfeld wissen müssen, ist auf einer Homepage übersichtlich gestaltet.

Salvatorianerkloster Steinfeld
» www.kloster-steinfeld.de

Fürs Navi: 53925 Kall, Hermann-Josef-Str. 4
Tel. 02441/8 89-0

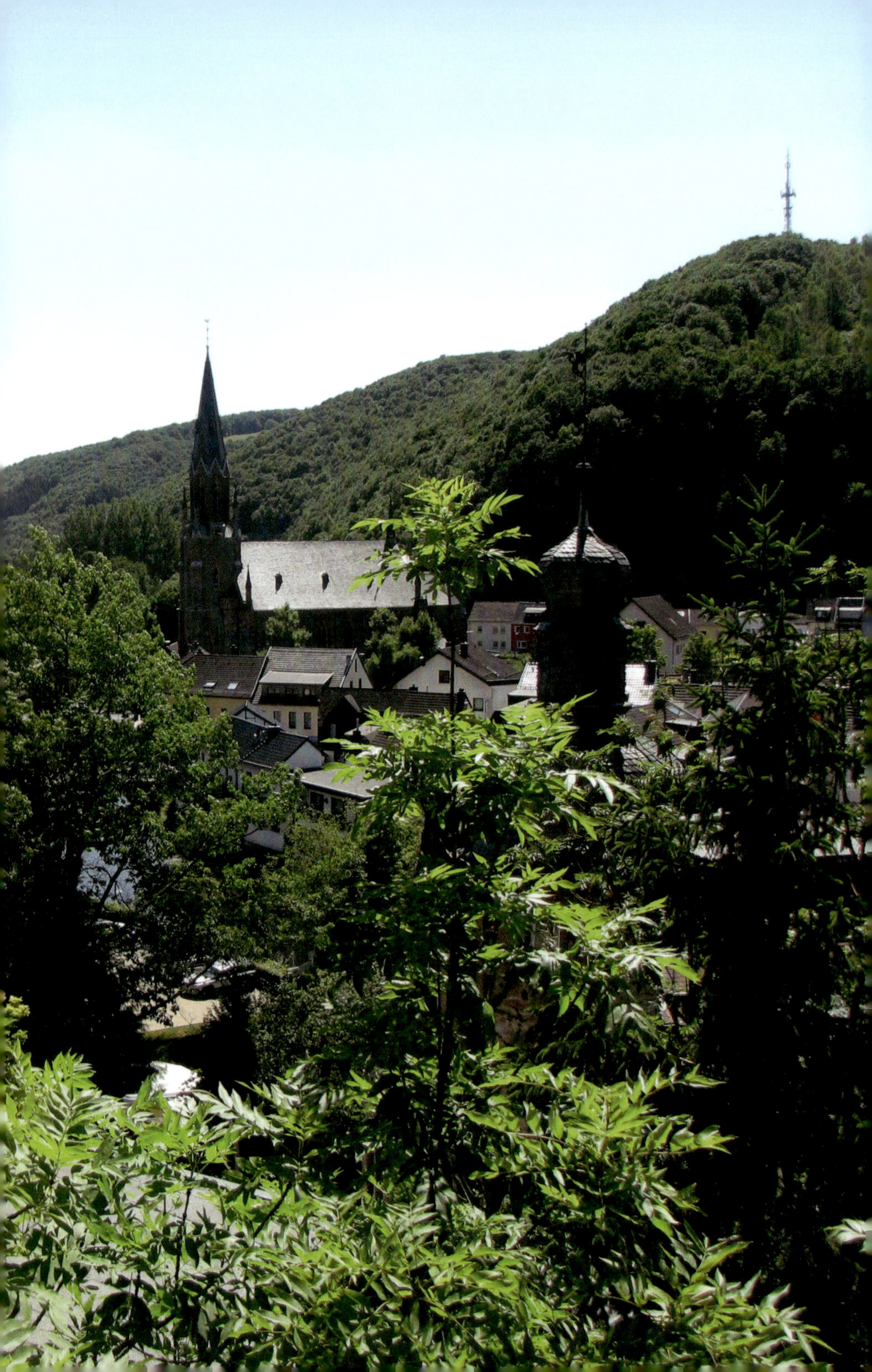

7 Gemünd – Kneipp-Kurort und Nationalparktor

7.1 Die Urfttalsperre

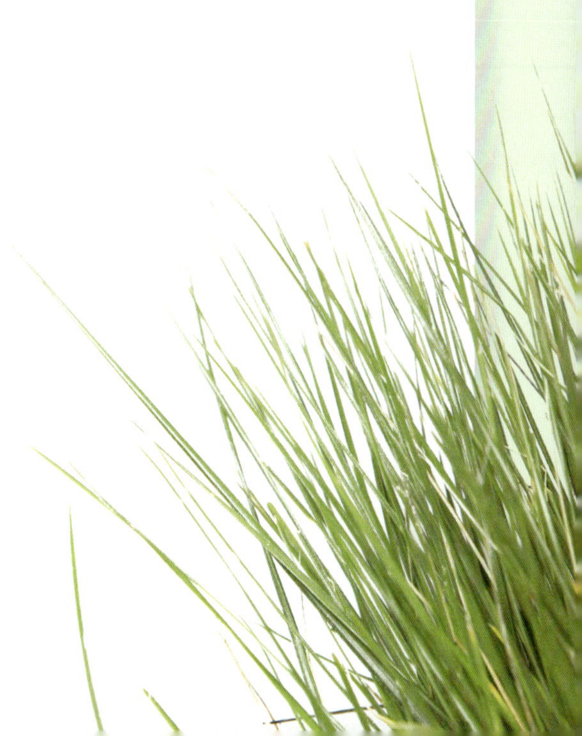

7 GEMÜND – KNEIPP-KURORT UND NATIONALPARKTOR

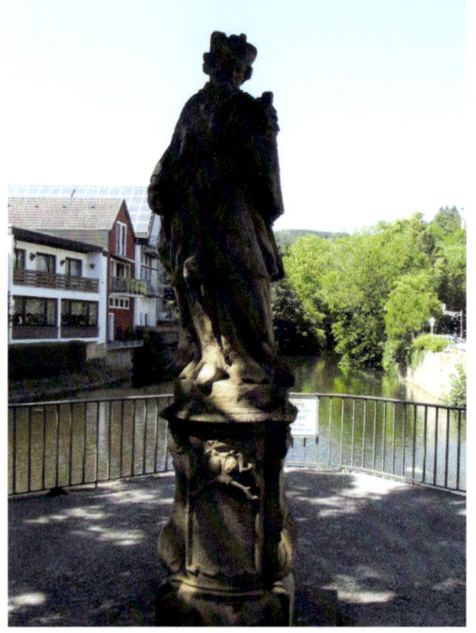

Hl. Nepomuck am Zusammenfluss von Olef und Urft

Ich habe die Nepomuckstandbilder während meiner Eifeltour nicht gezählt, auch in Gemünd führt er kein „Schattendasein"; er steht nur am rechten Ort – am Zusammenfluss von Olef und Urft. Die Siedlung heißt Gemünd, ehemals selbstständige Stadt und heute ein Stadtteil von Schleiden.

Die Urft war lange Zeit Grenzfluss zwischen dem Herzogtum Jülich und den Dreiborner Herren, die *Drommer*, für Insider: die Dreiborner, gehören heute zu Schleiden.

Nochmals kurz zu Johannes Nepomuk. Der Mann lebte im 14. Jahrhundert und war böhmischer Priester und seine Berufspflichten sollten ihm zum Verhängnis werden. Die Legende erzählt, dass er gegenüber dem böhmischen König das Beichtgeheimnis gewahrt hat und daraufhin soll er in Prag in die Moldau geworfen worden und ertrunken sein. Johannes sieht man oft mit einem Fünf-Sterne-Kranz und der steht für das lateinische „tacui" (fünf Buchstaben), soll heißen „ich schwieg"; in der barocken Darstellung ist er mit einer Märtyrerpalme zu sehen. Im Prager Veitsdom ist sein Hochgrab zu bestaunen, über eine Tonne Silber wurde verarbeitet.

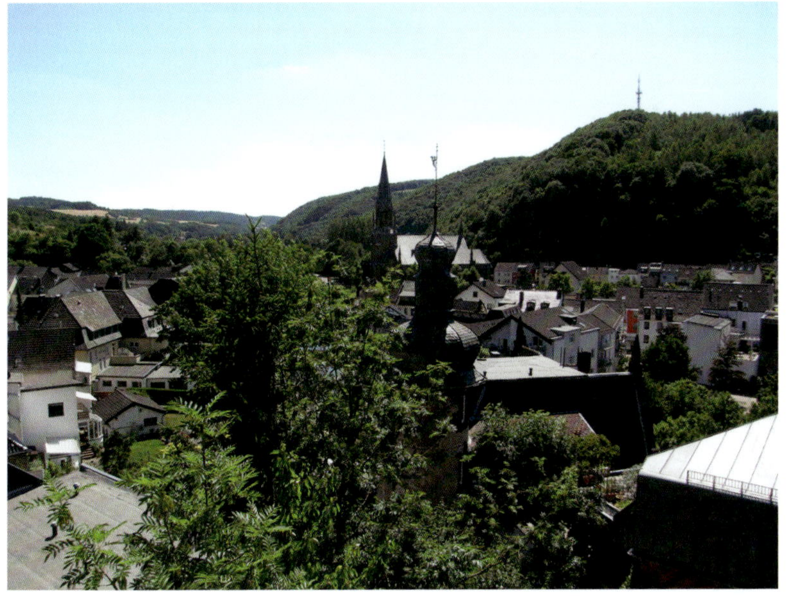

Gemünder Panorama

Gemünd ist noch unser Thema. Die Eisenproduktion prägte einst Gemünds Wirtschaft; insbesondere die Industriellenfamilie Poensgen hat mit ihren Eisenhütten im 18. und 19. Jahrhundert den Schleiden-Gemünder Raum geprägt; das machen heute der Tourismus und die Kneipp-Kuren in Gemünd. Das Ortsbild von heute lässt schnell erkennen, dass der Zweite Weltkrieg erheblich die historische Bausubstanz zerstört hat. Im Ort finden Sie auf dem historischen Rundgang zahlreiche Tafeln. Der Rundgang startet am Marienplatz.

In Gemünd finden Sie eins der fünf Nationalparktore, den angrenzenden Nationalpark Eifel fahren wir als Nächstes an. Die Infostelle hat täglich von 10.00-17.00 Uhr geöffnet, sie finden Sie hier:

Nationalparktor Schleiden
53937 Schleiden-Gemünd, Kurhausstr. 6
Tel. 02444/95 10 0
» www.schleiden.de

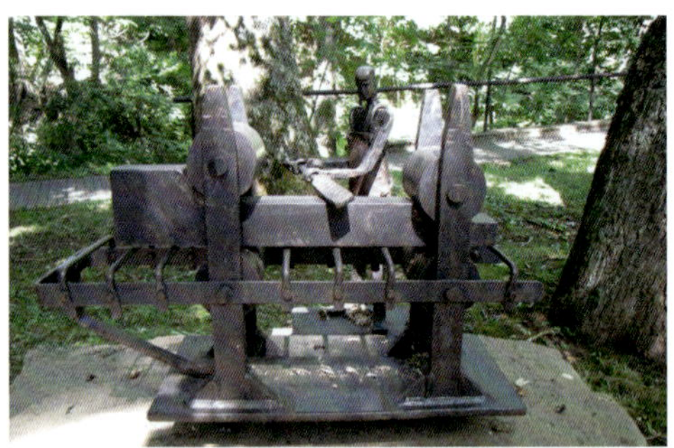

Der Eisenwanderweg

Eine Alternative oder Ergänzung zum Gemünder Rundgang bietet der „Eisenwanderweg", der gleichfalls am Nationalparktor startet und etwa zwei Stunden dauert. Der Wanderweg führt von Gemünd in den Ortsteil Mauel und berichtet über den Abbau von Eisenerz im Schleidener Tal, die Herstellung der zum Schmelzen benötigten Holzkohle und die Werkstätten der Reitmeister. Im Nationalparktor erhalten Sie das Faltblatt. Sie downloaden es vorher, drucken es aus und auf geht's:

» www.eifel-barrierefrei.de/naturerlebnisangebote/detail/Eisen-Wanderweg-2137j/

7.1 DIE URFTTALSPERRE

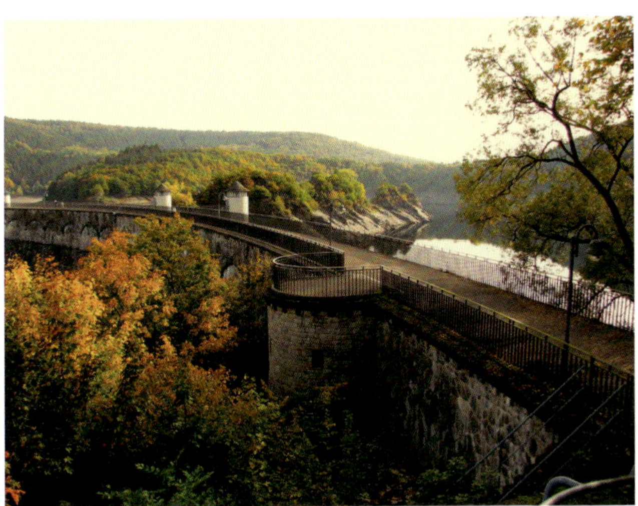
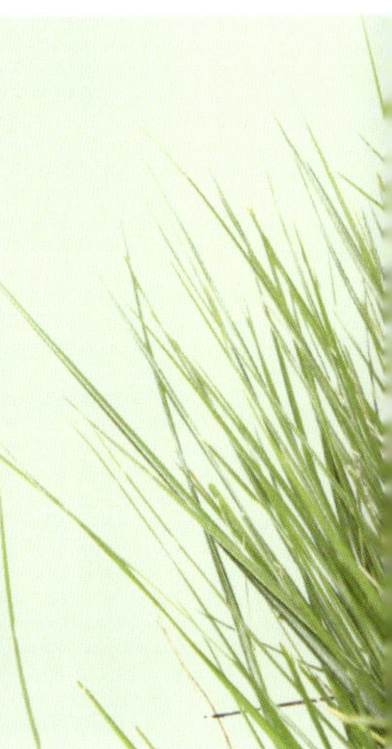

Urfttalsperre

Dort fahren wir jetzt hin; Sie navigieren: 53937 Schleiden, Urfttalsperre und erreichen die Staumauer. Baubeginn für das Bruchsteinmauerwerk war 1900 und ich sehe im Mauerwerk eingesetzt eine Bronzeplatte, die das Profil eines vollbärtigen Mannes zeigt, seine Name Intze. Wobei mir jetzt einfällt, in Aachen gibt es die Intzestraße und wer in Aachen eine „eigene" Straße hat ... ist wer.

Ich stoße auf Otto Adolf Ludwig Intze, geboren am 17. Mai 1843 im mecklenburgischen Laage, nie gehört, und er wird Professor an der Rheinisch-Westfälischen Technischen Hochschule, kurz RWTH, und ein Fachmann für den Bau von Wassertürmen und Talsperren. Beim Bau von Talsperren entwickelt er eine bögenförmige Bruchsteinmauer, die auf der Wasserseite einen aus Lehm gebauten Keil hat. Dieser Keil am Maueransatz soll die Mauer abdichten und trägt seinen Namen, der *Intze-Keil*.

Mit dieser Baukonstruktion werden in der Folgezeit viele Talsperren gebaut. Übrigens Talsperren sind keine neuzeitliche Erfindung, das konnten schon

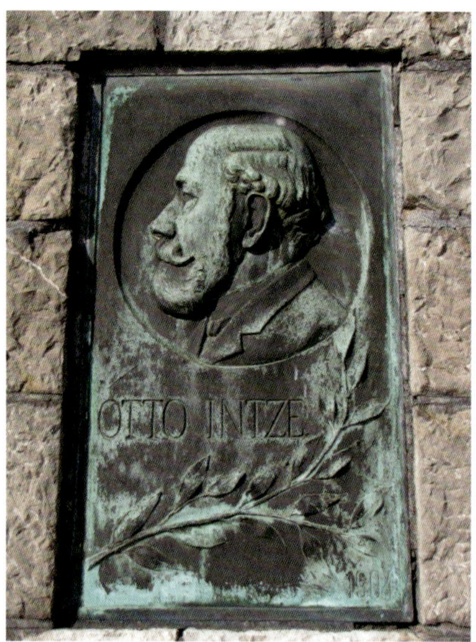

Otto Adolf Ludwig Intze

die Römer. In der Eifel haben sie gar eine Wasserleitung bis ins römische Köln gebaut; schauen wir uns auch noch an, klar. Der Wasserverband Eifel-Rur hat an der Staumauer sehr informative Schautafeln aufgestellt, die das Intze-Prinzip und den Intze-Keil sehr gut erklären. Ach so, Laage – liegt im Landkreis Rostock, in Mecklenburg-Vorpommern.

Die Urftstaumauer trennt die Urfttalsperre vom Obersee (Rursee) und der ist die Vorsperre zur Rurtalsperre. Die Urft hat noch eine andere wichtige Funktion. Das Wasser wird zum Kraftwerk in Heimbach geleitet und dort wird aus Wasserkraft Strom erzeugt.

Eine kleine Wanderempfehlung vor allem für die Zeit der Ginsterblüte im Mai, wandern Sie von der Staumauer in Richtung Vogelsang; Sie erreichen nach ca. einer Stunde die Wüstung *Wollseifen* und erleben die Eifel in einem ihrer schönsten Kleider – in der Zeit der Ginsterblüte; man nennt sie auch das „Eifelgold".

Mein Hunger treibt mich in das Ausflugslokal vor Ort. Ich entscheide mich für die angebotene Erbsensuppe und das war ein Volltreffer, den ich gerne als Geheimtipp weitergebe – „die Erbensuppe an der Staumauer" heißt das leckere Süppchen bei mir seither.

» www.urftseemauer.de
53937 Schleiden, Urfttalsperre 1 - Tel. 02473/9 78 98 83

Dass ich heute am Urftstausee entlangradeln und wandern kann, ist nicht selbstverständlich. Der Stausee lag auf dem Gebiet des Truppenübungsplatzes Vogelsang, der später unser Reiseziel sein wird. Ich kann Sie auf einen sehr geschichtsträchtigen Ort vorbereiten, der uns den Weg von einer unberührten Eifellandschaft über den Bau einer sogenannten *Ordensburg* zeigt zu einem Dorf, aus dem die Menschen vertrieben wurden, Wollseifen, bis zum Nationalpark Eifel.

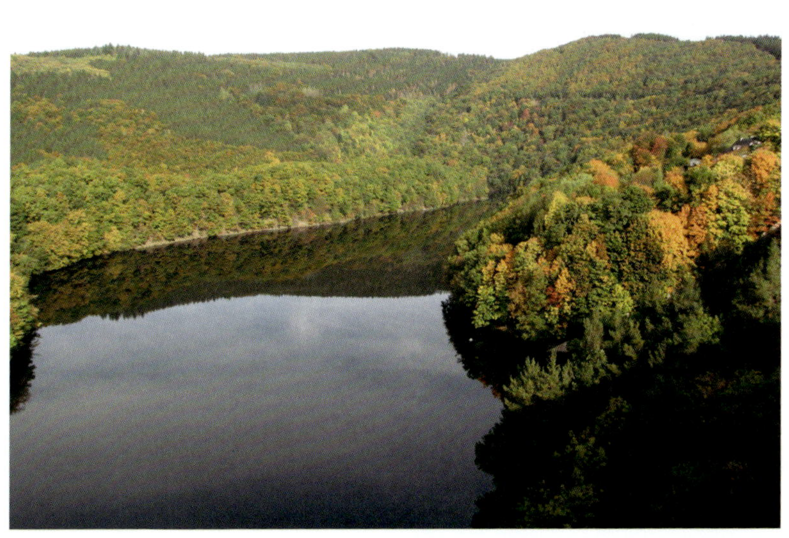

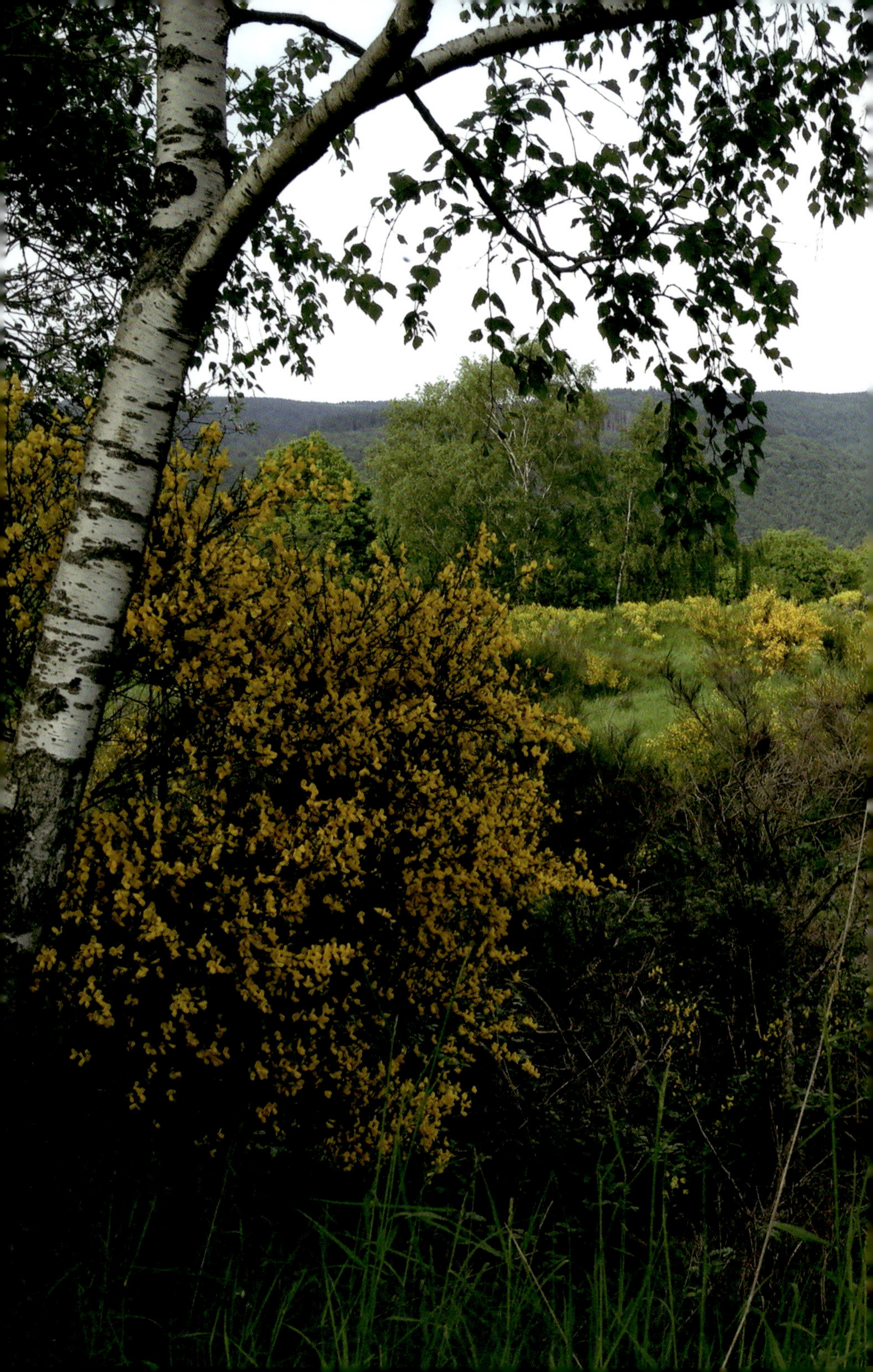

8 Der Nationalpark Eifel

8.1 Wollseifen – menschenleer

8.2 Dreiborner Hochfläche

8.3 Die NS-Ordensburg Vogelsang

8.4 Camp Vogelsang

8.5 Vogelsang IP

8.6 Der Nationalpark Eifel

8 DER NATIONALPARK EIFEL

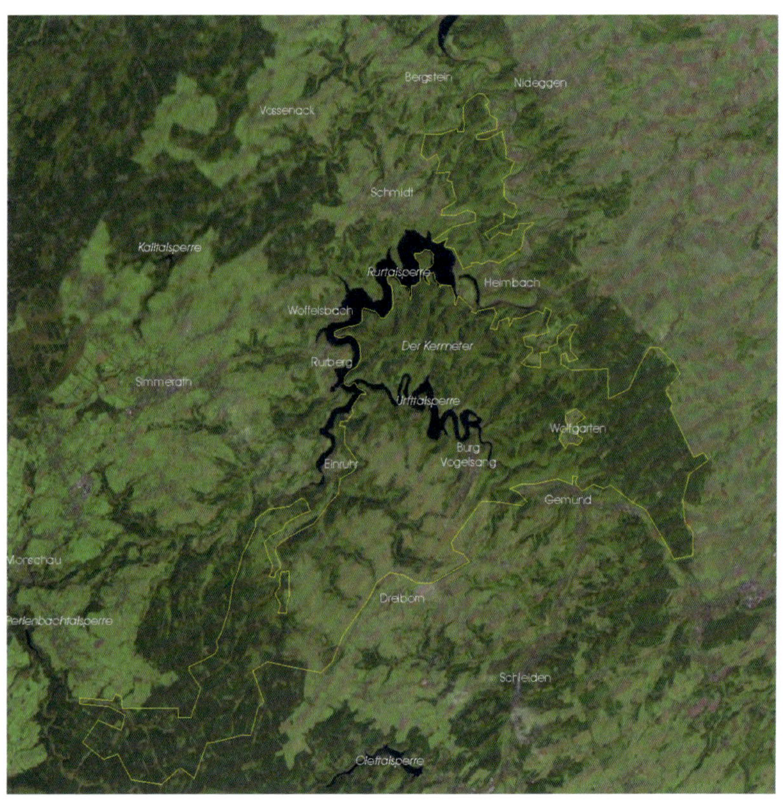

Quelle: Wikipedia

8.1 WOLLSEIFEN – MENSCHENLEER

Wollseifen ist eine Wüstung, eine aufgegebene Siedlung, die allerdings nicht freiwillig aufgegeben wurde. Ich kenne *Sief* als ein nasses Gebiet, *Woll* von Wolf abgeleitet? Wölfe lebten in der Eifel mehr als genug. Bei meinem Spaziergang sieht alles verlassen aus: eine Kapelle am Ortseingang, die Kirche, die alte Schule, eine Trafostation, vierkantgebaute Steinhäuser, schmucklos und leer, einige alte Straßenbezeichnungen stehen dort, wo keine Straßen (mehr) verlaufen, eine Kapelle. Ziemlich trostlos das Ganze, wenn da nicht die sanfte Hügellandschaft ringsum wäre ...

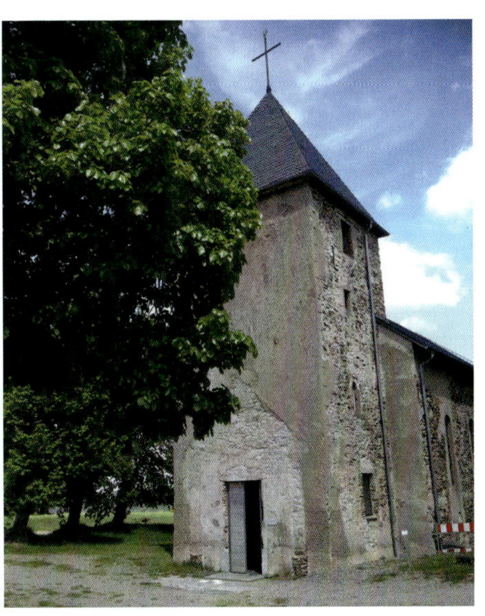

Alte Kirche Wollseifen

Die Wegkapelle am Anfang des Dorfes ist von Spendengeldern und mit umfangreichen Eigenleistungen restauriert worden. Vor der Kirche steht ein Drei-D-Modell des Ortes, wie er wohl bis zur erheblichen Zerstörung 1944 ausgesehen hat, der Rest wurde dann in der Zeit des Truppenübungsplatzes Vogelsang „erledigt".

Ich stehe vor der alten Pfarrkirche St. Rochus, erbaut von 1633-1635, steht vor Ort geschrieben. Bis dahin gingen die Wollseifener zur Kapelle am Walberhof, ehemals ein fränkischer Königshof (in der Nähe befindet sich heute der Parkplatz zum Vogelsang IP). Rochus von Montpellier ist der Schutzpatron der Pestkranken; oft zeigt seine Darstellung einen Mann, der mit einem Finger auf eine Pestwunde zeigt. Die Legende erzählt, dass Rochus selbst während einer Wallfahrt nach Rom an der Pest erkrankt, einsam in einem Wald lebt und auf wundersame Weise von einem himmlischen Wesen geheilt wird. Er ernährt sich von Brot, das er von einem Hund bekommt.

Der Innenraum der Kirche ist schlicht gestaltet. Auch wenn die Glocken in Wollseifen verstummt sind. Eine Glocke aus der alten Wollseifener Kirche ruft noch, in der Steckenborner Pfarrkirche. Steckenborn liegt unweit vom Rursee entfernt auf dem Gemeindegebiet von Simmerath.

Was ist passiert?

Wollseifen, eine Siedlung, die im 12. Jahrhundert genannt wird, hatte einst etwa 500 Einwohner, die meist von der Landwirtschaft lebten. Der Ort gehörte zur Grafschaft Schleiden und die zum Herzogtum Luxemburg. Wir sprachen darüber – die vier großen Herren der Eifel. Neue „Brötchengeber" fanden sich beim Bau der Urfttalsperre, die wir besucht haben.

1934 wurde mit dem Bau der sogenannten *NS-Ordensburg* auf dem Erpenscheid begonnen und eine neue Siedlung *Vogelsang* wurde für die Bauarbeiter errichtet, auch Vogelsang ist heute eine Wüstung. Dazu kommen wir aber noch, zunächst schauen wir uns noch ein wenig um.

Im Dezember 1944 wird die Siedlung quasi dem Erdboden gleichgemacht. Nach Ende des Zweiten Weltkriegs kehrten die Wollseifener in ihr Dorf zurück und dachten an Wiederaufbau. Es kam aber anders. Die britische Militärverwaltung forderte die verbliebenen Bewohner auf, ihre Heimat zu verlassen und das sollte keine vorübergehende Maßnahme sein. Sie kehrten nie wieder zurück und bauten neue Existenzen in den umliegenden Dörfern auf.

Die Wollseifener Geschichte ist umfangreich dargestellt (und ein Crashkurs in Wollsiefer Platt wird gleich mitgeliefert) auf:
» https://wollseifen.jimdofree.com/

Wollseifen liegt auf der

8.2 DREIBORNER HOCHFLÄCHE

Das Gebiet ist eine Mischung aus Waldgebieten und ehemals landwirtschaftlich genutzten Flächen; neben der Landwirtschaft wurde die Schafszucht betrieben. Die landwirtschaftliche Nutzung entfiel, als mit der Nutzung der ehemaligen Ordensburg Vogelsang als Truppenübungsplatz dieses gesamte Gebiet gesperrt wurde. Das ist heute anders. Durchzogen von kilometerlangen Wanderwegen, kann man von Mitte Mai bis Mitte Juni eine in grün und gelb „gekleidete" Landschaft erleben – die Zeit der Ginsterblüte.

Gehört der Ginster zur Familie der Schmetterlingsblüter? Schauen Sie mal genau, die Blütenform antwortet Ihnen auf Ihre Frage.

Auf viele andere Fragen zur Dreiborner Hochfläche finden Sie eine Antwort auf
» www.dreiborner-hochflaeche.de

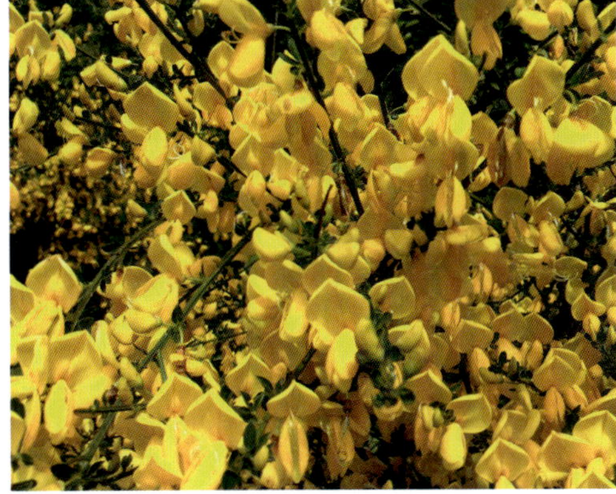

Ginsterblüte

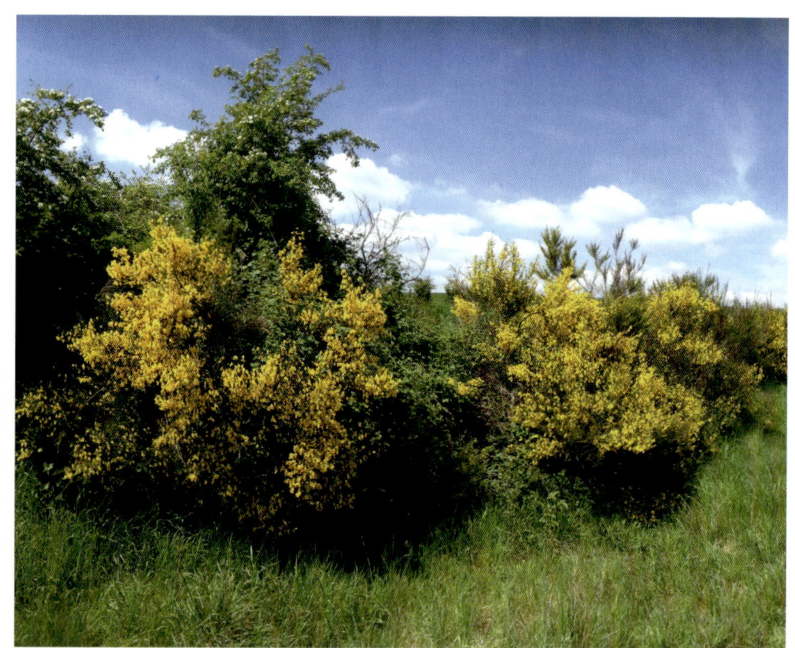

Ginsterblüte auf der Dreiborner Hochfläche

Namensgeberin ist der Schleidener Stadtteil Dreiborn und der wird von den Einheimischen *Drommer* genannt; so habe ich es jedenfalls vor Ort erfahren. Vom Parkplatz an der Dreiborner Burg laufe ich los und informiere mich über die Dorfgeschichte, so steht der *Dreiherrenstein* für die ehemaligen Territorialherren aus Dreiborn, Monschau und Schleiden.

Dreiborn ist ein guter Startpunkt für die Rothirsch-Aussichtsempore. Sie parken entweder auf dem Parkplatz *Dreiborner Hochfläche* oder noch näher auf dem Parkplatz *Rothirsch-Empore* und sehen und lauschen diesem Naturspektakel mit Ruhe, Geduld und Rücksicht auf die Wildtiere, schließlich ist Brunftzeit und da will der Mensch, pardon – wir kommen vom Thema ab. Zur Ausrüstung sollten gehören Kissen, Fernrohr und angepasste Kleidung; die Morgen- und Abendstunden von Mitte September bis Mitte Oktober versprechen Erfolg.

8.3 DIE NS-ORDENSBURG VOGELSANG

Was ist eine NS-Ordensburg?

In der Zeit des nationalsozialistischen Deutschlands (1933-1945) wurden Ausbildungszentren für den „Elite-Nachwuchs" gebaut. Dabei hat der Begriff *Ordensburg* einen ganz anderen Ursprung. Die ursprüngliche Ordensburg des ausgehenden Mittelalters ist die Burg der Ordensritter, wie z. B. des Templer- oder Malteserordens; diese Ordensburgen waren also eher klosterähnliche Anlagen; steht also der Idee der nationalsozialistischen Ordensburg in jeder Hinsicht entgegen.

Drei Ordensburgen wurden gebaut: in Vogelsang in der Eifel, in Sonthofen im Allgäu und in Krössinsee in der Nähe der Stadt Falkenburg im heutigen Polen. Jede Ordensburg hatte einen Ausbildungsschwerpunkt. Hitlers „Elite" waren die sogenannten *Ordensjunker*, die als Lehrgangsteilnehmer nach einem festgelegten Plan die Ausbildungsabschnitte durchlaufen sollten. Vogelsang „lehrte" den nationalsozialistischen Rassismus. Hitlers Bauleiter war Robert Ley, als Reichsleiter der NSDAP einer der führenden Köpfe im „Dritten Reich".

Baubeginn war am 16. März 1934; der Kölner Architekt Clemens Klotz plante die Ausführung der *gigantischen* Anlage inmitten einer unberührten Landschaft. Für über 1.000 Arbeiter sollte ein neues Dorf gebaut werden – Vogelsang. Mehr als 500 Lehrgangsteilnehmer wurden nach der Fertigstellung aufgenommen und die *Gehirnwäsche* vollzogen, unterstützt von minutiösem Tagesablauf.

Hitlers Kriegstreiben setzte diesem Spuk ein Ende. Die *Junker* wurden in den Einsatz geschickt. Die Wehrmacht übernahm Falkenburg und nutzte Vogelsang für den Truppenzusammenzug mit dem Ziel, den Antwerpener Hafen einzunehmen. Die Ardennenoffensive war aber nicht mehr als ein letztes Aufbäumen gegen die alliierten Streitkräfte. Warum Antwerpen? Die Gegner Hitlers nutzten den belgischen Hafen als Nachschubstandort.

Nach Ende des Zweiten Weltkriegs gehört unsere Region zur britischen Besatzungszone. Die britische Rheinarmee ist fortan Nutzer, bis 1950 die belgische Armee folgt und bis 2005 das über 40 qkm große Areal als Truppenübungsplatz nutzte.

8.4 CAMP VOGELSANG

diente den belgischen Soldaten als Übungsgelände, dessen Zutritt strengstens verboten war. Die Belgier haben in der 50-jährigen Nutzung Truppenunterkünfte, Schießbahnen, Straßen und für militärische Ausbildungszwecke „Häuser" im Siedlungsbereich des verlassenen Dorfes Wollseifen gebaut. Später nutzten auch andere Truppen der NATO-Staaten *Vogelsang* für militärische Übungen. Das Camp wurde nach den Jahren der militärischen und politischen Entspannung (Ende des *Kalten Krieges*) zum Ende des Jahres 2005 als Truppenübungsplatz aufgegeben und es entstand der

8.5 VOGELSANG IP

Der Internationale Platz Vogelsang im Nationalpark Eifel. Die jahrzehntelange militärische Nutzung hatte aber auch den Vorteil, dass weite Teile der Landschaft unberührt blieben, eine bunte Pflanzenwelt konnte sich entwickeln. Heute ist wieder ziviles Leben auf der Dreiborner Hochfläche eingezogen. Wanderer, Radfahrer, geschichtsinteressierte Menschen aus vielen Ländern, aber auch noch lebende und damals evakuierte Wollseifener Bürger, die jetzt wieder die alte Heimat besuchen dürfen.

Im ehemaligen *Adlerhof* entstehen ein neues Informationszentrum für Besucher und gastronomische Betriebe. Im Kulturkino werden u. a. Konzerte und Theateraufführungen veranstaltet.

8.6 DER NATIONALPARK EIFEL

Er umschließt das ehemalige „Restricted Area" und ist der 14. Nationalpark in Deutschland. Der erste war der Nationalpark Bayerischer Wald. Ein Nationalpark vor der Haustür! – Wer hat das schon? Zunächst aber drehen wir noch eine kleine Runde durch den IP und beschäftigen uns dann mit dem Nationalpark Eifel.

Ein kurzer Rundgang durch die Geschichte

Das ehemalige Camp erreiche ich über die B 266; vom Kreisverkehr führt eine lange Zufahrtsstraße zum Eingangsbereich MALAKOFF. Das *Fort Malakoff* war eine Befestigungsanlage auf der Krim-Halbinsel und dieses Fort wurde vom französischen General Pelissier während des Krimkrieges in der Mitte des 19. Jahrhunderts erobert. In der Folgezeit wurden mächtige, turmartige Bauwerke *Malakoff-Türme* genannt, wie z. B. auf dem Gelände der Grube Günnersdorf in Mechernich, die wir selbstverständlich auch noch besuchen.

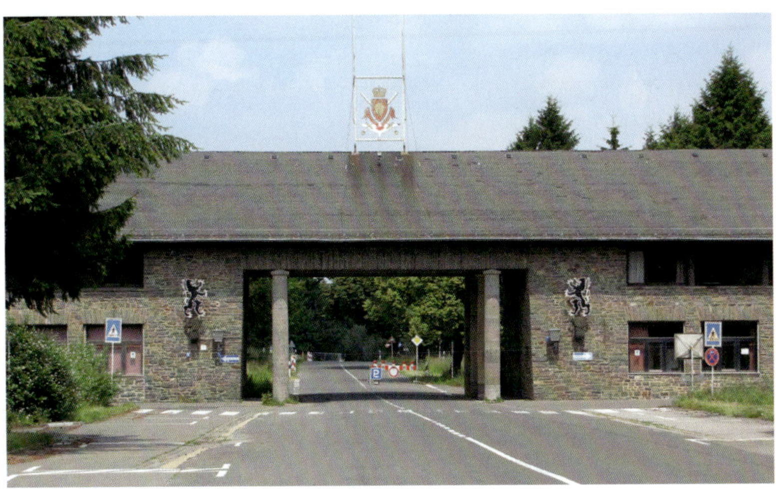

Malakoff-Turm

Der Besucherparkplatz liegt auf der linken Seite, in der Nähe des alten Truppenkinos, das heute als Kulturkino genutzt wird. Auf der anderen Seite steht das ehemalige Kasernengebäude der belgischen Armee – „van Dooren" – und gut sichtbar der Rangerhut, Startpunkt für die sonntägliche Rangertour.

Weiter führt der Weg vorbei an den Hundertschaftshäusern und zu den *Kameradschaftshäusern* (ehemalige Unterkunftsgebäude der NS-Ordensburg) und von dort habe ich einen schönen Ausblick auf den Urftsee.

Entlang des Forum-Rundgangs erhalte ich an den farblich auffallend gestalteten gelben Tafeln gute Informationen. Sportlich ambitionierte Besucher können den Weg zur Urftseebrücke nehmen, eine Stahlbaubrücke, die nach dem langjährigen Kommandanten des *Camps Vogelsang*, Victor Neels, benannt worden ist. Da unten geht's dann weiter zur Urfttalsperre.

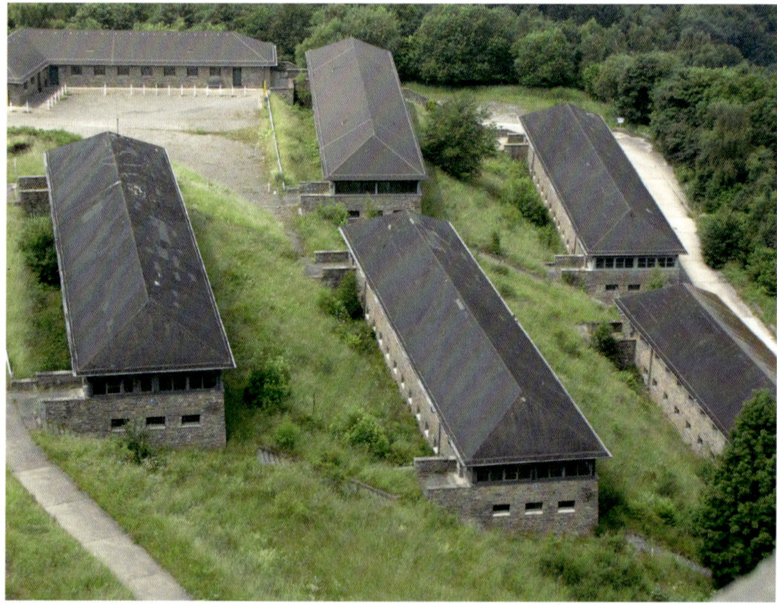

Kameradschafts- und Hundertschaftshäuser

Im Kameradschaftshaus Nr. 10 finden Sie das „Rotkreuz Museum Vogelsang IP". Das Deutsche Rote Kreuz im Kreis Euskirchen bietet Führungen durch die Ausstellung an und ist zu erreichen unter
» www.rkmvip.de
Tel. DRK Euskirchen, 02251/7 91 10.

Neugrad - Eifel

Bietet ein neues, ein anderes Urlaubsfeeling. Die Cabins – gebaut unter baumodernen, nachhaltigen und ökologischen Gesichtspunkten, bieten Platz für zwei bis vier Personen im Herzen des Nationalparks, gelegen auf dem Gelände des IP Vogelsangs gleich hinter dem Malakoffturm rechts.

» info@neugrad-eifel.de

Fürs Navi: Das Navigationsgerät braucht jetzt ein wenig Unterstützung. Sie geben 53937 Schleiden ein, fahren auf der B 266 zwischen Simmerath-Einruhr in Richtung Schleiden-Morsbach. Vogelsang IP ist jetzt ausgeschildert. Nach Morsbach fahre ich ohnehin noch, dort gibt es in einem schönen Bauerncafé leckeren Kuchen.

Das Bauerncafé im Morsbacher Hof befindet sich in einem Fachwerkhaus aus dem 18. Jahrhundert mit pittoreskem Innenhof. Der Morsbach ist der namenstragende Bach, der diesem Schleidener Stadtteil den Namen gibt. Das Bauercafé liegt an der Straße Morsbach 20.

Unser Nationalpark ist über 10.000 ha groß und um diesen kümmert sich die Nationalparkverwaltung, die ihre Depandance im Forsthaus Schleiden-Gemünd hat. Die fünf Nationalparktore in Schleiden-Gemünd, Heimbach, Rurberg, Nideggen und Monschau-Höfen sind Anlaufstellen, in denen, neben persönlicher Beratung, Infomaterial für geplante Wanderungen, Flyer mit Anregungen für Wanderer und Ruhesuchende, Literatur und Accessoires zu haben sind und jedes Nationalparktor zeigt in einer Dauerausstellung jeweils ein Schwerpunktthema.

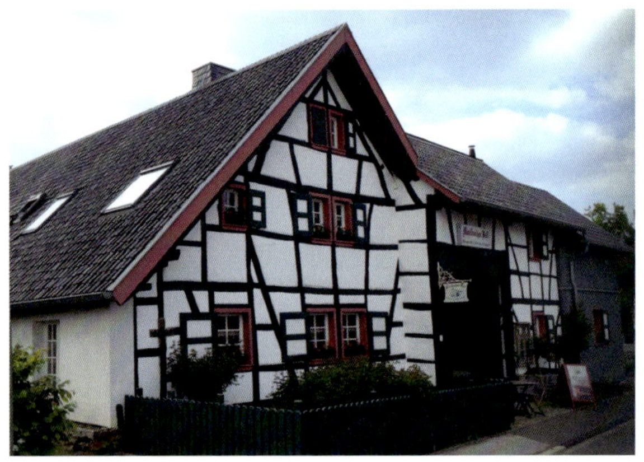

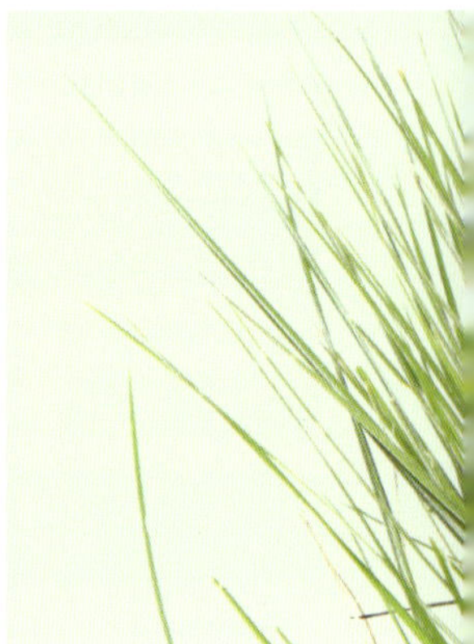

Bauerncafé Morsbacher Hof

Ich habe alle angefahren und besucht. Dabei ist mir das Nationalparktor Nideggen in besonderer Erinnerung. Vor Ort „lausche" ich einem Kundengespräch und dann darf ich meinen Fragenkatalog aufschlagen. Die Mitarbeiterin, Frau Stolz, habe ich schon in Aktion erlebt und auch meine Fragen bleiben allesamt nicht unbeantwortet – beim Verlassen kommt mir der Gedanke –, die Frau hat einen Plan, den ich brauche.

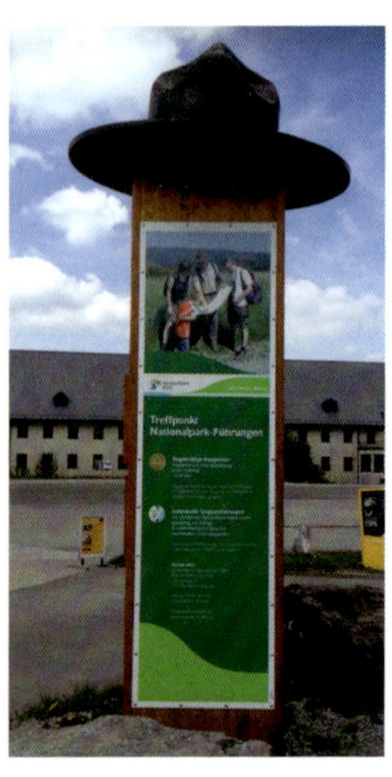

» https://www.nationalpark-eifel.de/gs/nationalpark-erleben/gefuehrte-wanderungen/rangertouren/

8.7 DER WESTWALL

Der Westwall wurde von 1936 bis 1940 gebaut; ein 630 km langes Verteidigungssystem mit ca. 18.000 Bunkeranlagen entlang der Westgrenze des Deutschen Reiches von der Schweizer Grenze nahe Grenzach-Wyhlen bis Kleve an der niederländischen Grenze.

Bestandteil dieses Verteidigungssystems waren Panzersperren, wie z. B. die über den Grölisbach gebaute in der Nähe von Roetgen. Einer der schwersten Kämpfe entlang des Westwalls fand von Oktober 1944 bis Februar 1945 in der Nordeifel statt – die Schlacht im Hürtgenwald. Am 16. Dezember starteten die Deutschen ihren letzten Großen Gegenangriff – die sogenannte Ardennenoffensive. Die amerikanischen Schriftsteller Ernest Hemingway und Jerome D. Salinger waren als Kriegsberichterstatter Augenzeugen dieses sinnlosen Gemetzels. Die Kämpfe dauerten fünf Monate, Zehntausende Soldaten verloren ihr Leben. Die Infrastruktur wurde weitgehend zerstört. Ziel der Allierten war es, bis zum Rhein vorzustoßen über die Hänge und Schluchten der Nordeifel.

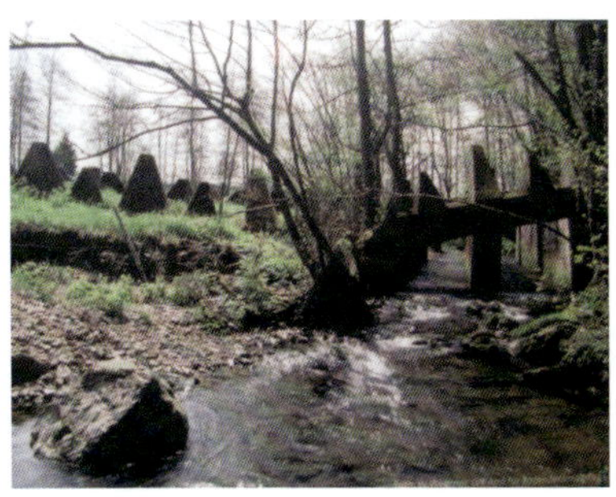

Panzersperre über den Grölisbach

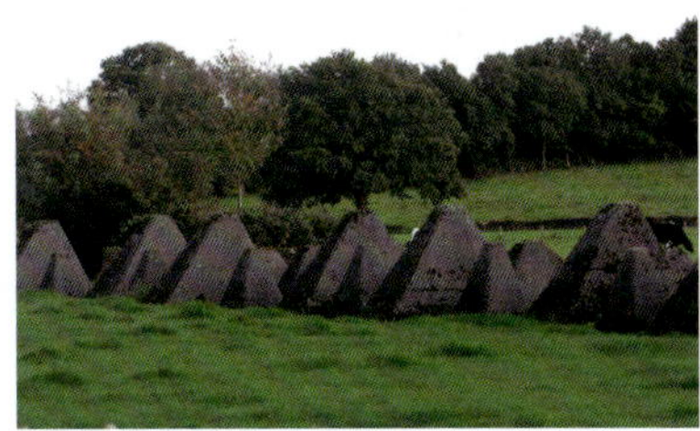

Der Westwall zwischen Roetgen und Aachen

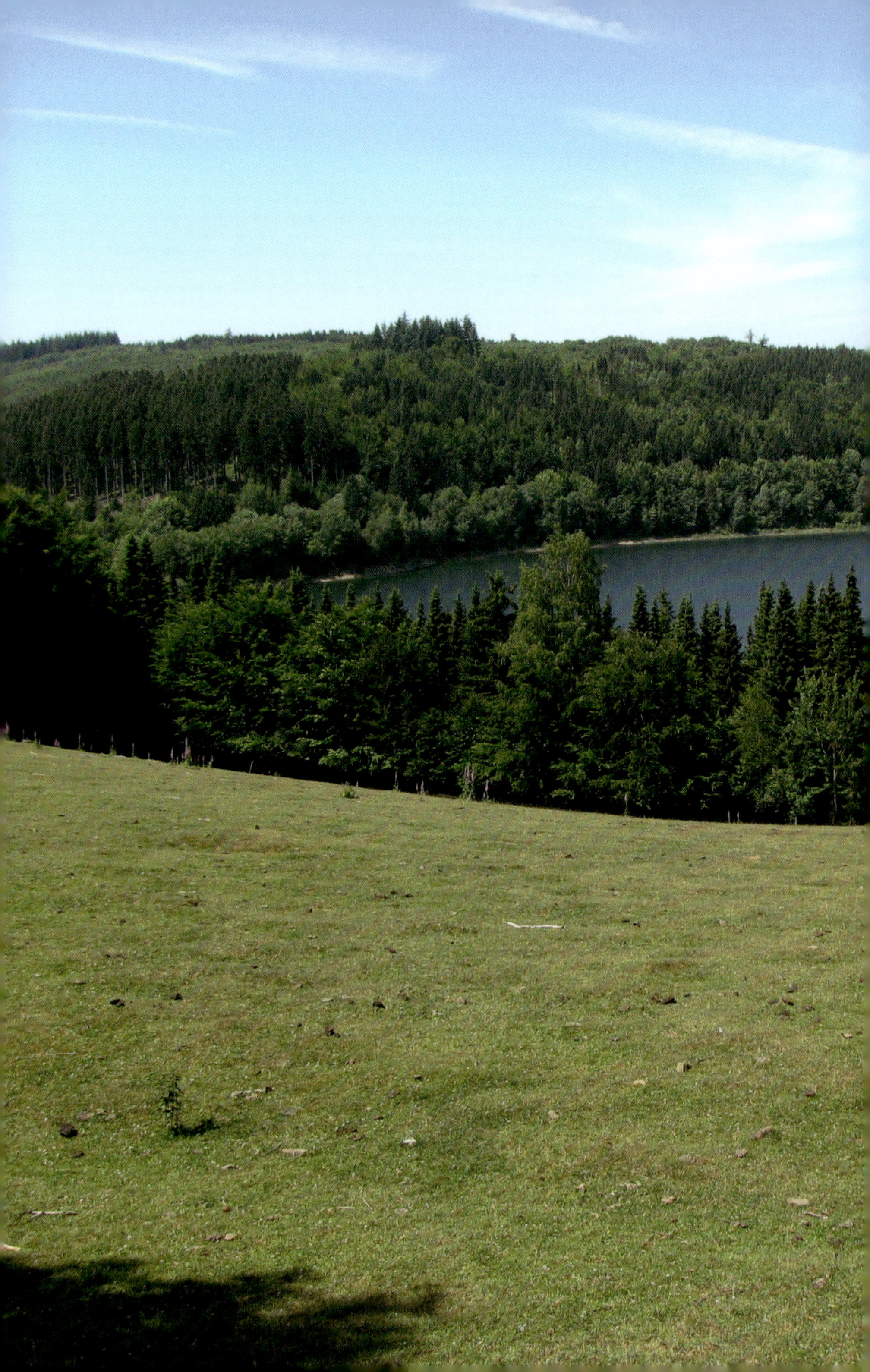

9 Hellental

9.1 Das Wildgehege

9.2 Die Oleftalsperre

9.3 Burg Reifferscheid

9 HELLENTHAL

Das Gemeindegebiet von Hellenthal grenzt im Westen an das Königreich Belgien. Ich bin jetzt im Südwesten des Kreises Euskirchen angekommen. 8.000 Menschen leben in Hellenthal. Die nahe gelegene Oleftalsperre, das Besucherbergwerk *Grube Wohlfahrt* im Ortsteil Rescheid, die Burgen Reifferscheid und Wildenburg und das Wildgehege sind über die regionalen Grenzen hinaus bekannt. Liebhaber der im Frühjahr blühenden Narzissen kommen hierher – ebenso ein Muss wie das Perlenbachtal bei Monschau.

Die Narzissenwiesen erreichen Sie so: Sie fahren auf der B 265 von Hellenthal durch den Ortsteil Hollerath bis zum Parkplatz *Hollerather Knie* und die gelbe Pracht liegt vor Ihnen. Das Frühjahr, Anfang April bis Mitte/Ende Mai, je nach Witterung, ist eine gute Zeit. Auf zwei ausgeschilderten Routen erleben Sie im Oleftal ein *gelbes Blütenmeer*. Das Wandergebiet liegt ganz überwiegend auf belgischem Staatsgebiet – Personalausweis also mitnehmen. Jährlich im April findet an wechselnden Orten das Narzissenfest statt.

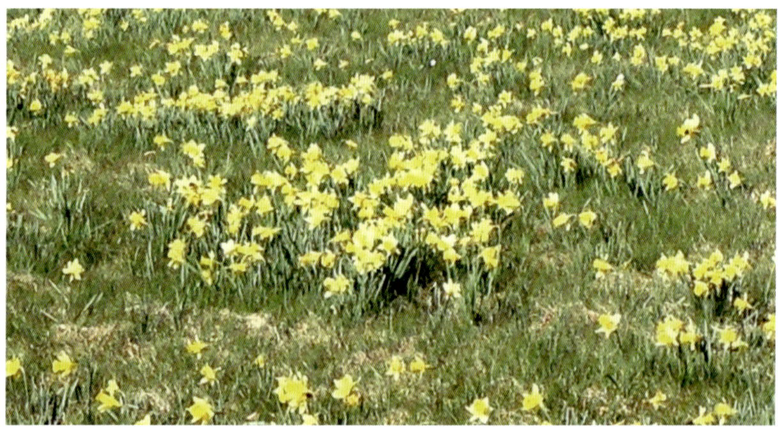

Narzissenblüte im Perlenbachtal

Die Tourist-Information und (gleichzeitig) Nationalpark-Infopunkt Hellenthal erreichen Sie in:

53940 Hellenthal, Rathausstr. 2 Tel. 02482/8 51 15
» www.hellenthal.de

Ein strammes Programm liegt vor Ihnen in Hellenthal. Die erste Station ist das Wildgehege.

9.1 DAS WILDGEHEGE

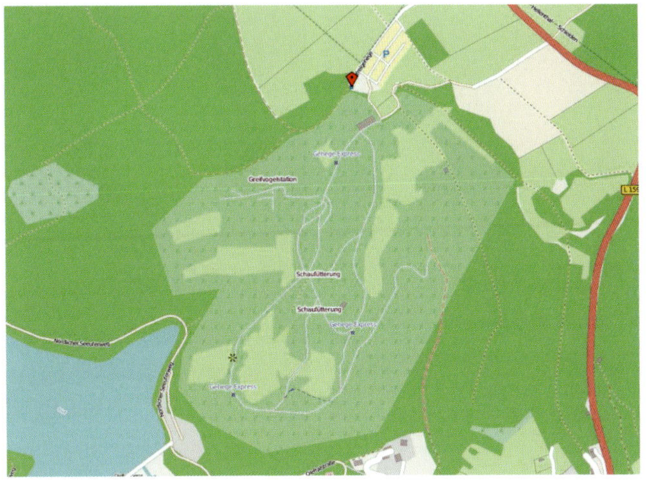

Quelle: www.openstreetmap.de

Das Gehege besteht seit fast 50 Jahren und präsentiert vor allem einheimische Tierarten, eine besondere Attraktion ist die Greifvogelstation mit ihrem Flugprogramm. Die Anlage liegt im Schleidener Forst und grenzt an die Oleftalsperre. Ich laufe mit dem Flyer los und sehe unterwegs Rotwild, Damwild, den Alpensteinbock ebenso wie Wildpferde.

Besonders gefallen haben mir die Alpakas. Das Alpaka gehört zur Familie der Kamele und kommt ursprünglich aus den Anden in Südamerika, dort werden sie seit mehr als 7.000 Jahren gezüchtet. Die Alpakas können über 20 Jahre alt werden, vor allem wird ihre Wolle geschätzt – die Inkas trugen Mäntel aus Alpakawolle mit Vorliebe. Übrigens spucken können die Alpakas, ähnlich wie ihre Verwandten, die Lamas, auch, also nicht ärgern ...

Der Schreiseeadler hat bei mir auch einen imposanten Eindruck hinterlassen, majestätisch gelassen und erhabenen Blickes hat er sich dann von mir ablichten lassen – immerhin. Die Heimat dieses Greifvogels ist Afrika. Sie lauern von exponierter Stelle auf ihre Nahrung; Fische bevorzugt der Seeadler; hat er sein Opfer einmal im Visier, geht's im Sturzflug auf Beutejagd ... Das südafrikanische Land Namibia zeigt den Schreiseeadler in seinem Staatswappen.

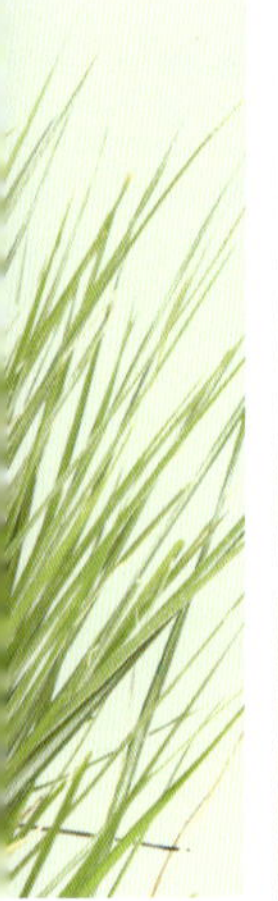

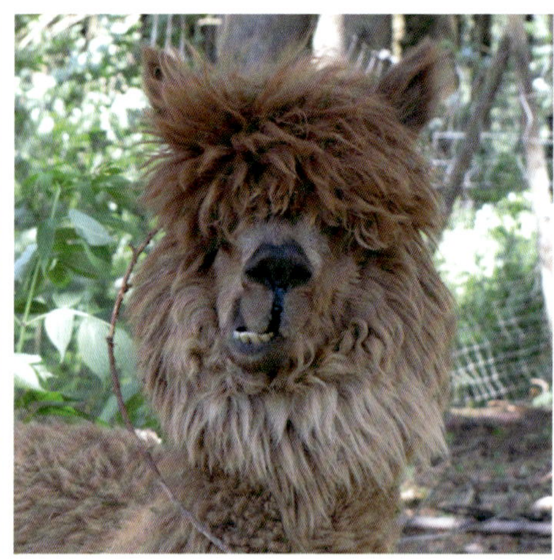

Lama

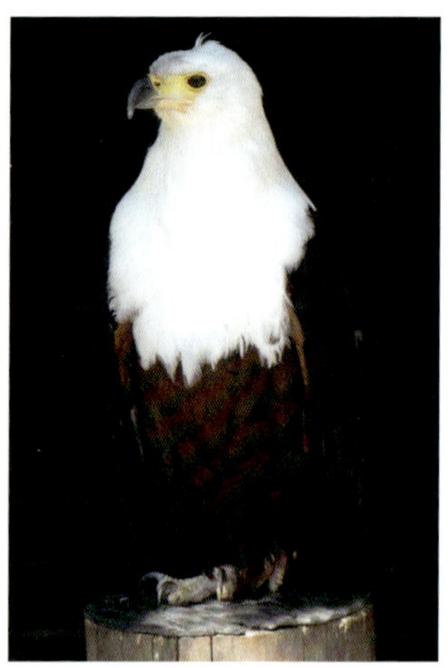

Seeadler

Das Wildfreigehege ist ganzjährig geöffnet, allerdings zu geänderten Zeiten in den Wintermonaten. Für den Besuch des Wildfreigeheges sollten Sie eine Tagesfahrt planen.

» www.greifvogelstation-hellenthal.de

Vom Gehege blicke ich hinunter auf die Oleftalsperre.

9.2 DIE OLEFTALSPERRE

Sie wurde Ende der 1950er-Jahre gebaut. Das Wasser der Olef speist die Talsperre. Die Olef hat ihre Quelle in der Nähe des südlich von Hellenthal liegenden Zitterwalds und mündet nach etwa 30 km in die Urft – wo? In Gemünd, Sie erinnern sich? Ansonsten nochmals zurückblättern. Die Oleftalsperre kann man auch umrunden und ist dann etwa 4-5 Stunden unterwegs. Sie fahren in Hellenthal über die Oleftalstraße zum Parkplatz und haben, wenn Sie den südlichen Seeuferweg nehmen (entgegen des Uhrzeigersinns laufen), einen sehr guten Blick auf die imposante Pfeilerstaumauer der Talsperre. Diese Bauweise sieht man nicht oft in Deutschland. Selbstverständlich kann man den See auch mit dem Rad umrunden. Die Tour ist ausgeschildert und Informationstafeln vor Ort geben Einblick in die Baugeschichte der Talsperre; 20 Millionen Kubikmeter Wasser werden aufgestaut.

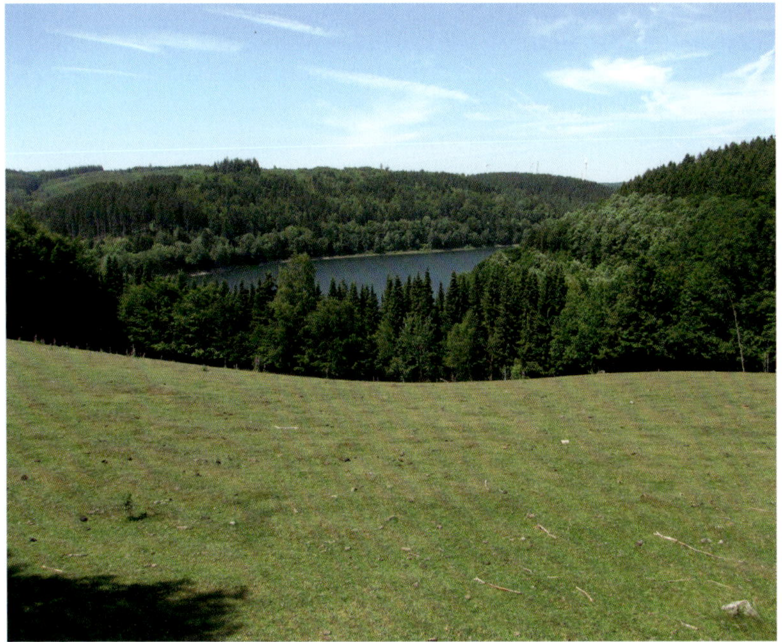

Blick auf die Oleftalsperre

Die Staumauer kann nach vorheriger Anmeldung in Begleitung eines Talsperrenwärters besichtigt werden. Sich beim WVER (Wasserverband Rhein-Rur) unter 02421/4 94 13 50 anmelden, hinfahren und am besten gleich Wanderschuhe und/oder Fahrrad mitnehmen. Sie werden es nicht bereuen.

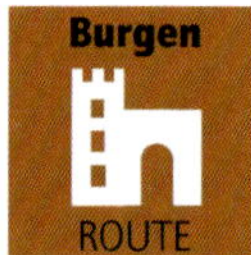

Ein Tipp für Wanderer: Die „Burgenroute" führt Sie von der Oleftalsperre über die Wildenburg zur Reifferscheider Burg und dann nach Blankenheim, die Route ist ca. 17 km lang und so ausgeschildert.

Ich fahre nach Reifferscheid. Der Hellenthaler Ortsteil ist weithin bekannt für seine Höhenburg, deren weißer Bergfried, das Statussymbol und ehemals Zufluchtsort der Burg, deutlich zu sehen ist, wenn man den Ort auf der Blumenthaler Str. (L 17) durchfährt. Die Burg schaue ich mir natürlich an und fahre hoch über die Burgstraße bis zum Parkplatz vor dem Matthiastor, das heute, anders als früher, für jedermann offen steht – das Eingangstor zum Burgdorf. Das Matthiastor zeugt mit seiner Größe von der Bedeutung der Reifferscheider Herren.

9.3 BURG REIFFERSCHEID

Unweit der deutsch-belgischen Grenze liegt die erstmals im 12. Jh. erwähnte Höhenburg Reifferscheid.

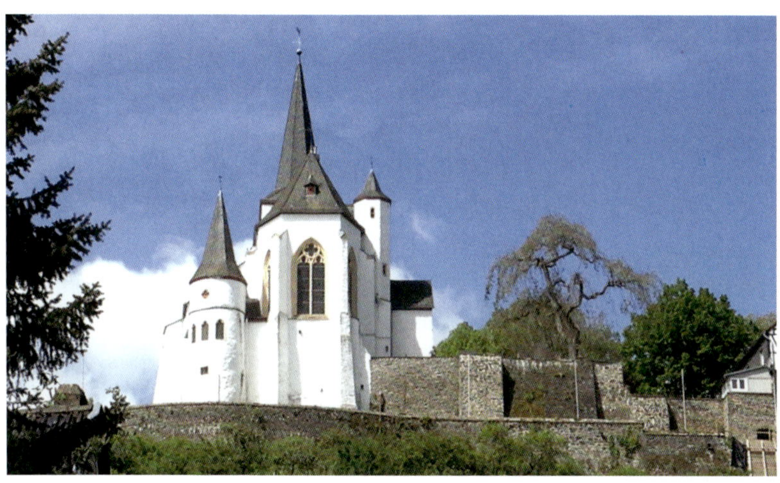

Burg und Kirche Reifferscheid

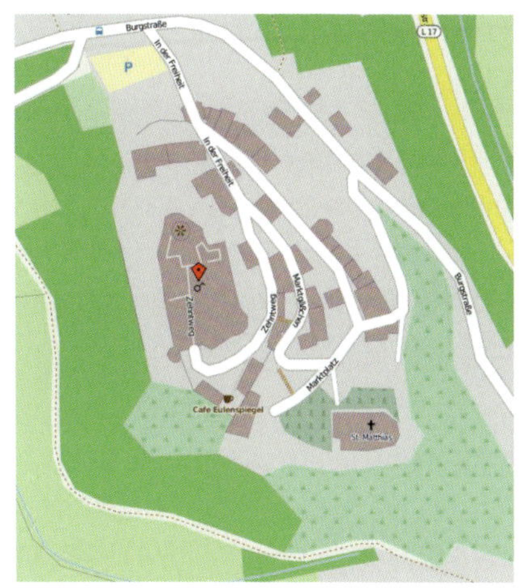

Quelle: www.openstreetmap.de

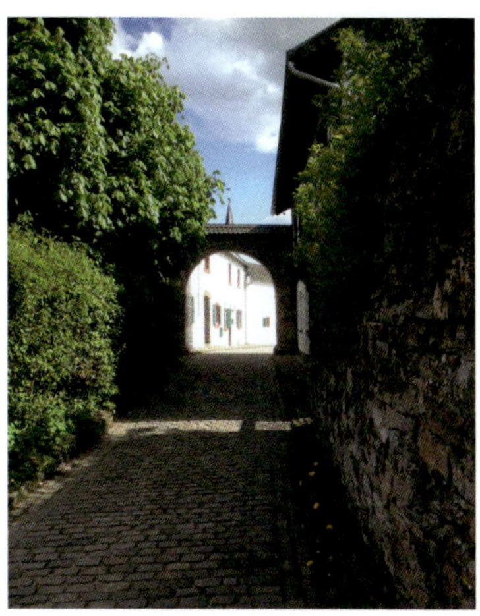

Auf dem Weg ins Burgdorf

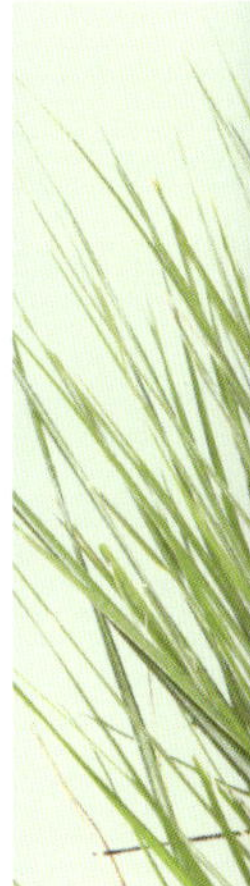

Pipin III., der Vater Karls des Großen, soll die Siedlung gegründet haben. Das Wappen von Reifferscheid zeigt zwei Eselsohren, die auf Ludwig den Frommen zurückgehen. 1385 wird Reifferscheid belagert und in dieser Zeit als Stadt bezeichnet, kann also kein unbedeutendes Territorium gewesen sein. Anfang des 12. Jahrhunderts wird die Burg niedergebrannt. Der damalige Burgherr, Graf Heinrich von Limburg, und Herzog von Niederlothringen, steht auf der Seite Kaiser Heinrichs IV. (1056-1106), als Heinrichs eigener Sohn die Krone begehrt.

Als der Sohn von Köln in die Eifel zieht, brennt Heinrich seine eigene Burg nieder. Ein anderer Burgherr, Johann IV. von Reifferscheid, schafft es sogar bis zum Marschall von Westfalen. Berühmter, oder sagen wir mal besser, berüchtigter, ist sein Enkel geworden. Johann V. ist ein ständiger Unruheherd und gefürchtet für seine Raubzüge, bis die großen Städte Köln und Aachen, die Herzogin von Brabant, der Herzog von Jülich, die Erzbischöfe von Köln und Lüttich sich zusammenschließen und nach Reifferscheid ziehen – von August 1385 bis zum Oktober 1385 belagern sie das Raubritternest ohne großen Erfolg. Immerhin gibt Johann eine Zeit lang Ruhe. Die Reichsstadt Aachen zieht gar ihre größte Blide mit Pferden in die Eifel. Die *Blide* war eine Wurfmaschine, mit der man zentnerschwere Steine gegen oder über die Stadtmauer schleudern konnte – gut geeignet also für eine Belagerung.
(Quelle: Bergerhausen, Hamacher & Kohl: Festschrift 900 Jahre Reifferscheid. Wallraf Druck + Design, Schleiden-Gemünd.)

Die Reifferscheider heißen noch heute bei ihren Nachbarn die *Raubritter*. Ende des 17. Jahrhunderts wird die Burg ein Raub der Flammen und im zeitgenössischen Stil wieder aufgebaut. In der Franzosenzeit (1794-1814) wird die Reifferscheider Siedlung zur Bürgermeisterei (Marie) erhoben. Seit 1965 ist das Burgareal im Besitz der Gemeinde Hellenthal. Der Bergfried, Reste der Burgmauern und ein Torbogen sind heute noch erhalten.

Vom Burgareal habe ich einen wunderbaren Blick ins Tal und auf die heutige Pfarrkirche St. Matthias aus dem 15. Jahrhundert, vormals die Burgkapelle. Die Kirche, zu erreichen über den kleinen Marktplatz, ist ein Kleinod sakraler Kunst. Vorne im Chorraum wird auf einer weißen Marmorplatte an die Burgherrin Philippine Gräfin zu Salm-Reifferscheid erinnert. In ihrer Zeit wird die Kirche zur heutigen Form ausgebaut.

Am ersten Adventswochenende findet im Burgdorf der alljährliche Weihnachtsmarkt statt, der zahlreiche Besucher aus der Region anzieht.

Die Fahrt durch den Zitterwald bringt mich nach Kronenburg. Der Zitterwald liegt südlich von Hellenthal. Hier liegt das Quellgebiet von Urft, Olef und Kyll.

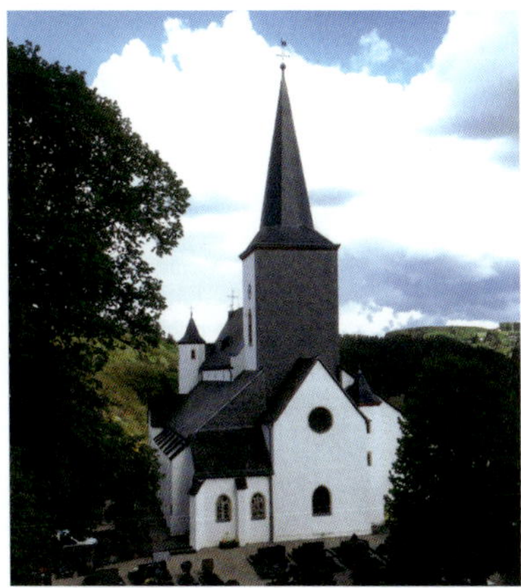

Pfarrkirche St. Matthias Reifferscheid

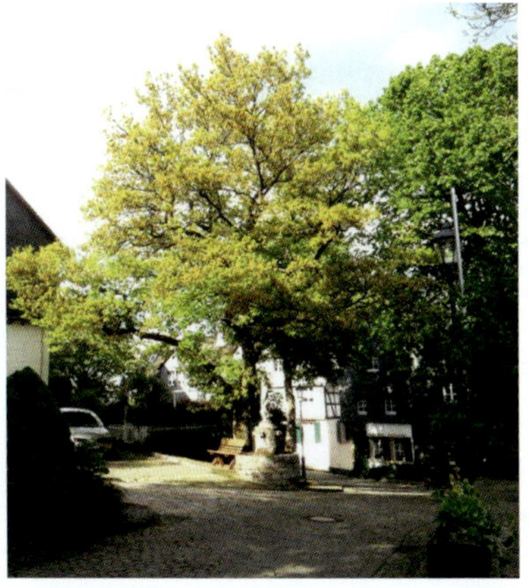

Marktplatz in Reifferscheid

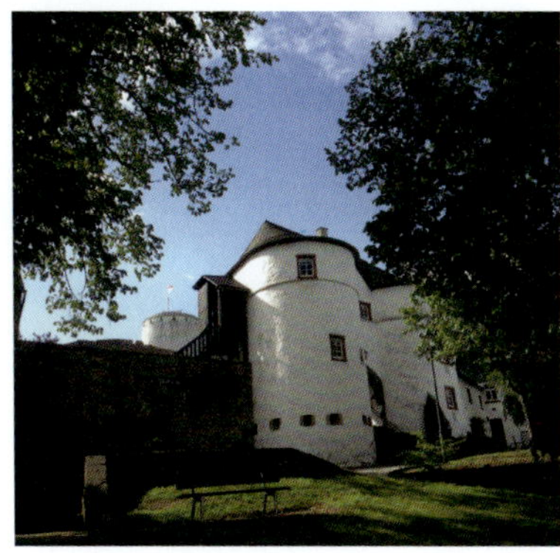

Vorburg zur Burg Reifferscheid

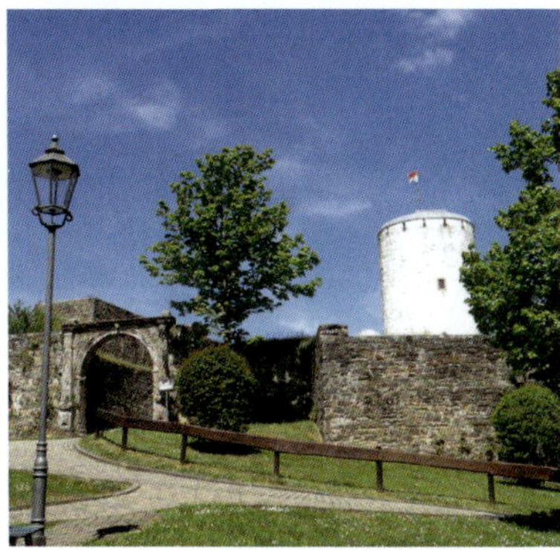

Der Bergfried

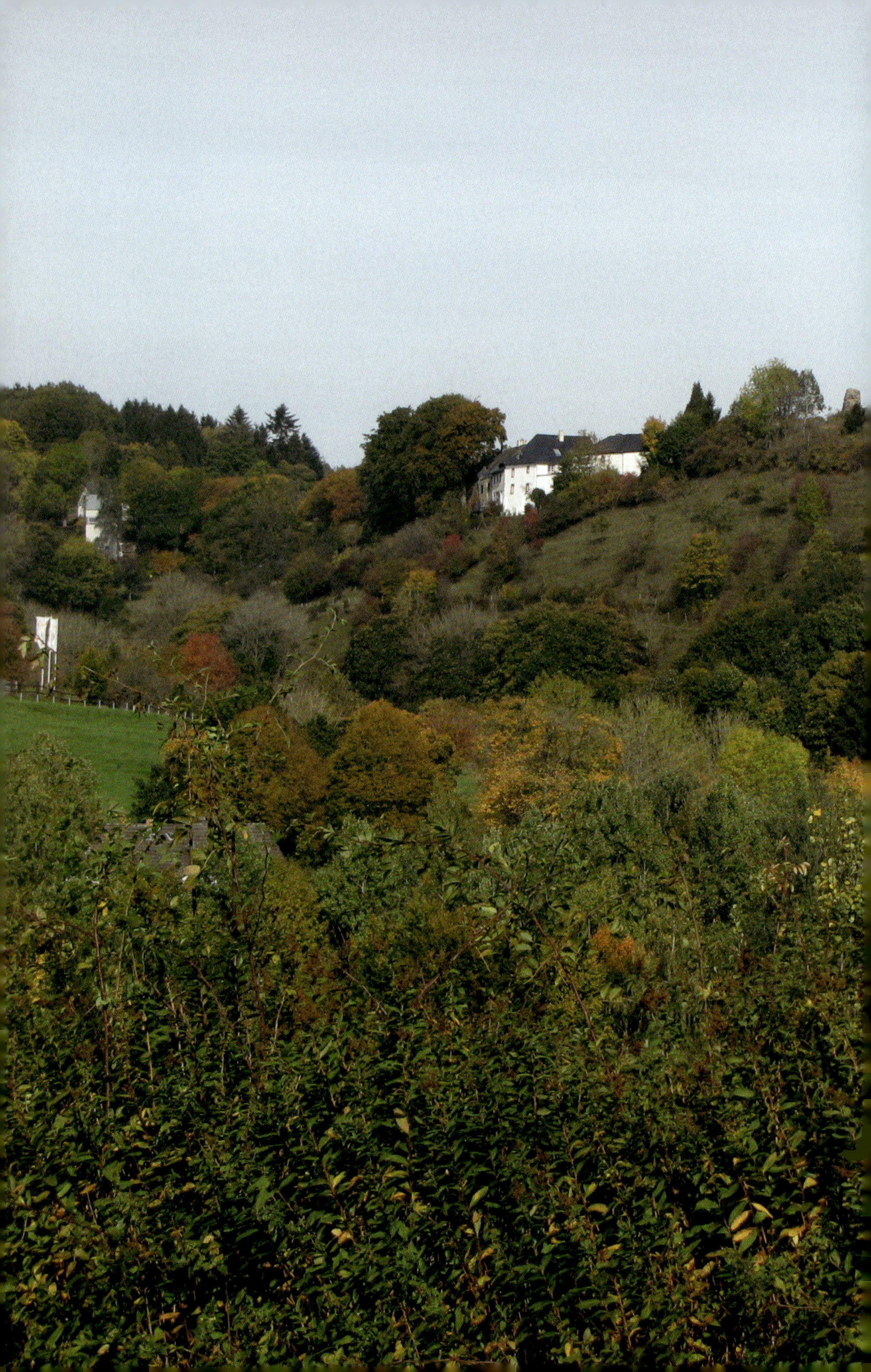

10 Kronenburg

10.1 Kronenburgerhütte

10.2 Die Burg

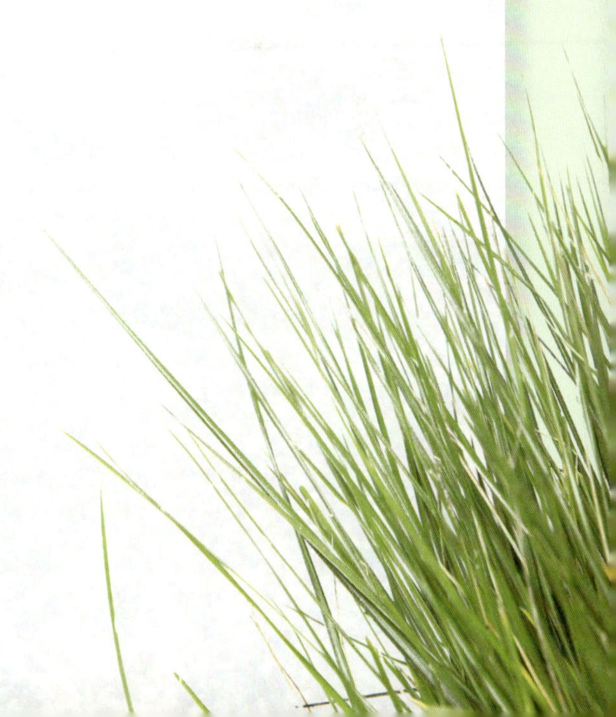

10 KRONENBURG

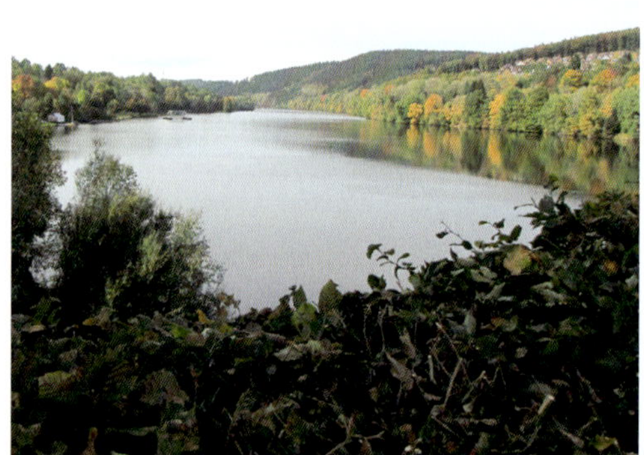

Kronenburger See

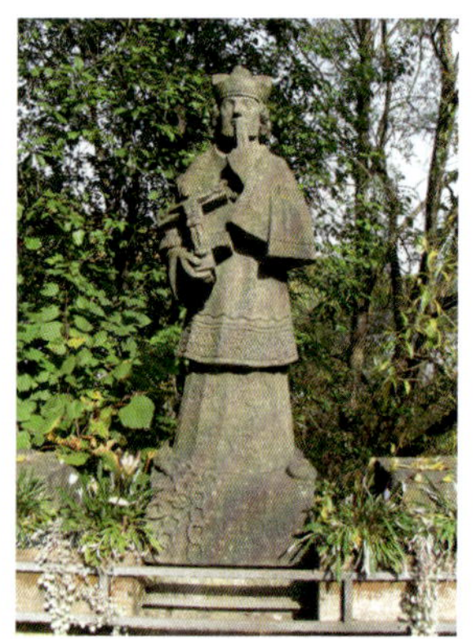

Hl. Nepomuck auf der Kyllbrücke

In Kronenburg fahre ich zunächst zum Kronenburger See, der bietet Wanderern wie Wassersportlern einiges. Die Stauanlage nimmt hohe Mengen Niederschlagswasser auf. Ich laufe die 2,5 km lange Tour am Seeufer entlang und dann fahre ich – bevor es hoch zur Burg geht – über die Kyllbrücke nach Kronenburgerhütte und wer steht dort? Johannes Nepomuk; als Zeichen der Verschwiegenheit (s. Johannes Nepomuk in Gemünd) legt der Brückenheilige zwei Finger auf den Mund.

10.1 KRONENBURGERHÜTTE

Das ist eine kleine Siedlung unten im Tal. Meine Karte kann ich stecken lassen; hier war ich schon als Kind oft und werde mich kaum verlaufen ... Eine

Stille in diesem Ort, wo einst Eisen verhüttet wurde. An einer Haustafel lese ich, dass 1464 eine Konzession erteilt wurde, mit der Erlaubnis, eine Eisenhütte zu betreiben. Takenplatten, Stubenöfen, die sind auch bitter nötig im Eifelwinter, und Brandroste werden hergestellt. *Takenplatten* sind gusseiserne Wärmeleiter, die in die Mauer zwischen Küche und Wohnraum eingesetzt wurden – vielfach reich verziert mit religiösen Motiven. Heute werden die Platten als Schmuckelement in Häusern oder an Hauswänden angebracht. Was steht noch auf der Tafel? 1734 wird die Brigidakapelle gebaut, da muss ich hin; sie ist aber, wie leider viele Kirchen, bestimmt verschlossen ... – nein, die Heilige Brigida hat *Sprechstunde*.

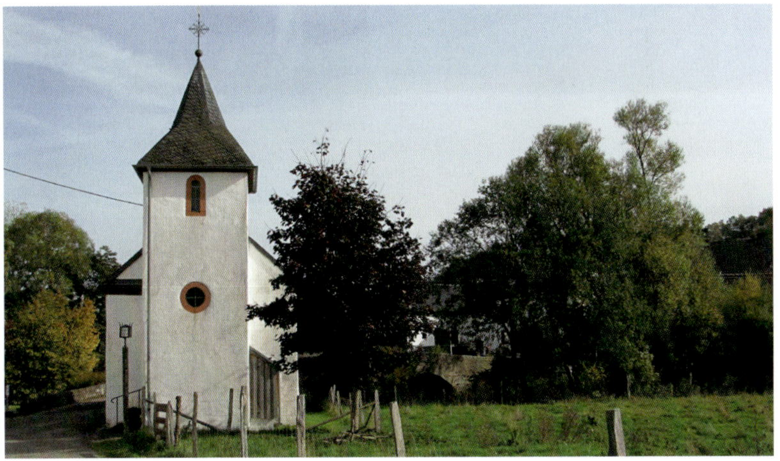

Kirche Hl. Brigida in Kronenburgerhütte

Im Hochaltar sehe ich eine junge und schöne Frau dargestellt, an ihrer Seite ein Kalb und ein Lamm; gedankenversunken bleibe ich sitzen und ruhe mich aus, und wieder denke ich an diese Stille und gehe zurück in meine Jugendzeit, da nervte mich Stille ziemlich schnell und ich fand es überhaupt nicht cool, wenn ich mit meinen Eltern ihren Urlaub und meine Ferien in der Eifel verbringen musste. Wer fuhr schon in die Eifel, viele meiner Schulkameraden lachten und der Rest war in der Eifel in Ferien ... heute finde ich die Eifel sehr wohl cool!

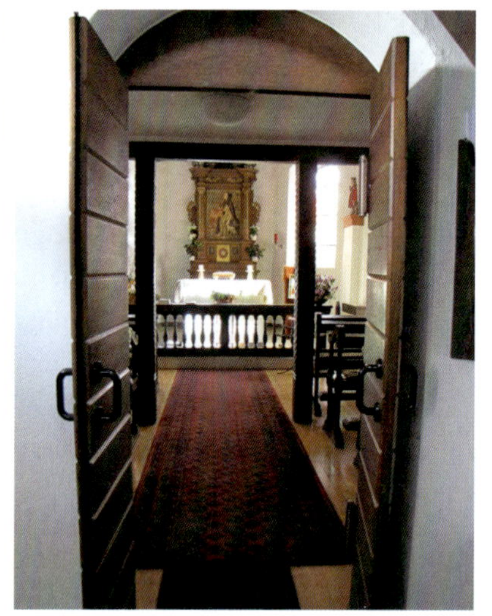

Eingang zur Kronenburgerkirche

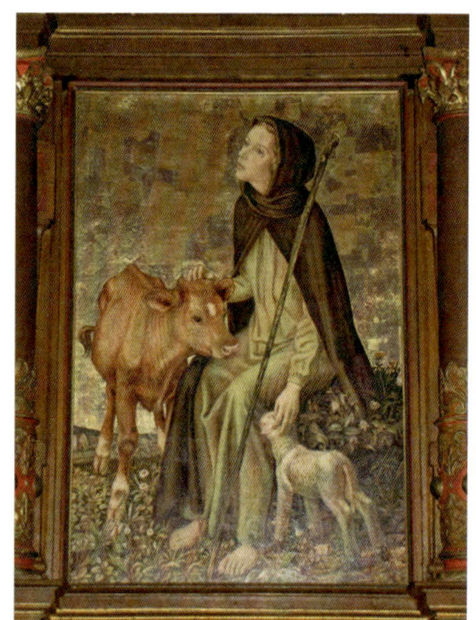

Hl. Brigida von Kildare

Die Legende erzählt, dass Brigida von Kildare aus einem irischen Adelshaus stammt und in *Faughart* geboren ist. Trotz ihrer Schönheit will sie nicht heiraten und baut unter einer Eiche eine Hütte, ein Kloster entsteht und daraus leitet sich der Name Kildare „Kirche der Eiche ab"; in diesem Kloster findet Brigida zunächst ihre Ruhestätte. Wundersame Heilungen von Tieren werden berichtet, im süddeutschen Raum wird die Irin als Schutzpatronin des Viehs verehrt; nun gut von Landwirtschaft und Vieh sind wir in Kronenburg auch nicht weit weg. Sie gehört in Irland gemeinsam mit Kolumban und Patrick zu den „drei Patronen" des Landes.

(Quelle: Joachim Schäfer: Artikel Brigida von Kildare, aus dem Ökumenischen Heiligenlexikon - https://www.heiligenlexikon.de/BiographienB/Brigida_Brigitta_von_Kildare.htm, aufgerufen am 24. 11. 2015)

Ich muss zur Burg hoch. Auf dem Parkplatz gegenüber vom „Haus für Lehrerfortbildung" parke ich und laufe los. Das Haus hat eine „braune" Vergangenheit. Hermann Göring, Oberbefehlshaber der Luftwaffe im Dritten Reich und leidenschaftlicher Kunstsammler, hatte das Eifelörtchen ausgesucht für die „Hermann-Göring-Meisterschule für Malerei". Aber auch das Dorf selbst

wurde „aufgehübscht" und vorzeigbar modernsiert. Heute gehört das Haus zum Geschäftsbereich des Ministeriums für Schule und Weiterbildung des Landes NRW, muss man ja dazusagen, Rheinland-Pfalz ist nicht weit weg. Das Haus wird heute als Fortbildungsstätte für Lehrer genutzt –
» www.fortbildung-kronenberg.nrw.de

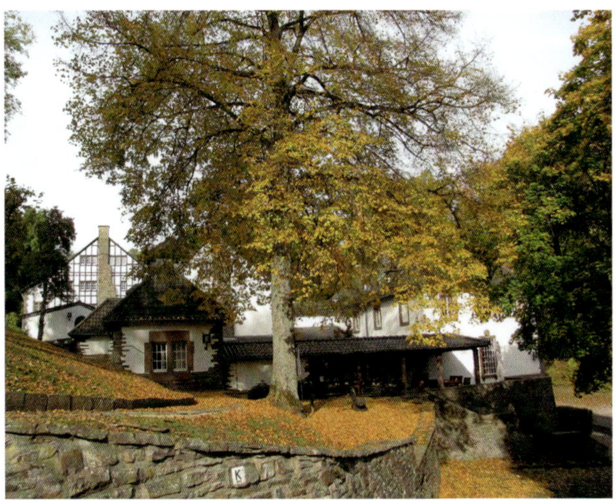

Haus für Lehrerfortbildung in Kronenburg

Über die Wilhelm-Tell-Gasse erreiche ich das erste Tor zur Burg. Was hat Wilhelm Tell mit Kronenburg gemeinsam? Das erfahre ich dann später. Der Kronenburger Pfarrer Windelschmidt führte in den 1920er-Jahren mit seinen Pfarrkindern das Drama „Wilhelm Tell" auf und sorgte für Furore. Sie wissen: Tell, der Schweizer Nationalheld, der mit dem Apfelschuss.

Weiter geht's über den Burgbering zur Pfarrkirche Johann Baptist, die soll bauhistorisch bedeutend sein. Die Kirche ist leider verschlossen und wird renoviert. Ich erinnere mich zwar noch ein wenig an den Innenraum, kann ihn aber leider nicht fotografisch darstellen, schade. Am Ende des Burgberings liegt das „Schlosshotel Burghaus", dessen Geschichte ist kurz auf dem Hausschild nachzulesen.

Der Graf von Blankenheim ließ es für seinen Hausverwalter Faymonville in den Jahren 1760 bis 1769 erbauen. Faymonvilles Nachkommen bewohnten es über 200 Jahre und nutzten es u. a. als Hotel mit noblen Gästen: Napoleon, Konrad Adenauer und Caroline von Monaco. Die muss ich wohl nicht vorstellen: Napoleon, Konsul und Kaiser Frankreichs und als solcher Herr in den linksrheinischen Gebieten, bis 1815 der Wiener Kongress Preußen zum Landesherrn bestimmte und Adenauer, der erste Bundeskanzler der Bundesrepublik Deutschland, sind keine Überraschung, der eine Landesherr und der andere lebte in Rhöndorf bei Bad Honnef; die Eifel vor der Tür. Die Anwesenheit der monegassischen Prinzessin Caroline überrascht mich dann schon. Vom glamourösen Fürstentum in die Eifel ... Heute ist das Burghaus ein Hotel der gehobenen Klasse – überzeugen Sie sich –
» www.burghauskronenburg.de

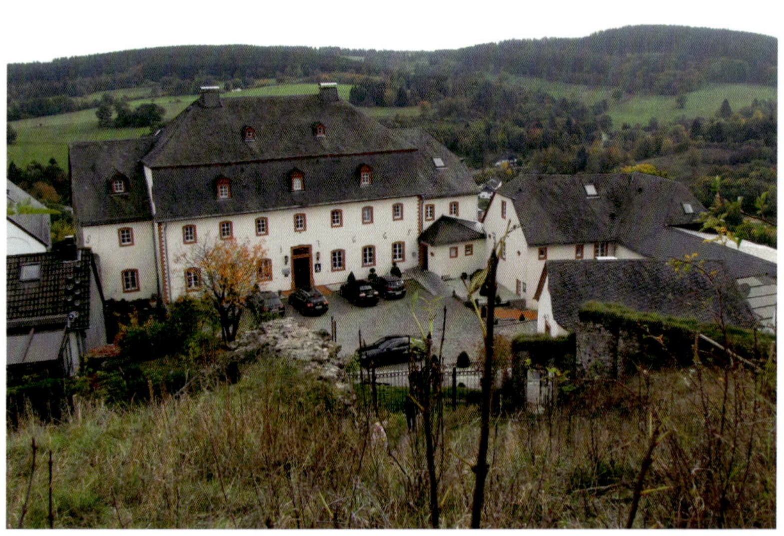

Blick auf Schlosshotel Burghaus

10.2 DIE BURG

Sie thront hoch oben über dem Ort und ist nur noch in Ruinen erhalten. Von dort oben habe ich einen „Schau-ins-Land-"Blick:

Kronenburg wird im 13. Jahrhundert erwähnt. Besitzer der Burg ist ein Gerlach von Dollendorf und Kronenburg; das Geschlecht verarmt jedoch und begibt sich in die Hände der Herzöge von Luxemburg, die jetzt die neuen Landesherren sind. In der Luxemburger Zeit folgen die Grafen von Virneburg, Schleiden, Gerolstein, Königsegg-Rothenfels und schließlich Manderscheid-Blankenheim. Heute ist der neue „Burgherr" der Kreis Euskirchen. Kronenburg ist heute Ortsteil von Dahlem und hat ca. 450 Einwohner (die Infotafel inerhalb des Burgareals beschreibt weiter den Aufbau der Burg). So gehe ich zurück ins Dorf und suche mir ein Plätzchen für den heranziehenden Hunger. Der Montag scheint kein guter Tag dafür zu sein ...

Über die B 51 fahre ich nach

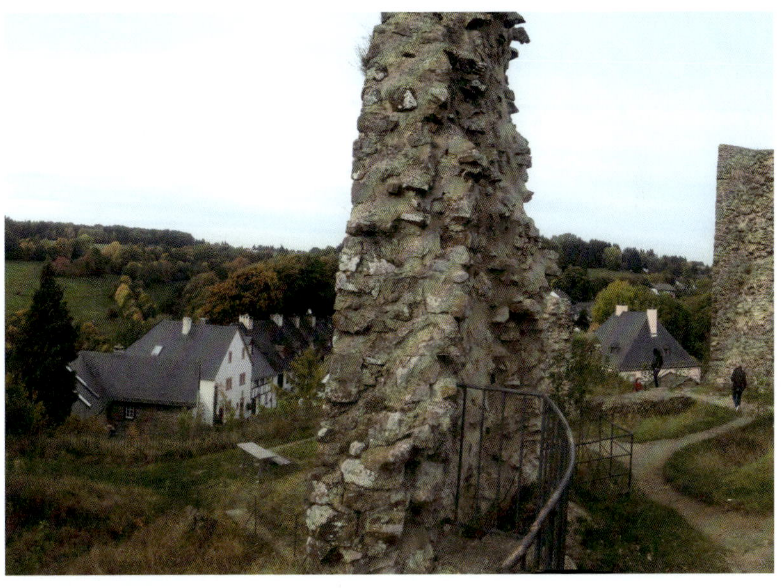

Burgruine Kronenburg

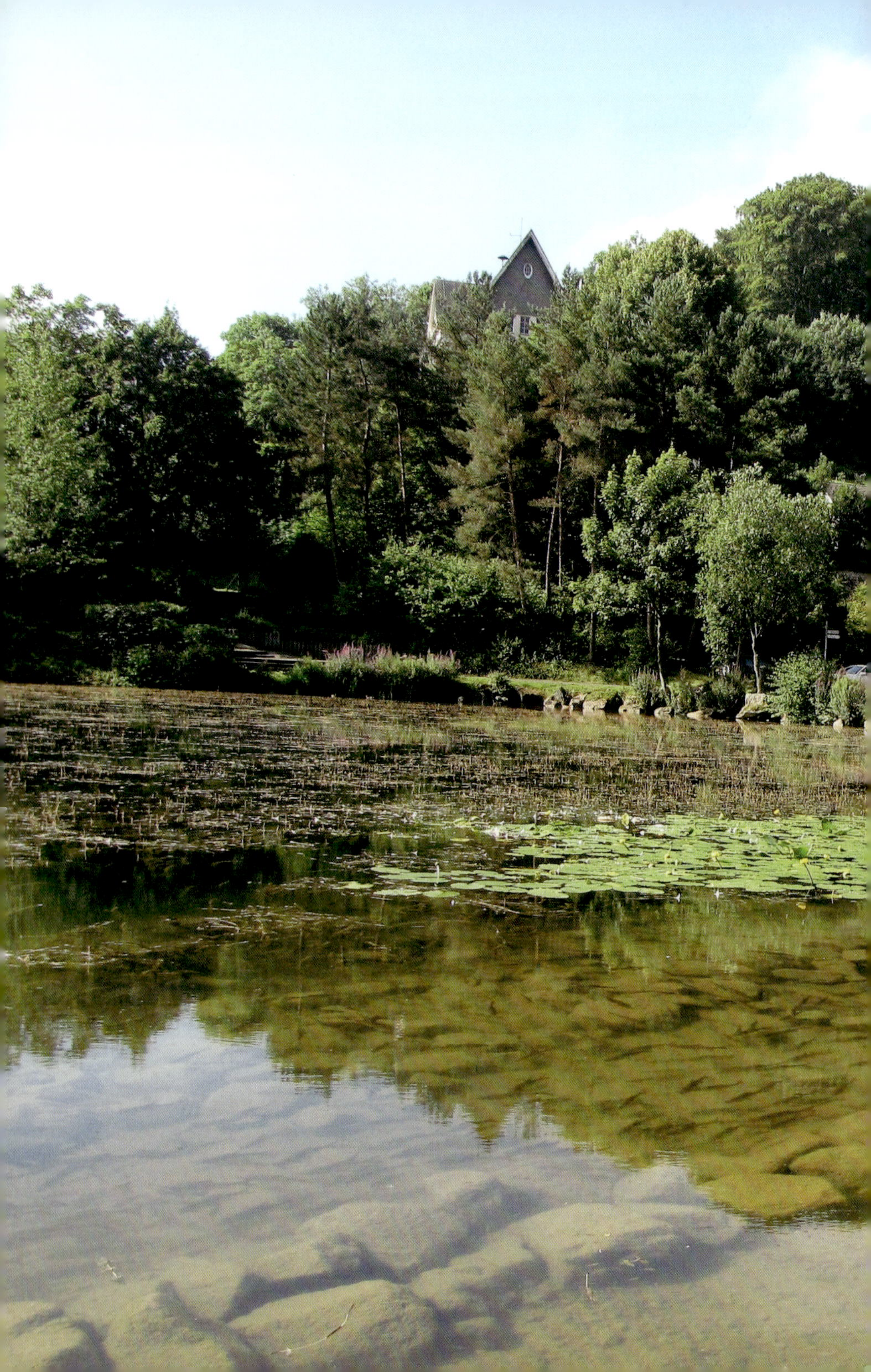

11 Blankenheim

11.1 Die Ahrquelle

11.2 Burg Blankenheim

11.3 Der Tiergartentunnel

11.4 Der Blankenheimer Geisterzug

11.5 Die „Toskana“ der Eifel – der Kalvarienberg

11 BLANKENHEIM

Nach *Blangem*, wie die Einheimischen sagen.

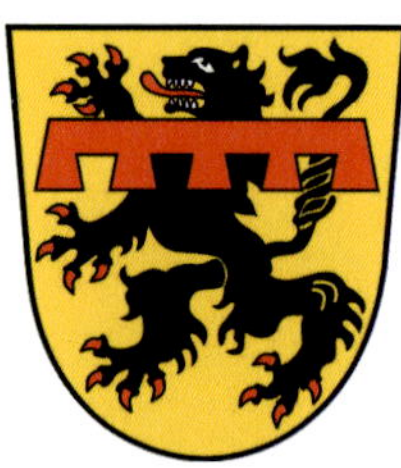

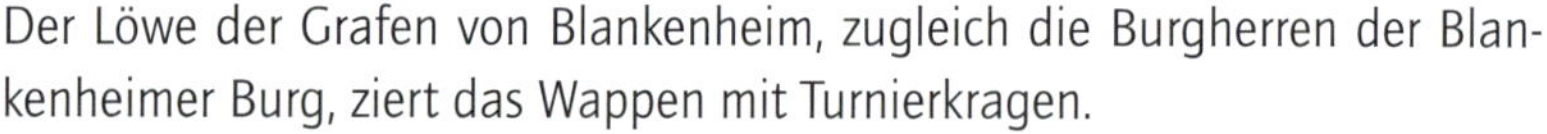

Der Löwe der Grafen von Blankenheim, zugleich die Burgherren der Blankenheimer Burg, ziert das Wappen mit Turnierkragen.

Blankenheim hat heute ca. 8.000 Einwohner und ist ein Konglomerat von 17 Ortschaften. 2015 hat Blankenheim sein 900-jähriges Bestehen gefeiert.
» www.blankenheim.de

Mit Blankenheim verbindet man Landschaft und Wasser: zuförderst die Ahrquelle und die Römervilla, die Burg und deren Wasserversorgung durch den Tiergartentunnel, den Freilinger See und schöne Täler, die zum Wandern und Radfahren einladen. Direkt am Schwanenweiher an der Kölner Str. finde ich einen Parkplatz, nah gelegen zum Ortskern.

Im Rathaus wird mir sehr anschaulich die Wasserversorgung der Burg gezeigt: Von einer Quelle wird eine ca. 1.000 m lange Wasserleitung zur Burg geführt. Dieses System soll bereits im 15. Jahrhundert gebaut worden sein.

Im Eifelmuseum hält die Touristinformation alles bereit, was man für einen Blankenheim-Besuch braucht. Gegenüber steht mit dem Gildehaus (ehe-

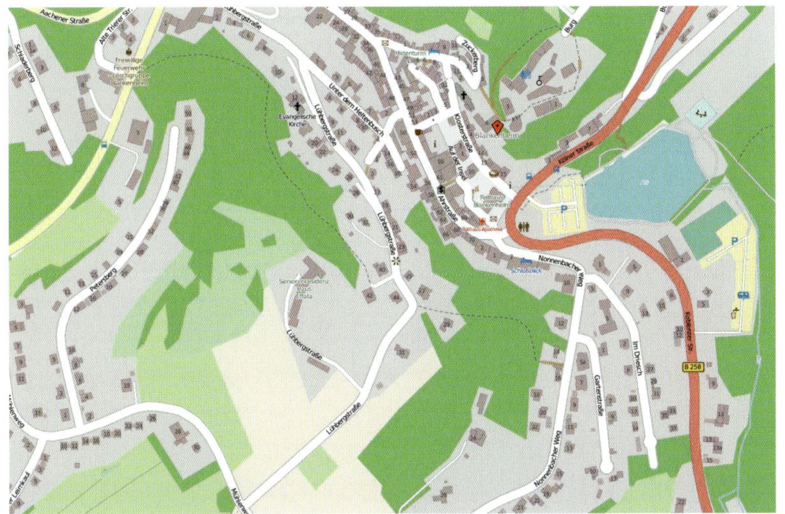

Quelle: www.openstreetmap.de

mals Sitz der Tuchmacherzunft) ein Nebengebäude des Museums; von hier hat man einen ersten Blick auf Blankenheim-City. Den ersten Kaffee können Sie gleich auf der Terrasse des Museumscafés genießen und bei der Gelegenheit die Blankenheimer Highlights studieren.

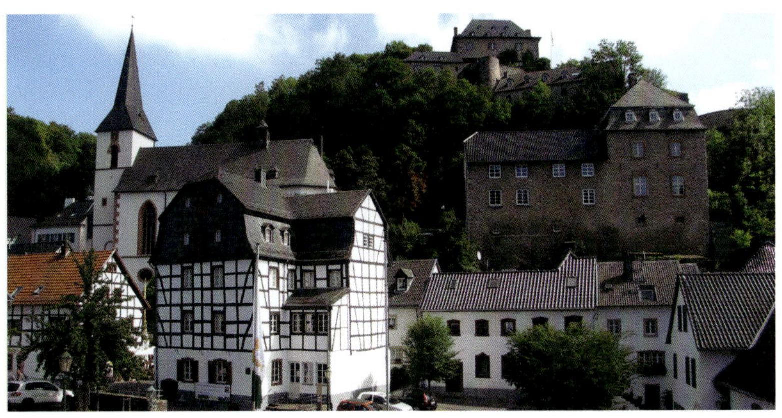

Blick vom Eifelmuseum auf Gildehaus und Burg

Ich schaue mir das kleine, aber feine Eifelmuseum an und lese gleich einen bescheidenen Satz von Leopold von Buch: „Die Eifel hat ihresgleichen nicht in der ganzen Welt ..."! Wer war Leopold von Buch?

Leopold von Buch

Christian Leopold von Buch ist nicht etwa in der Eifel geboren, das geschieht 1774 in der Uckermark. Er wird einer der bedeutendsten Naturforscher seiner Zeit; ein Studiengenosse ist kein Geringerer als Alexander von Humboldt. Sein Interesse gilt vor allem vulkanischen Gebieten und da hat die Eifel einiges zu bieten, wie die Maare, die *Augen der Eifel* werden sie genannt, und der Laacher See, unmittelbar an der Abtei Maria Laach gelegen. Dort kann man sogar noch den Vulkanismus mit eigenen Augen beobachten anhand der aufsteigenden Gase. Ein ganzer Teil der Eifel wird als *Vulkaneifel* bezeichnet.

Von Buch ist Mitgründer der Deutschen Geologischen Gesellschaft, die heute als *Deutsche Gesellschaft für Geowissenschaft* ihren Sitz in Hannover hat.

Im Keller des Museums wird berichtet, wie der Kalkstein entstanden ist und wie die Römer daraus Kalk als Baumaterial gebrannt haben. Das Entstehen der römischen Siedlungsstruktur wird dargestellt. In der oberen Abteilung spaziere ich durch Relikte bäuerlichen Lebens, die Landwirtschaft war einst der Haupterwerb der Eifelmenschen. Einmachtopf, Butterfässer, die mit einem Hundelaufrad angetrieben werden konnten, Obstpressen, Rübenhobel und Sägen für den Zimmermann geben mir einen kleinen Einblick in das Alltagsleben früherer Zeiten.

Im Gildehaus wird das römische Blankenheim lebendig. Ich erfahre, wie unser Kalender entstanden ist, ein römisches Haus und die Fußbodenheizung gebaut wird – genial, dieses System, wie die Römer ihre Götter verehrt haben. Mit dem abschließenden Film gelingt dem Museum eine ideale Einführung für einen Besuch der Blankenheimer *Römervilla*. Sie sehen dort oben eine recht außergewöhnliche Darstellung eines römischen Gutshofs, lassen Sie sich überraschen.

» www.roemervillablankenheim.de

Fürs Navi: 53954 Blankenheim, In den Alzen

Das Gildehaus als Informationszentrum zur Geschichte des römischen Blankenheim ist Teil des „Verbundprojektes Erlebnisraum Römerstraße" und gibt Einblicke in das römische Agrarwesen; schließlich befinden wir uns in der römischen Provinz Niedergermanien und deren Hauptstadt *Colonia Claudia Ara Agrippinensium* ist auch nicht so weit weg. Die in diesem Projekt thematisierte römische Agrippastraße (von Köln nach Lyon und Marseille) wird genannt und die *Via Belgica* zeigt deren Verlauf im Rheinland. Entlang der Strecke informieren über 100 Tafeln über das Leben in der römischen Provinz, Sie finden Informationspunkte, die *Mansiones*. Zur römischen Zeit ist das *Mansio* ein Rasthaus mit Unterkunft, Stall und Bad und bewacht. Aus diesen Mansiones sind an manchen Orten Siedlungen entstanden.

Das Mansio ist nicht verloren gegangen: Die Sternsinger, die in der Zeit der 12 Weihnachtstage vom 25. Dezember bis 6. Januar durch die Straßen ziehen und für soziale Zwecke Spenden sammeln, schreiben noch heute C+M+B, will sagen: CHRISTUS MANSIONEM BENEDICAT – Christus segne dieses Haus.

» www.erlebnisraum-roemerstrasse.de

» www.bodendenkmalpflege.lvr.de/de/projekte/erlebnisraum_roemerstrasse/erlebnisraum_roemerstrasse_1.html

» www.eifelmuseum-blankenheim.de

53945 Blankenheim, Ahrstr. 55-57 – Tel. 02449/8 72 22

Der im historischen Ortskern gelegene Platz ist nach einem der bekanntesten Eifelmaler, Curtius Schulten, benannt. Schulten ist am 6. September 1893 im bergischen Elberfeld geboren. Er studierte an der dortigen Kunstgewerbeschule, dann u. a. an der Kunstakademie München. Die Eltern besitzen in Blankenheim ein Haus. Nach dem Zweiten Weltkrieg wird Blanken-

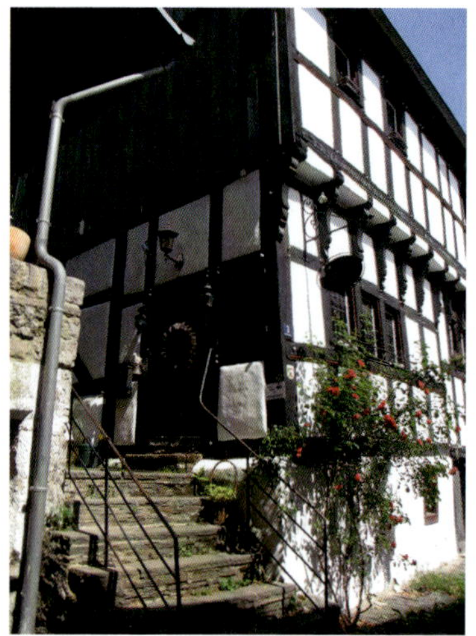

Haus am Hirtentor

heim sein ständiger Wohnsitz und er zu *dem* Landschaftsmaler der Eifel im 20. Jahrhundert – 1967 stirbt Schulten. Wer sich mit Schulten und seinen Werken näher befassen möchte, kann das tun unter

» www.curtius-schulten.de

Eine malerische Eifelreise zu den schönsten Orten der Eifel, ihren bedeutendsten Malern und den Orten, an den sie gewirkt haben, finden Sie unter

» www.eifel-und-kunst.de

11.1 DIE AHRQUELLE

Sie ist meine nächste Station: ganz unscheinbar im Keller eines Hauses tritt das Wasser zutage, dass einem Tal den Namen gibt, dessen Weinberge heute berühmt sind für besten Rotwein – mir läuft jetzt schon der Wein im Mund zusammen ... alles zu seiner Zeit ...

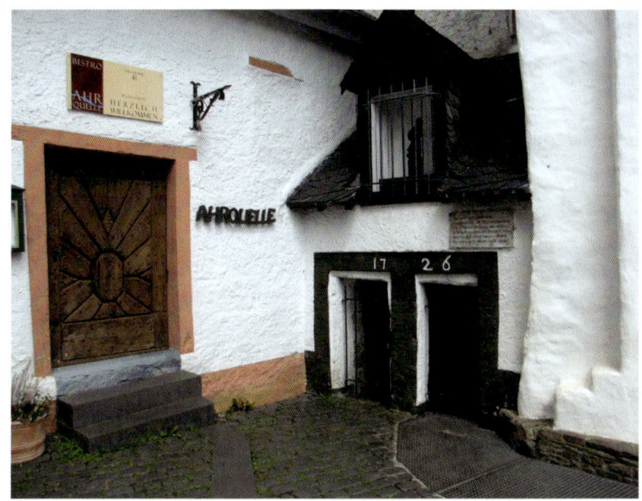

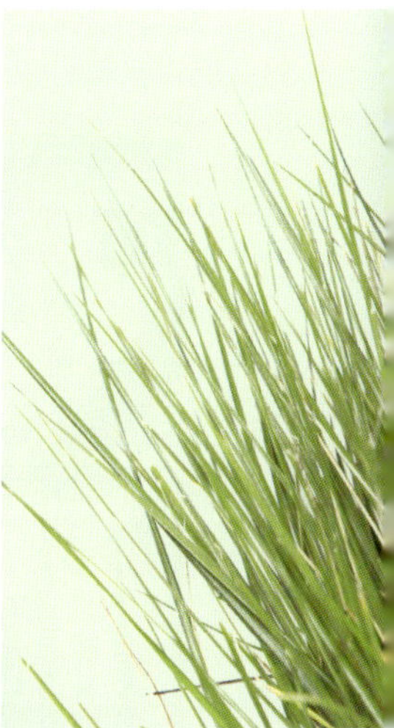

Ahrquelle

Das keltische Wort für Wasser, *aha*, gibt dem Flüsschen den Namen, ein Hausschild am Quellort verkündet das Ereignis mit poetischen Worten:

„Aus jähem Felsen silberhell, entspringt die Ahr in vierfachem Quell. Durch Wiesen hinab, von Wäldern gekühlt, zu Bergen voll Reben mit funkelndem Wein, grüß Welle, in der die Forelle gespielt, uns Altenahr und den Vater Rhein", so geschrieben 1914 und zu lesen direkt an der Ahrquelle. Das Wichtigste weiß ich schon mal: Die Ahr hat vier kleine Quellen, sie fließt in Richtung Osten nach Altenahr, dort finde ich Weinberge und das Flüsschen mündet in den Rhein – das macht sie in Kripp, einem Stadtteil von Sinzig. Das Mündungsgebiet, die *goldene Meile*, erreicht der Fluss nach ca. 87 km; zuerst schaue ich mich noch etwas um.

Auf dem Weg zur Burg erreiche ich die Pfarrkirche St. Mariä Himmelfahrt, die Krypta ist verschlossen, leider. Graf Johann I. von Blankenheim ließ die Kirche errichten; 1505 wurde sie eingeweiht. In Zeiten des 30-jährigen Krieges (1618-1648) wüten Not, Elend und Tod in der Eifel, ganze Weiler werden Opfer der Pest. Die Blankenheimer ziehen seit einem Gelübde im Jahre

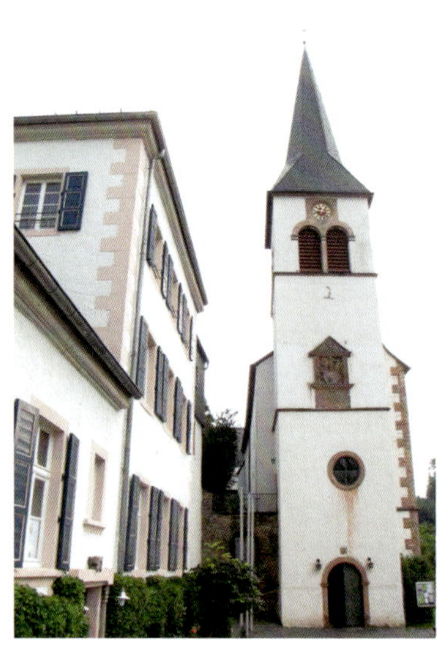

St. Matthias Kirche Blankenheim

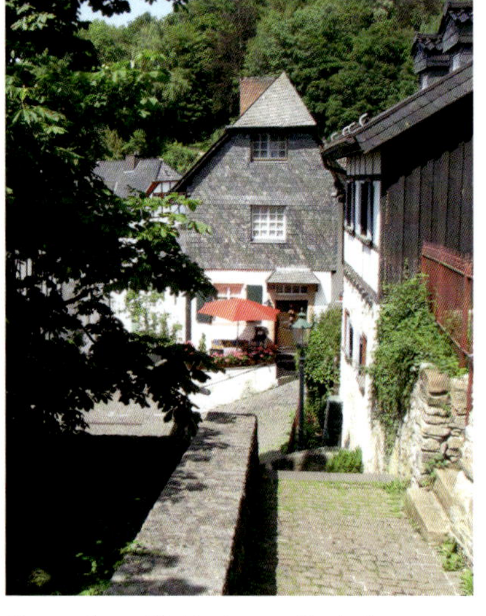

Conventhaus St. Marien am Zuckerberg

1636 zum Grab des heiligen Apostels Matthias nach Trier – alle Jahre in der Woche vor Pfingsten. Matthias soll in Jerusalem gesteinigt worden sein. Der Apostel ist mir bei einer Städtetour in Trier schon begegnet. In Trier erfahre ich, dass die Kaiserin Helena die sterblichen Überreste an die Mosel bringen ließ. Die Sankt-Matthias-Kirche wird im 12. Jahrhundert neu gebaut. Pilger ziehen bis zum heutigen Tag zum einzigen Apostelgrab nördlich der Alpen.
(Quelle: www.pfarrverbund-blankenheim.kibac.de/pfarren/blankenheim/pfarrkirche; aufgerufen am 30.11.2015)

Das „Haus am Hirtenturm“, oben im Foto links von der Kirche zu sehen, bietet als Galeriewerkstatt Künstlern eine Plattform für die Darstellung zeitgenössischer Kunst. Das Haus hat Ausstellungszeiten an Wochenenden, feiertags und auf Anfrage ist es geöffnet. Weitere Informationen finden Sie unter
» www.hirtenturm.de

Am Zuckerberg steht Blankenheims schmalstes Haus unweit des im 15. Jahrhundert gebauten Hirtentors (Fachwerk mit Wappen); es ist ein kleines, unscheinbares Haus. Auf dem Briefkasten steht kein Familienname, sondern „Convent St. Marien ADJC“ – aha! – kenne ich aber nicht.

Was steckt denn hinter dem Kürzel ADJC? Das sind die „Armen Dienstmägde Jesu Christi", das Mutterhaus befindet sich in Dernbach im Westerwald. Dort hat 1851 Maria Katharina Kasper den Orden gegründet, die am 26. Mai 1820 in Dernbach geboren wird. Die junge Frau kennt die Situation der Landmenschen und versucht zu helfen in Familien, in Krankenhäusern und sozialen Einrichtungen. Die zwischenzeitlich selig gesprochene Ordensgründerin stirbt 1898. Heute gehören dem Orden in mehreren Ländern über 200 Schwestern an. Der Konvent in Blankenheim existiert seit 1898 im kleinen Haus am Zuckerberg.

11.2 BURG BLANKENHEIM

Die Burg „wacht" über die Geschichte Blankenheims, die allerdings in Blankenheimerdorf anfängt: Im Kylltal liegt das kleine Örtchen Mürlenbach mit der Bertradaburg. Bertrada hieß die Mutter Karls des Großen, demnach

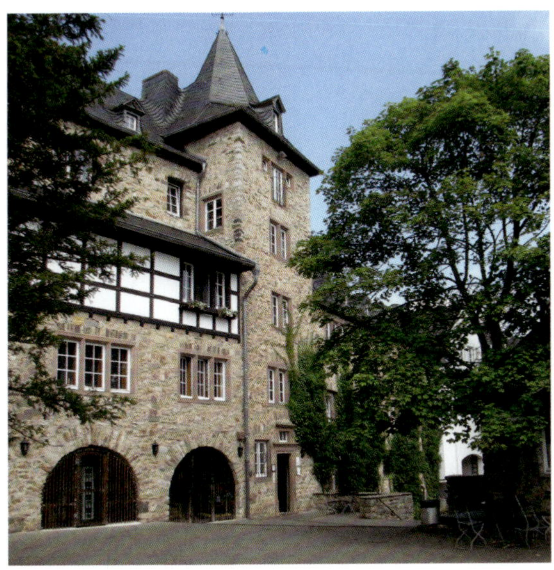

Burg Blankenheim mit Jugendherberge

wäre sie also mit Pippin III. liiert gewesen und die schenkt 721 dem karolingischen Hauskloster in Prüm eine Siedlung namens *Blancio*, eben jenes besagte *Blankenheimerdorf*. 1115 wird eine Burg von dem Blankenheimer Herrn Gerhard I. gebaut. Das Blankenheimer Haus erbt der Manderscheider Graf Dietrich III. – diese Herrschaft ist für lange Zeit eine der bedeutendsten im Eifeler Land. Die Manderscheider Burgen sind heute noch im Wittlicher Land zu sehen.

Heute unterhält das Deutsche Jugendherbergswerk ein Haus auf dem „Burgberg". Die Burg hatte eine eigene Wasserversorgung, den *Tiergartentunnel*.

11.3 DER TIERGARTENTUNNEL

Die oben zu sehende Grafik hängt im Blankenheimer Rathaus. Vom Tal „In der Rhenn" wurde die Burg über eine Verbindung aus Druckleitung und Tunnel mit Wasser versorgt – eine technische Meisterleistung ihrer Zeit. Der *Tiergarten* war nicht etwa ein mittelalterlicher Zoo. Auf diesem Areal wurde das in den Wäldern gefangene Wild gehalten und wartete auf die Zubereitung zum festlichen Mahl in der Burgküche für die gräfliche Familie.

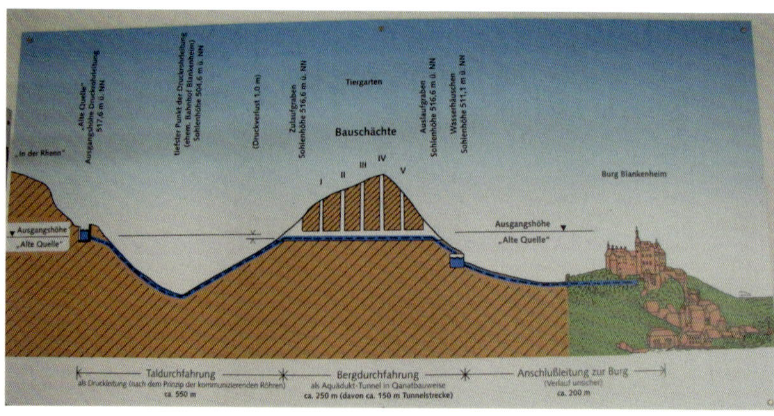

Tiergartentunnel – Querschnitt

Tiergartentunnel

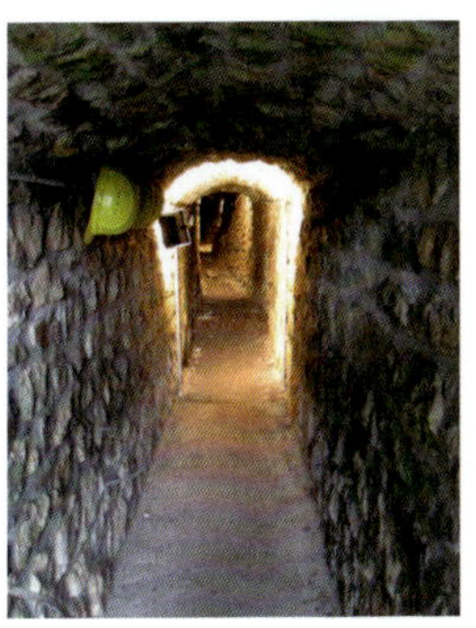

Tiergartentunnel – Mundloch

» www.tiergartentunnel.de

Der 19 km lange Wanderweg „Tiergartentunnel" startet in Blankenheim-Wald (von der B 258 zum Bahnhof fahren). Ihre Wanderung auf den Spuren mittelalterlicher Technik können Sie starten z. B. vom Parkplatz am Schwanenweiher oder gleich oben von der Burg. Der Weg ist gut markiert. Die Touristinformation hält einen kostenlosen Flyer und eine Broschüre zum Wanderweg bereit; sie kostet 3,00 €.

Dass in Blankenheim Karneval gefeiert wird, ist nicht wirklich überraschend. Das WIE des karnevalistischen Treibens schon eher.

11.4 DER BLANKENHEIMER GEISTERZUG

Tausende Besucher bevölkern die engen Gassen und Straßen. Der Geisterzug ist eine Attraktion. Am Karnevalssamstag pünktlich um 19.11 Uhr geht's los. Die Straßenbeleuchtung wird ausgeschaltet, ein gespentisches Dunkel liegt über Blankenheim. Die „Geister" ziehen – begleitet von der Kaisergarde – mit Pechfackeln durchs „Städtchen"; die Kostümierung ist denkbar einfach: man nehme ein Betttuch, zwei Schnüre für die Ohren, eine für den Hals und auf geht's zur Jagd nach den Dämonen – seit 400 Jahren. In der Karnevalswoche zieht „Et Schelleböumche" durch die Straßen und kündet vom bevorstehenden Fest. Alle können mitmachen; Kostüm, wie oben beschrieben, anfertigen und auf nach *Blangem*. Hüftsteif sollte man allerdings nicht sein; wie es geht, zeigen die Vortänzer, die „jecken Böhnchen" ...

Wer sich mit dem Karnevalsbrauch genauer vertraut machen möchte, dem empfehle ich den Besuch des Karnevalmuseums im Georgstor in der Ahr-

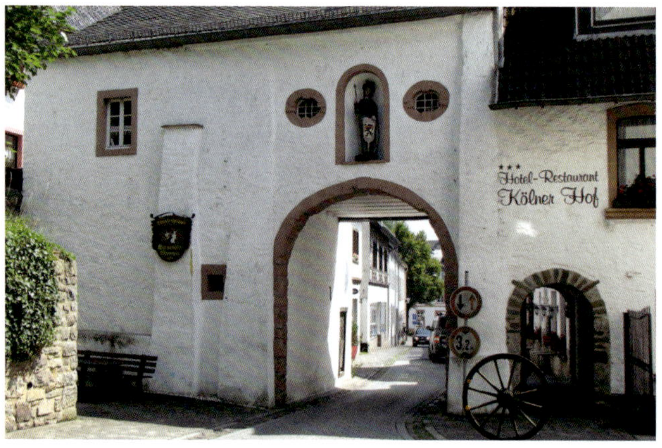

St. Georgstor

straße 21. Das Georgstor wird 1670 gebaut und zeigt einen der Kirchenpatrone mit Lanze und dem Blankenheimer Wappen; am Tor zu sehen ist auch das Allianzwappen der Blankenheimer-Manderscheider Herrscherdynastie. Eine Besichtigung ist nur nach vorheriger telefonischer Anfrage möglich: Tel. 02449/83 33.

Karnevalslied aus Blankenheim:

Juh jah, Kribbel en der Botz
Wer dat net hätt, dä es nix notz!
Juh jah, Kribbel en der Botz
De Fassenach es do!

Ne richtige Fastelovensjeck
Dä freut sich över jeden Dreck!
Juh jah Kribbel en der Botz
De Fassenaach es do!
Dreimol Blangem Ju Jah !

Wer nach Blankenheim fährt und dann nicht ins Ahrtal fährt, keine Wanderung durch die Weinberge macht und es verpasst, in den idyllischen Taldörfern Weine zu probieren – der verpasst eine Symbiose aus landschaftlichen und kulinarischen Genüssen!

Auf der Fahrt dorthin liegt südlich von Blankenheim der Ortsteil Alendorf und eines der größten Wachholderschutzgebiete Deutschlands, das *Lampertstal* – nur 7 km von Blankenheim entfernt. In diesem 800 ha großen

Naturschutzgebiet finden Sie eine seltene Pflanzen- und Tiervielfalt; im September blühen die blauen Fransenenziane.

11.5 DIE „TOSKANA" DER EIFEL – DER KALVARIENBERG

Ich parke am Ortsrand an der alten Alendorfer Kirche, von dort geht's auf dem Wanderweg „Wo Hänge blühen" auf den Kalvarienberg. Die kleine Kirche, 1494 erbaut, wird heute als Friedhofskapelle genutzt.

Kreuzwegstationen säumen den Weg hoch zum 523 m hohen Kalvarienberg. Der Name *Kalvarienberg* erinnert an den Berg Golgatha, dort, wo Jesus von Nazareth ans Kreuz geschlagen wurde und *calvaria* bedeutet *Schädel*. Von dort oben hat man einen weiten Blick auf die umliegenden Dörfer und Eifelberge bis zur *Hohen Acht*, dem höchsten Berg der Eifel. Mir sind bei meiner Wanderung Schafe begegnet, die friedlich an einem Berghang „ihrer Arbeit" nachgingen; sie tragen auch hier mit „ihrer Landschaftspflege" zum Erhalt des Naturschutzgebietes bei. In den Sommermonaten sind viele Orchideenarten, einzigartig in ihrer Farbenpracht, zu bewundern.

An jedem zweiten Wochenende im August findet in Alendorf das Wachholderfest statt und Sie erfahren, was man alles aus und mit Wacholder machen kann ... Schnaps, mit Buchensägemehl und Wacholder geräucherten Schinken, lecker!
» www.wacholderfest.de
Auch da muss man hin!

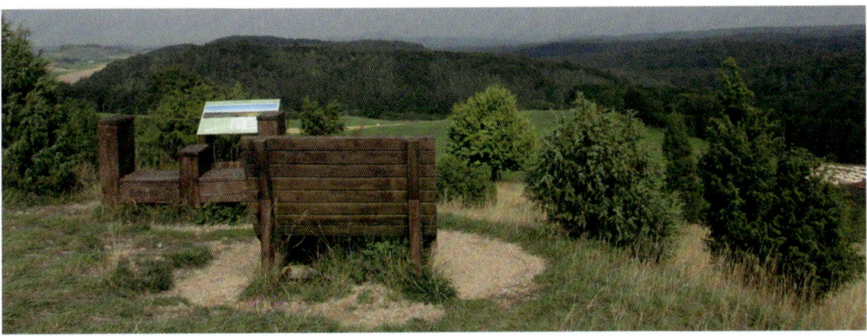

Eifelblick Kalvarienberg

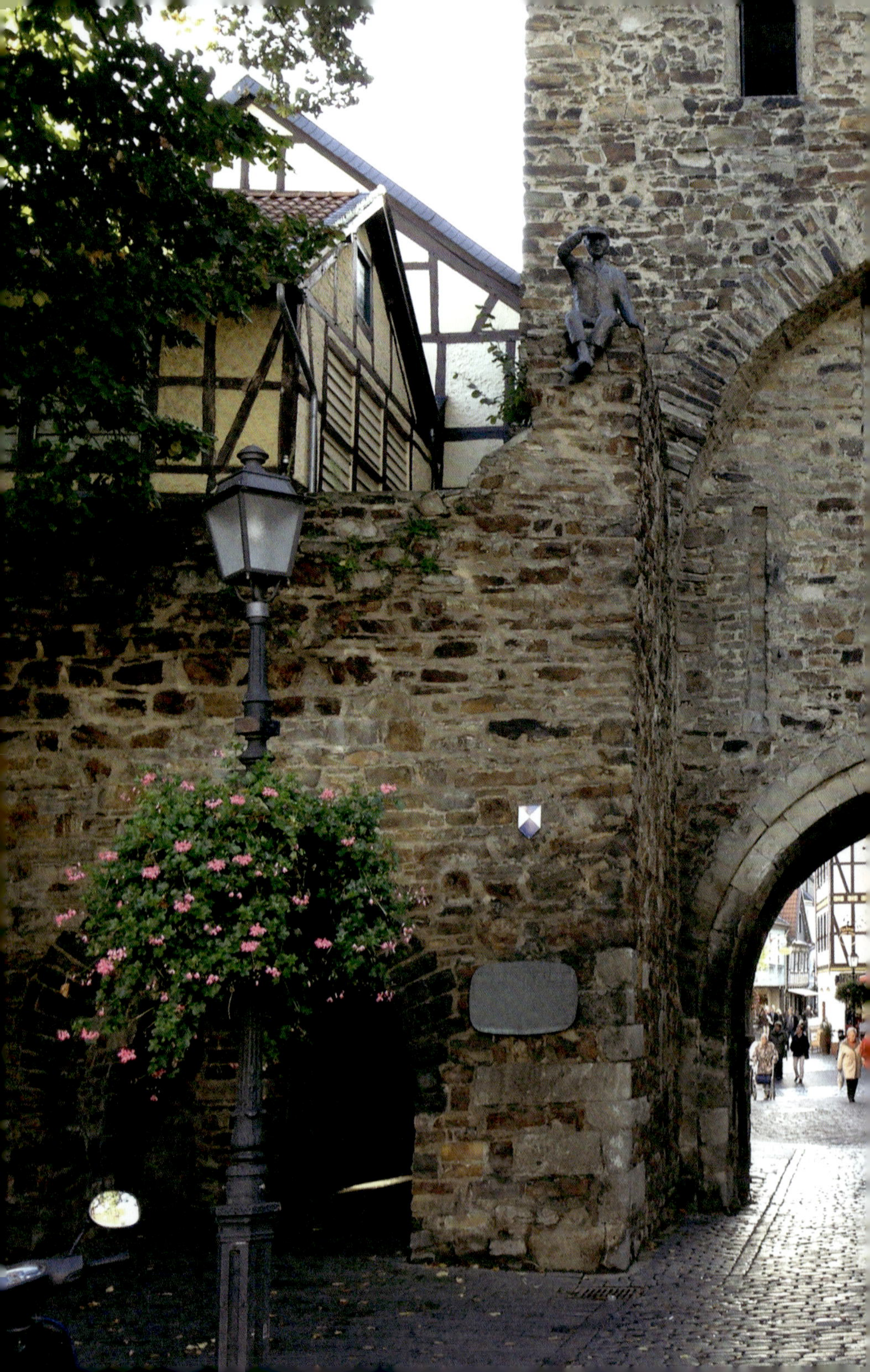

12 Das Ahrtal: 14. Juli 2021

12 DAS AHRTAL: 14. JULI 2021

Das liebliche Ahrtal erlebt eine Zeitenwende. Am 14. Juli beginnt es zu regnen, die Behörden hatten bereits vor großen Regenmengen gewarnt. Große Regenmengen? Es war der Beginn der Zerstörung einer Landschaft, eines Flusstales, die auch unsägliches menschliches Leid ins Tal brachten. Schon am Abend steigt der Ahrpegel auf bis dahin nicht vorstellbare 5,75 m, am nächsten Morgen werden 7 m gemessen. Zunächst werden über 1.000 Menschen vermisst, heute weiß man, dass über 130 Menschen in den Ahrtalfluten ihr Leben verloren. Das jüngste Opfer ist gerade mal 4 Jahre alt, das älteste 97 Jahre. Anfang und Ende des Lebens? Aber nicht so!

Und heute, zwei Jahre nach der Katastrophe? Die Menschen arbeiten für den Wiederaufbau ihrer Heimat, zahlreiche Hilfsaktionen unterstützen sie dabei. Bis dahin wird die „Baustelle Ahrtal" auf eine Länge von ca. 40 km präsent sein. Das Flussbett der Ahr hat sich vielerorts verschoben.

Am 15. Juli 2023, im Jahre 2 nach der Flutkatastrophe, wird die hoch über Walporzheim gelegene Flutkapelle durch den Trierer Bischof Ackermann eingeweiht. Ich blicke hinunter ins Tal und bin immer noch sprachlos. Die „kleine" Ahr sucht ihren Weg Richtung Sinzig, dort fließt sie in den Rhein, (wieder) still und friedlich. Alles andere ist schon geschrieben und wäre nur Wiederholung.

We Ahr open heißt der neue Slogan des Ahrtal-Tourismus. Auf ins Ahrtal, es lohnt sich: Menschen, Landschaft, Kultur, Wein

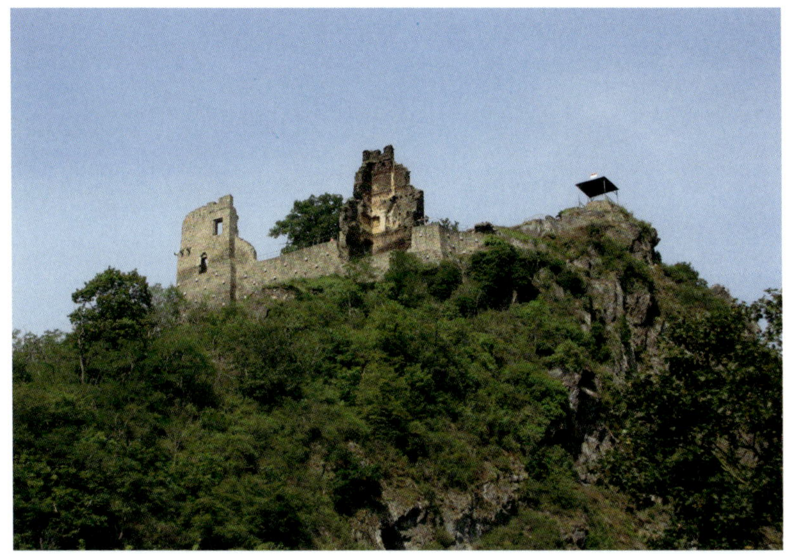

Burgruine Altenahr

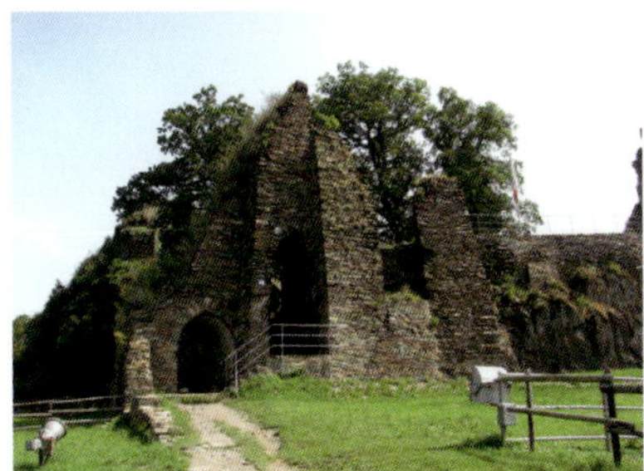

Burgruine Altenahr

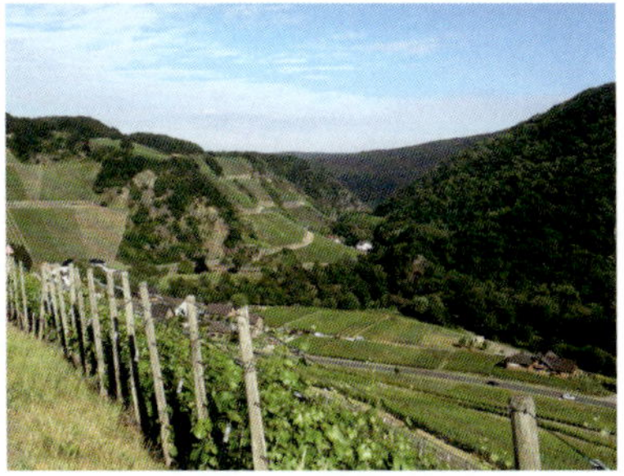

Panoramaaufnahme Marienthal

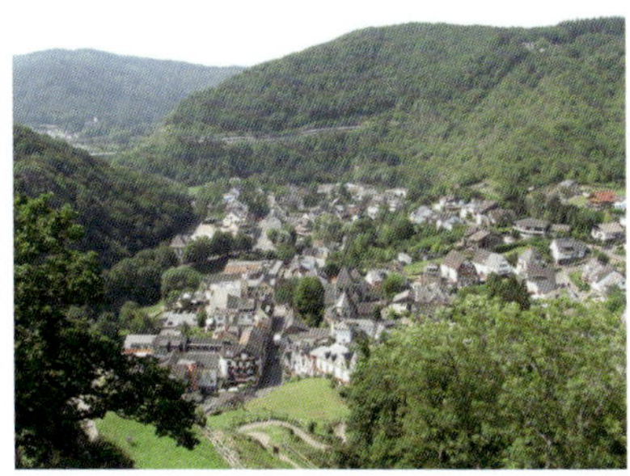

Panoramaaufnahme Altenahr

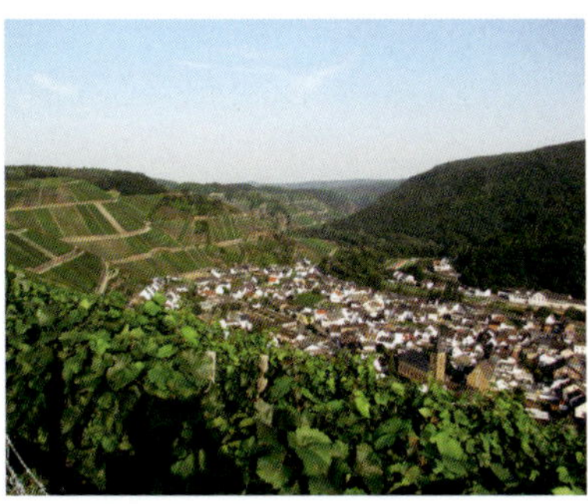

Panoramaaufnahme Dernau

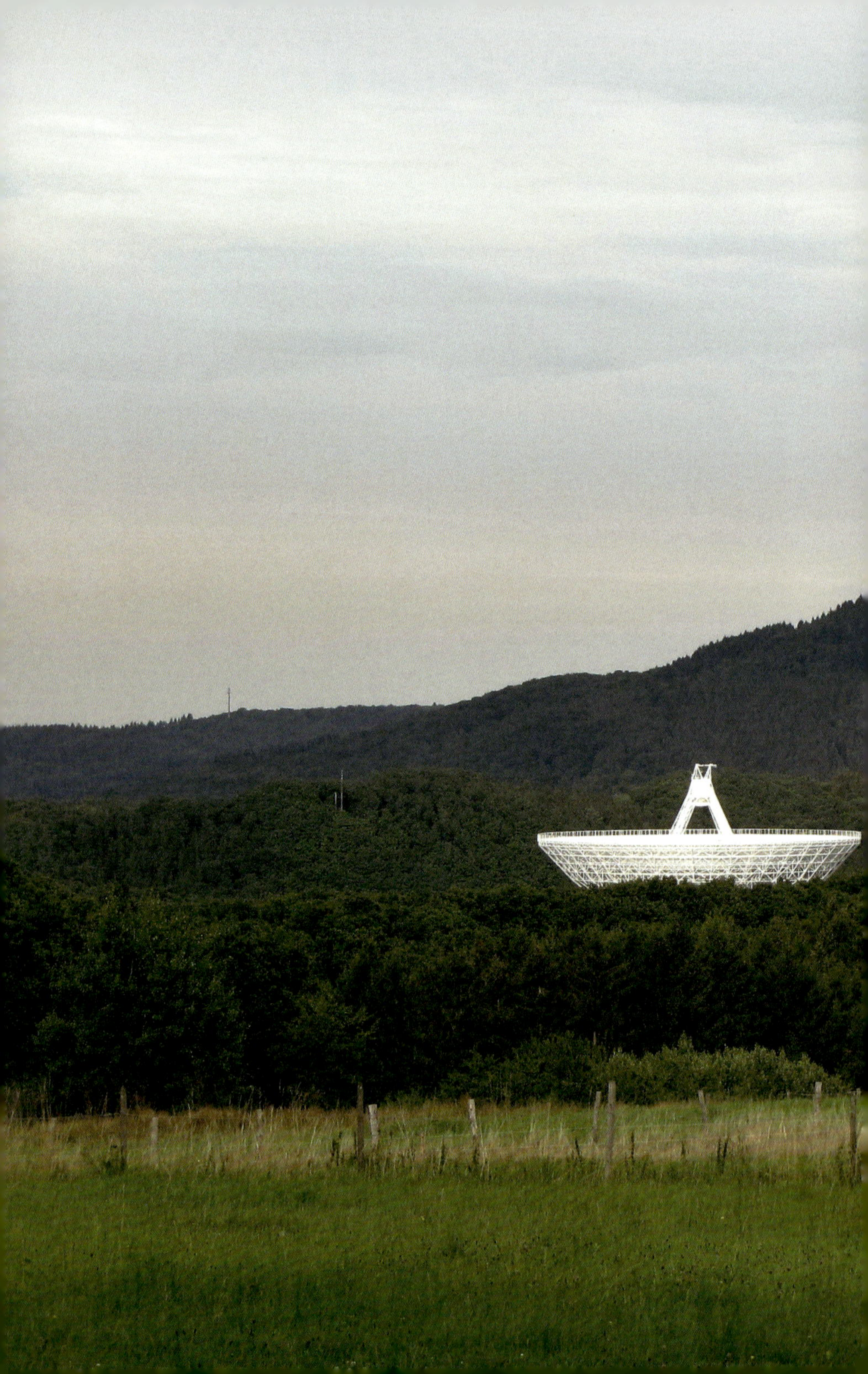

13 Radioteleskop Effelsberg

13 RADIOTELESKOP EFFELSBERG

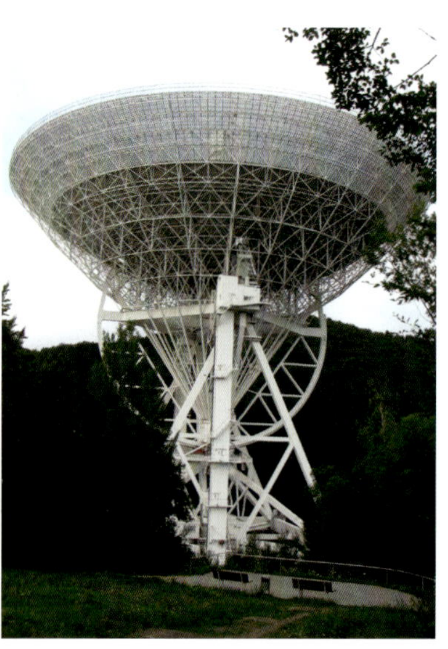

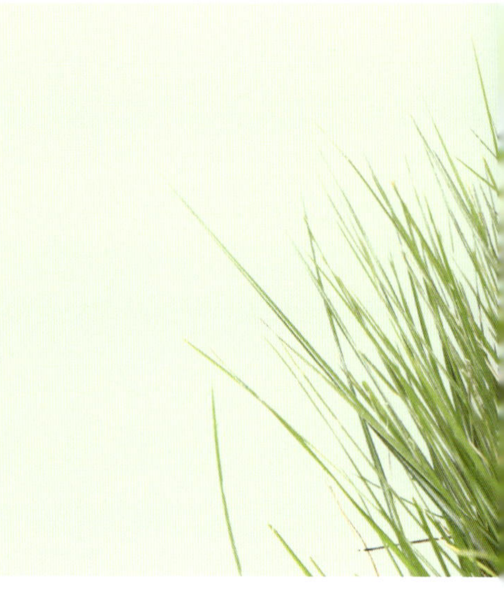

Dieses steht im gleichnamigen Münstereifeler Stadtteil, ein ganz ruhiges Dorf, kaum Verkehr. Das Radioteleskop liegt ca. 1 km außerhalb des Dorfes, wurde 1971 gebaut und wird vom Bonner Max-Planck-Institut für Radioastronomie unterhalten. Das Institut trägt den Namen des Max Karl Ernst Ludwig Planck (1858-1947), Nobelpreisträger für Physik 1918. Die Max-Planck-Gesellschaft betreibt Grundlagenforschung und unterhält dazu über 80 Forschungsinstitute. Planck selbst war übrigens Präsident der Kaiser-Wilhelm-Gesellschaft; 1948 folgte dann die Max-Planck-Gesellschaft.

Der Fußweg führt entlang des vom Bonner Hausherrn angelegten *Planetenweges*. Los geht's mit dem kleinsten Planeten; Pluto hat nur einen Durchmesser von 2.300 km und braucht 248 Jahre, bis er die Sonne einmal umrundet hat. Dann wird über Saturn, Mars, Sonne usw. berichtet mit Entfernungsangaben, die mein Vorstellungsvermögen übersteigen. Und dann steht der Koloss vor mir, allein die Ausmaße und das Gewicht werden in beeindruckenden Zahlen angegeben: 3.200 Tonnen Gewicht; die Apertur hat einen Durchmesser von 100 m. Der Spiegel hat eine Öffnung von fast 8.000 qm. Die *Apertur* ist die Öffnungsweite einer Antenne. Begriffe, die ich alle lernen muss, die wenigsten habe ich vorher gekannt.

Was kann ein Radioteleskop? Das Radioteleskop ist, wenn ich es richtig verstanden habe, eine Sternwarte, ein astronomisches Observatorium, es beobachtet den Sternenhimmel. Gas- und Staubwolken, in denen neue Sterne entstehen, sind die Suchobjekte und *Pulsare*, das sind schnell rotierende Neutronensterne. Das Universum zum „Greifen" nahe.

Die neue Radioteleskopgeneration heißt LOFAR. Die erste deutsche LOFAR-Station wurde 2007 auf dem Betriebsgelände in Effelsberg gebaut. LOFAR steht für Low Frequency Array; es ist ein digitales Radioteleskop, das keine beweglichen Teile oder Motoren benötigt. Die Antennen sind fest am Boden angeordnet und können den Himmel insgesamt erfassen. Mit LOFAR werden mehrere Stationen in Deutschland, den Niederlanden und in anderen europäischen Ländern verbunden.
(Quelle: Infotafel in der Nähe der Anlage und www.lofar.de)

» http://www.mpifr-bonn.mpg.de/
Im Besucherpavillon der Anlage werden in den Monaten April bis Oktober Informationsvorträge für Gruppen (10 bis 80 Personen) gehalten.

Fürs Navi: 53902 Bad Münstereifel, Max-Planck-Str. 28

Tel. 02257/301/101 oder 122 für die Voranmeldung zu den Vorträgen.

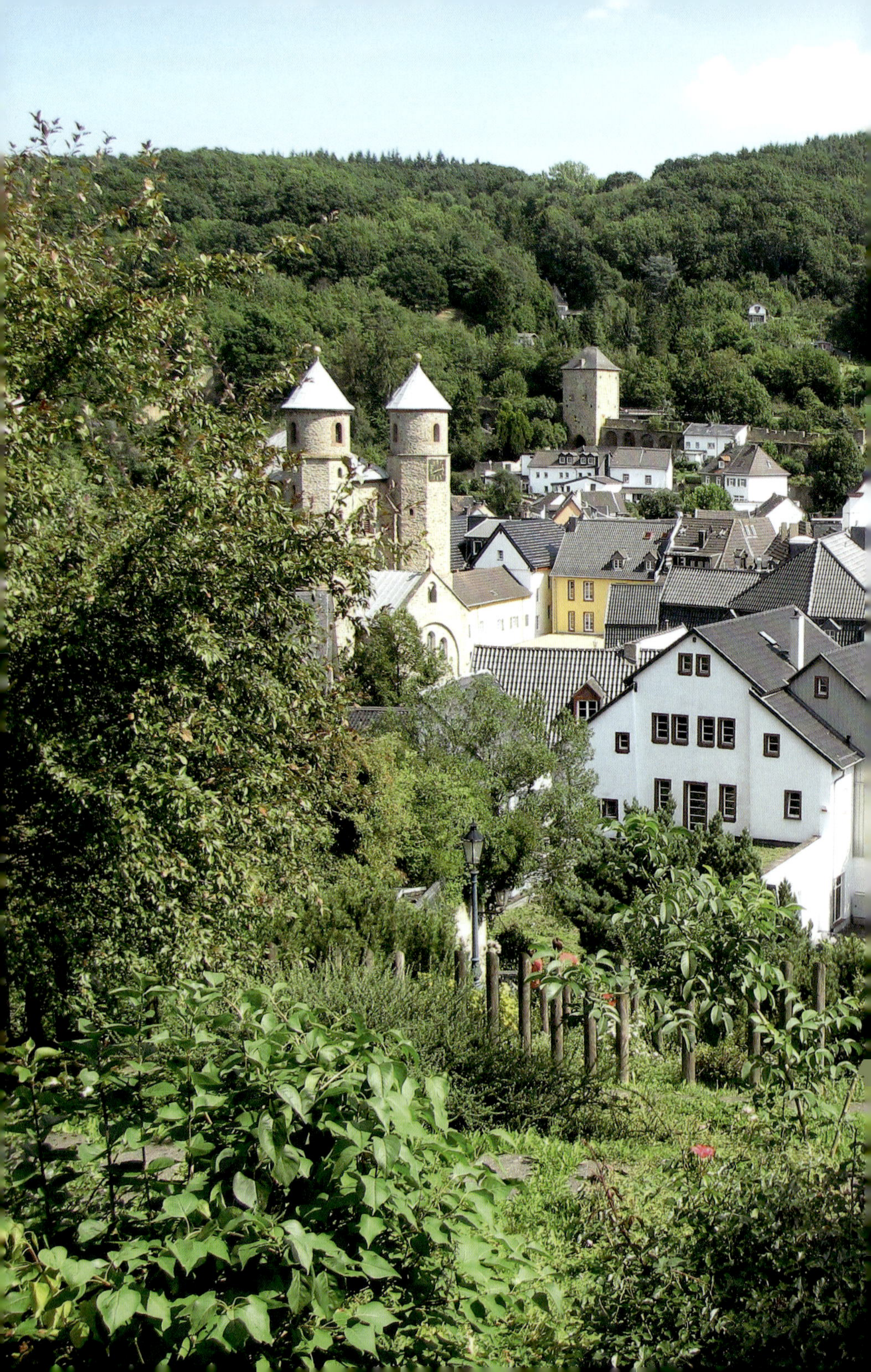

14 Bad Münstereifel – Novum Monasterium – Mönste

14.1 Burg Münstereifel

14 BAD MÜNSTEREIFEL – NOVUM MONASTERIUM – MÖNSTE

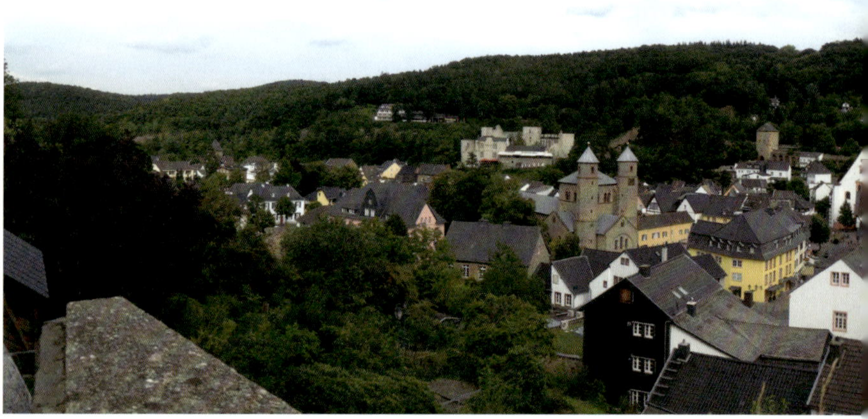

Bad Münstereifel - Panorama

Münstereifel ist eine alte Handelsstadt. Tuchmacherfabriken und Brauereien waren die wichtigsten Gewerbe. Die staatliche Anerkennung als Heilbad wird 1974 ausgesprochen – Bad Münstereifel von nun an. Hier zogen auch viele Jakobspilger vorbei. Pilger waren oft ein „zweischneidiges Schwert"; sie bringen Geld in die Stadt, aber auch Krankheiten, die keiner so recht haben wollte. Die Pest war gefürchtet wie kaum eine andere Krankheit. Unsere gebräuchliche Redewendung ist in der Bibel nachzulesen: „Denn die Lippen der fremden Frau triefen vor Honig, glatter als Öl ist ihr Mund. Doch zuletzt ist sie bitter wie Wermut, scharf wie ein zweischneidiges Schwert", so wird der Mann vor der fremden Frau gewarnt ... und zu lesen in den Sprüchen Salomos 5,3-4. Für die Jakobspilger heute hängt am Seiteneingang ein kleiner Holzkasten mit Pilgerstempel und Stempelkissen.

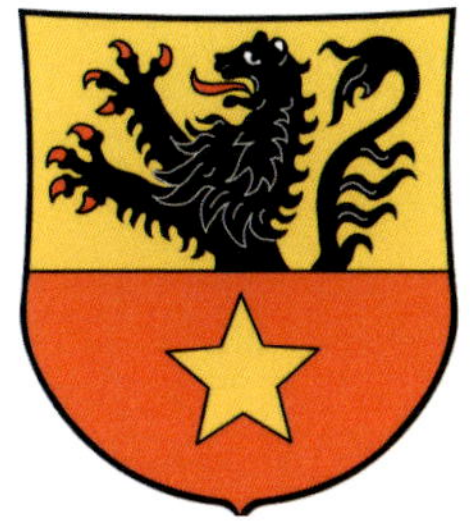

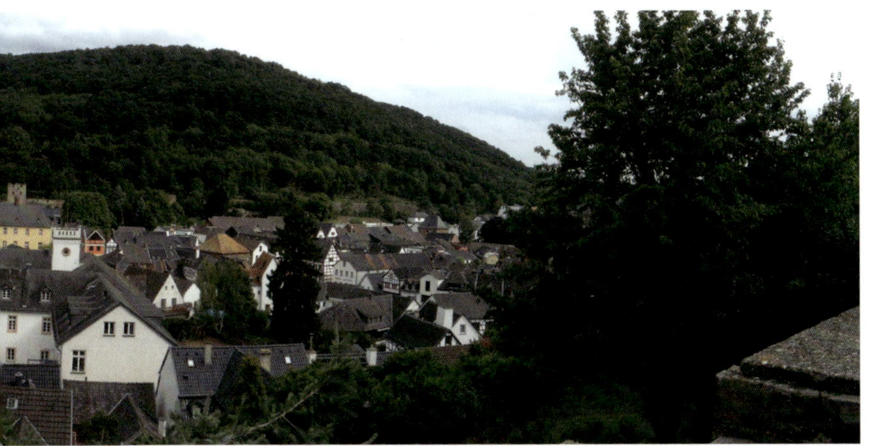

Der Lageplan gibt Ihnen eine grobe Übersicht der Sehenswürdigkeiten.

Die Stadt ist umgeben vom Münstereifeler Wald; dessen höchste Erhebung, den 586 m hohen Michelsberg, besuche ich alleine schon wegen seiner grandiosen Weitsicht.

Ich parke in der Nähe des Bahnhofs in der Kölner Straße und bin schnell durch das Werther Tor in der Münstereifeler Altstadt mit ihrer sehr gut erhaltenen Stadtmauer mit vier Stadttoren! Später erfahre ich, dass die Marquardstraße benannt ist nach Abt Marquard aus dem Kloster Prüm, der hier im neunten Jahrhundert ein Kloster in der Eifel gründet, *Monasterium Eiflia*.

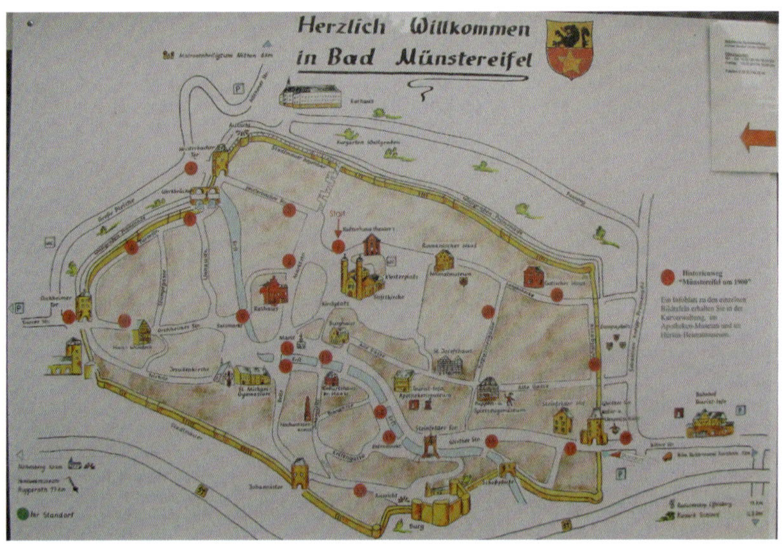

Stadtplan Bad Münstereifel

Das Werther Tor zeigt zwei Wappen: das Wappen der Herzöge von Jülich und das Stadtwappen mit dem Stern als Zeichen der Gerichtsbarkeit. Schaut man nach dem Passieren des Tores nach rechts, so erhält man leicht einen Eindruck von der mächtigen Stadtmauer.

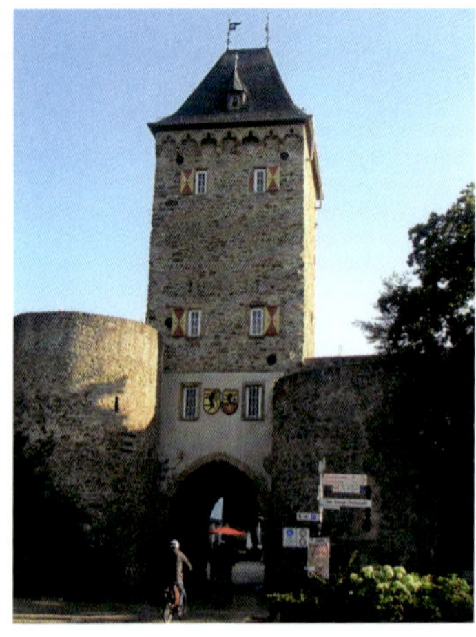

Werther Tor

Am Markt stehe ich vor dem Zwentiboldbrunnen. Wer war Zwentibold?

Zwentibold

Zwentibold stammt aus der Familie Karls des Großen und war bis zu seinem Tod, am 13. August 900, König von Lotharingien; an diesem Tag wird er in der Schlacht gegen die Grafen von Metz im niederländischen Susteren getötet, dort werden auch seine sterblichen Überreste aufbewahrt.

Und dieser Zwentibold verleiht der Klostersiedlung das Markt- und Münzrecht.

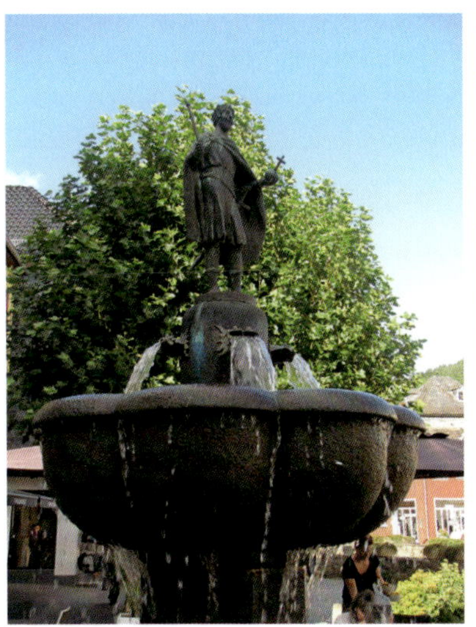

Zwentiboldbrunnen

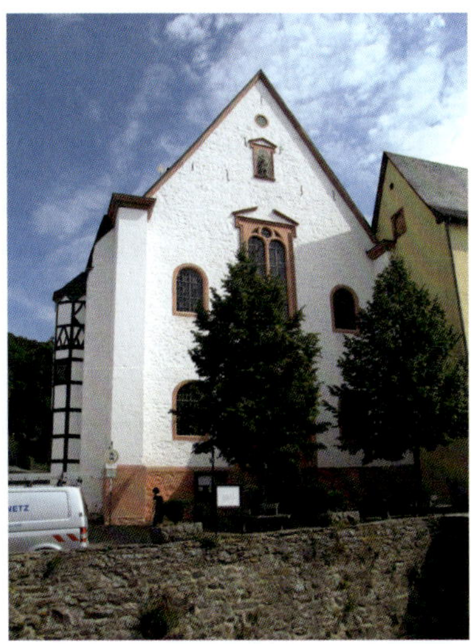

Jesuitenkirche Bad Münstereifel

Eine Schönheit war der Knabe nicht, aber darauf kommt es ja auch nicht an. Der Reichsapfel ist sicher Symbol seiner königlichen Macht; gekannt hat er den sicher nicht. Zu seiner Zeit und in seinem Herrschaftsgebiet war keine Rede von einer Erdkugel. Die liefen alle noch zum Kap Finisterre und fielen da runter …

Der Brunnen wurde von Theo Heiermann geschaffen, der bis 1996 in Köln lebte.

Gegenüber steht die Jesuitenkirche und das Sankt-Michael-Gymnasium, das 1625 als Jesuitenschule gegründet wurde; über der Tür erkennt man das Erkennungszeichen des Ordens, *IHS*; es steht für die ersten drei Buchstaben von Jesus. Die Kirche wird in der zweiten Hälfte des 17. Jahrhunderts gebaut.

Der Jesuitenorden wird 1534 von Ignatius von Loyola gegründet und steht zum Papst in besonderem Gehorsam. Die Jesuiten treten in der Bekämpfung der reformatorischen Ideen Martin Luthers hervor und wollen die Menschen zum katholischen Glauben zurückholen. An den Schulen wurden im Jesuitentheater Dramen aufgeführt, die die Neugläubigen, wie die Protestanten auch genannt wurden, zurück in den Schoß der katholischen Kirche holen sollten. Nach der Aufhebung des Jesuitenordens kommt die Schule in städtischen Besitz.

Nach rechts laufe ich in die Marktstraße und erreiche das Rathaus, allein schon wegen des roten Anstrichs nicht zu übersehen. In früheren Zeiten soll tatsächlich Ochsenblut als Wetterschutz aufgetragen worden sein. Der östliche Flügel wird 1476 im Schöffen- und Erbbuch erwähnt; 1550 nimmt der neu gebaute Flügel den Ratssaal auf, dieser Teil ist gut an den Arkaden zu erkennen. Zwischenzeitlich hat ein Bierbrauer das Haus als Malzlager eingerichtet, bis die Stadt Anfang des 20. Jahrhunderts wieder Eigentümerin wird.

Rechts auf der Ecke steht der Pranger, allerdings nicht das Original; regional unterschiedlich auch die *Kaak* genannt. Wer dort einmal zur Schau gestellt wird, packt am besten seine sieben Sachen und verlässt die Stadt. In die Halseisen wird heute niemand mehr gelegt, aber jemand an den Pranger zu stellen, weckt heute noch so manche Schadenfreude ... tun wir aber nicht. Dort soll übrigens mal ein Mann und eine Frau Rücken an Rücken gestellt worden sein, die mochten sich wohl nicht mal mehr anschauen. Die beiden wurden so lange an den Pranger gestellt, bis der häusliche Frieden wiederhergestellt war. Ich möchte mir gar nicht vorstellen, was die beiden an Hohn über sich ergehen lassen mussten.

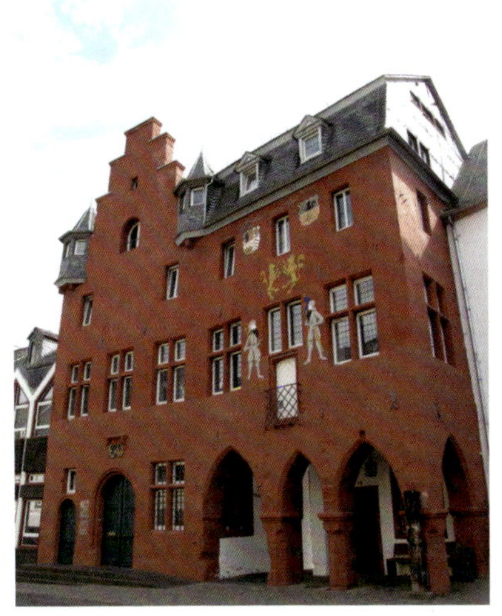

Rathaus in Bad Münstereifel

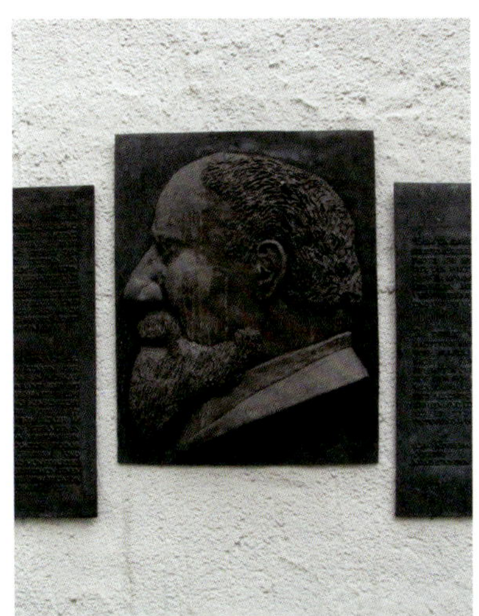

Gedenkplatte Lew Kopelew

Was heute, in unserem Kulturkreis zumindest, tabu ist, war in mittelalterlichen Zeiten die Spiegelstrafe – übel. Das Vergehen wurde gespiegelt. Dem Beschuldigten schlug man die Tathand ab, das war dann meistens die rechte. Als junge Burschen haben wir manchmal „gefringst" mit höchster kirchlicher Erlaubnis! Redeten wir uns jedenfalls ein. In der Silvesterpredigt 1946 hat der Kölner Erzbischof Josef Frings(en) kundgetan: „Wir leben in Zeiten, da in der Not auch der Einzelne das wird nehmen dürfen, was er zur Erhaltung seines Lebens und seiner Gesundheit notwendig hat, wenn er es auf andere Weise, durch seine Arbeit oder durch Bitten, nicht erlangen kann." Und damit hatten wir die „Absolution", auch wenn der Kardinal schon lange tot war.

Nur wenige Schritte vom Rathaus entfernt stehe ich vor dem ehemaligen Karmelitessenkloster; in den Mauern sind heute eine städtische Grundschule und Büros der Stadtverwaltung untergebracht. Im Durchgang zum Innenhof steht links das Johanniskreuz. 1416 erlebt die Stadt die größte Überschwemmung ihrer Geschichte, 150 Menschen verlieren ihr Leben. Im Innenhof werden zwei Herren vorgestellt: Lev Kopelev und Friedrich-Joseph Haass.

Nach dem Lesen der Inschriften wird mir die Verbindung der Männer klar: „Lev Kopelew, geboren am 09.04.1912 in Kiew und aufgewachsen in Moskau, wo er Germanistik studierte. Während des Krieges war er Major einer Propagandaeinheit und erlebte den Einmarsch russischer Truppen in Ostpreußen. 1945 wurde er wegen ‚Mitleid mit dem Feind' verhaftet und zu 10 Jahren Straflager verurteilt. Nach seiner Rehabilitierung lehrte er in Moskau deutsche Literatur und Theaterwissenschaft. Er starb nach erneuter Erschwerung seiner Arbeit im Heimatland am 18.06.1997 in Köln. Als Kind lernte er das Leben des Dr. Friedrich-Joseph Haass kennen, der aufgrund seines Wirkens in Moskau der ‚Heilige Doktor' genannt wird. Die eigene Lagerhaft eröffnete Lev Kopelew die Größe und menschliche Güte des Mannes, der auf persönlichen Ruhm und Reichtum zugunsten der armen Gefangenen verzichtete.1976 begann Kopelew sein Buch *Der Heilige Doktor Fjodor Petrowitsch* zu schreiben und beendete es 1982 in Bad Münstereifel, wo er sich nach seiner erzwungenen Ausbürgerung aus der Sowjetunion sehr häufig als Gast aufhielt" (Zitat aus der Gedenkschrift neben dem Konterfei Kopelews).

Ihm gegenüber steht der „Heilige Doktor" mit einem kleinen Lächeln ... Haass ist 1780 in Münstereifel geboren und ging als Augenarzt 1806 nach Moskau und wurde dort Mitglied der Gefängniskommission und lernte das Leid der Gefangenen mit eigenen Augen kennen und half mit seinem eigenen Privatvermögen, die Situation der Inhaftierten zu verbessern. Vor Ort erfahre ich, dass Haass auch durch wissenschaftliche Untersuchungen bekannt wurde, so an den Alexander-Heilquellen im Kaukasus. Haass stirbt am 16. August 1853 in Moskau; 20.000 Menschen begleiten ihn auf seinem letzten Weg.

Die geöffneten Kettenglieder sind geradezu ein Fingerzeig auf die Arbeit des Mannes. Jetzt fällt mir ein, dass ich seinen Namen schon gelesen habe. Sein Geburtshaus steht an der Straßenecke Wertherstr./Johannisstraße!

An diesem Mittwoch ist die Stadt richtig gut besucht, die meisten Menschen schlendern mit Einkaufstaschen durch die historischen Straßen – an einem Wochentag! Das habe ich schon anders erlebt. Beim Mittagessen komme ich mit einer ortsansässigen Geschäftsfrau kurz ins Gespräch, ich zitiere einfach mal: „Unser Geschäft ging vor der Eröffnung des Outletcenters schon

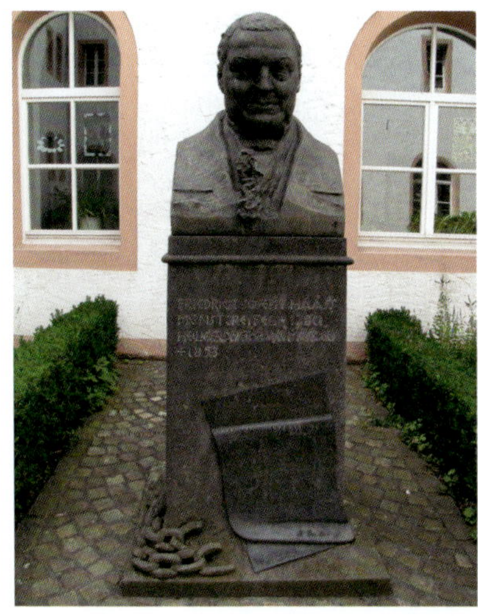

Dr. Friedrich-Joseph Haass

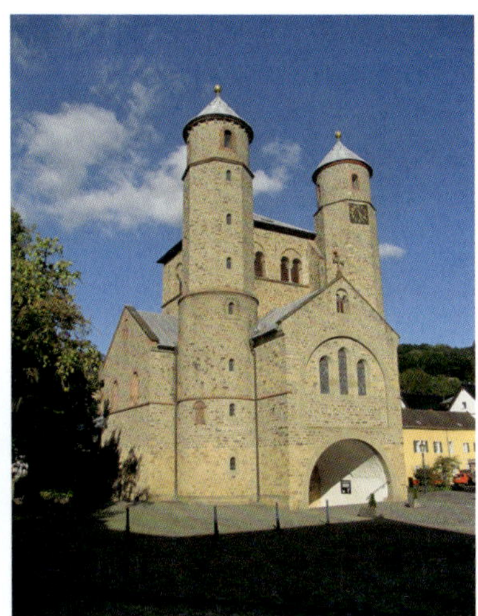

Stiftskirche Bad Münstereifel

ganz gut. Für die Stadt ist das wie ein Lotteriegewinn mit sechs Richtigen und Zusatzzahl!" *Die Welt* titelte vor einigen Jahren „Wenn eine ganze Stadt zum Outlet-Center wird" und am 08. August 2015 hat das Münstereifeler „Kind" seinen ersten Geburtstag gefeiert. Alles, was Rang und Namen hat, ist anzutreffen hinter historischen Mauern.

» www.cityoutletbadmuenstereifel.com

Einen geräumigen Parkplatz für den Besuch der Cityoutlet-Stadt finden Sie in der Dr.- Greve-Straße.

Zunächst aber noch zur Stiftskirche, die den Heiligen Chrysanthus und Daria gewidmet ist – ein Ehepaar als Märtyrer ist ebenso bemerkenswert wie das Westwerk der romanischen Kirche, die im 11. Jahrhundert erbaut wurde. Schon kurze Zeit nach der Gründung des Klosters in Prüm durch Abt Marquard werden die Reliquien der beiden in die Eifel gebracht. Chrysanthus ist in Ägypten geboren und lernt in Rom die römische Priesterin Daria kennen und heiratet sie; beide sind Christen und dieser Glaube sollte ihnen das Leben kosten. Daria wurde zur Prostitution gezwungen, ihr Mann gefoltert – sie sterben einen gemeinsamen Tod und erhalten ein gemeinsames Grab.

Marquard, den wir schon kennengelernt haben, lässt Reliquien der Märtyrer 848 ins Eifeler Kloster bringen. Chrysanthus und Daria sind nicht nur im Tonnengewölbe vor dem Eingang zur Kirche zu sehen, sondern auch im Innenraum der Stiftskirche.

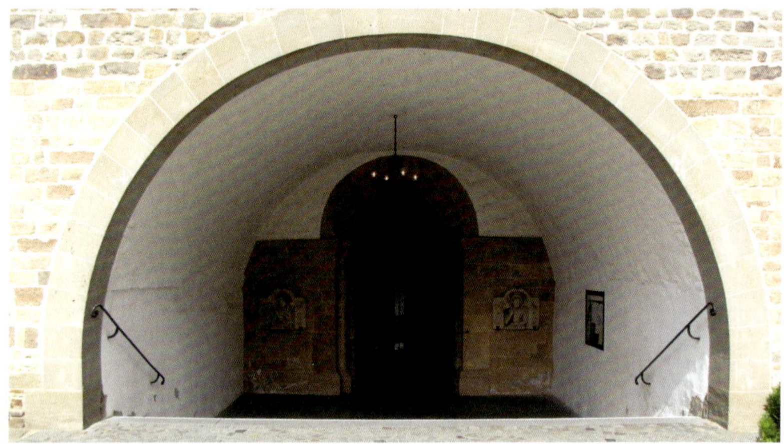

Eingang zur Stiftskirche

Beim Betreten der Kirche fallen mir die beiden Säulen links und rechts des Türbogens auf, leicht marmoriert. Das müsste Aquäduktmarmor sein; ich habe mich mit dem Thema schon früher etwas beschäftigt, als ich die Reste der römischen Wasserleitung, die von Nettersheim nach Köln gebaut wird, besucht habe – den Römerkanal. Dieser Kalkstein entsteht bei der Ablagerung von Kalk des durchfließenden Wassers. Als Baumaterial aus den Kanälen gebrochen, war er kostengünstiger als der teure echte Marmor aus Carrara in der Toskana.

Direkt hinter der gläsernen Eingangstür steht das Hochgrab des im 14. Jahrhundert verstorbenen Burgherrn Gottfried von Bergheim, einem Sprössling der Jülicher Adelsfamilie. Die Reliquien der Märtyrer werden heute in der Krypta unterhalb des Hochaltars in dem gut sichtbaren Schrein aufbewahrt.

Am Ende der Marktstraße geht's dann über die Treppenanlage hoch zum begehbaren Teil der Stadtmauer, von hier hat man einen guten Blick über die Stadt, dahinter liegt der Kurgarten am Wallgraben und das Kurhaus. Die kneippsche Heilmethode wird hier seit Jahrzehnten angeboten.

„Gekneippt" wird in BAD Münstereifel seit Anfang des 20. Jahrhunderts. Mit Aufgüssen und Wassertreten, verbunden mit gesunder Ernährung, einem sinnvollen Anwenden von Heilpflanzen und einer gesunden Lebensführung, wird der geschundene Körper gepflegt und Herz- und Kreislaufbeschwerden, Schlafstörungen, Erkrankungen der Atemwege, Nervenleiden und, und, und ... werden behandelt. Die Grundlagen dieser Heilmethode schrieb einst Sebastian Kneipp auf – kurzum: Man(n) und Frau muss was tun – Bewegung sollte man nicht als orthopädisch bedenklich ansehen ...

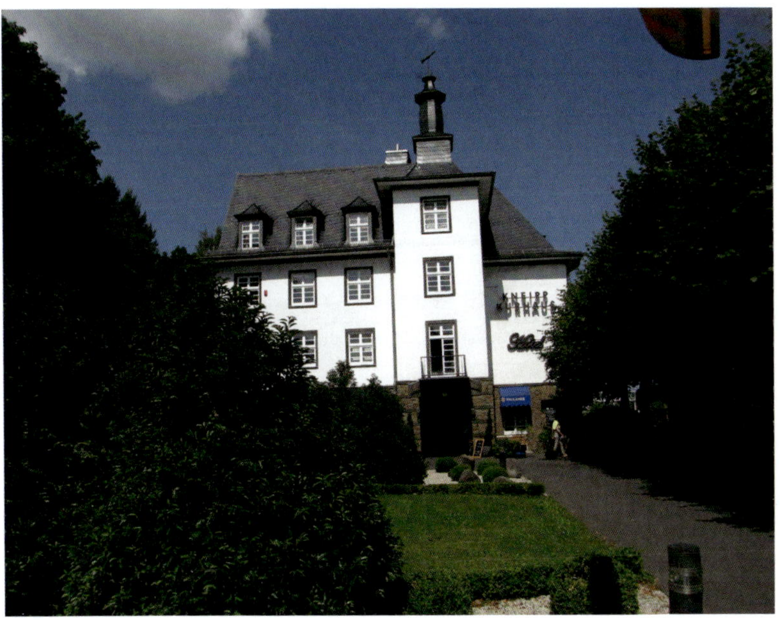

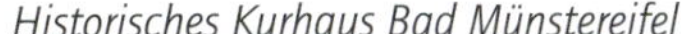

Historisches Kurhaus Bad Münstereifel

Pfarrer Sebastian Anton Kneipp

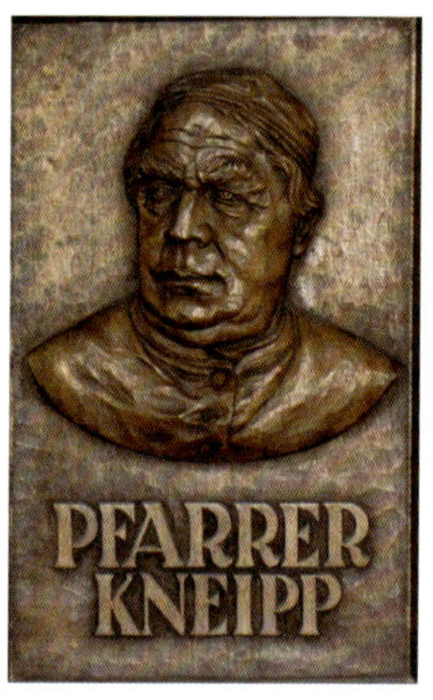

„Gesundheit bekommt man nicht durch den Handel, sondern durch den Lebenswandel!", sagte einst Sebastian Kneipp.

Wer kennt ihn nicht? Straßen sind nach ihm benannt, eine Rose trägt seinen Namen, eine Briefmarke zeigt sein Konterfei, Kneipp-Kurorte heben das kneippsche Heilverfahren hervor, ein Museum trägt seinen Namen ... Der im Volksmund als „Wasserdoktor" bezeichnete Kneipp wird als Spross einer Weberfamilie in Stephansried in der Nähe von Ottobeuren im Allgäu am 17. Mai 1821 geboren. Sebastian wird Pfarrer. Er erkrankt an Tuberkulose. Diese Krankheit steigert sein Interesse an medizinischen Heilverfahren. Nach Selbststudium und Versuchen schreibt er ein Buch über seine Wasserkuren; das macht ihn berühmt.

Aus seinem Wohnort Wörishofen wird ein Kurort und bringt dem Ort Kurgäste und Wohlstand. Wie das dann oft bei erfolgreichen Menschen ist, Neid und Missgunst beäugen sein Handeln, es kommt zu mehreren Gerichtsverfahren. Das kann sein Bekanntwerden aber nicht aufhalten. Sein Heilverfahren setzt sich durch und macht Kneipp über die Landesgrenzen bekannt. Hohe Auszeichnungen folgen, Papst Leo XIII. ernennt den „Wasserdoktor" zum päpstlichen Kammerherrn. Er stirbt am 17. Juni 1897 in Wörishofen und dort wird noch heute wie an vielen anderen Orten „gekneippt" – so auch in Bad Münstereifel.

In Bad Wörishofen führt der Kneipp-Bund die Arbeit von Pfarrer Sebastian Anton Kneipp fort.
» www.kneipbund.de

Wer dann mal das wunderschöne Allgäu besucht und in der Nähe von Bad Wörishofen ist, der sollte einen Besuch der Stadt und des Kneipp-Museums nicht verpassen.
» www.kneippmuseum.de

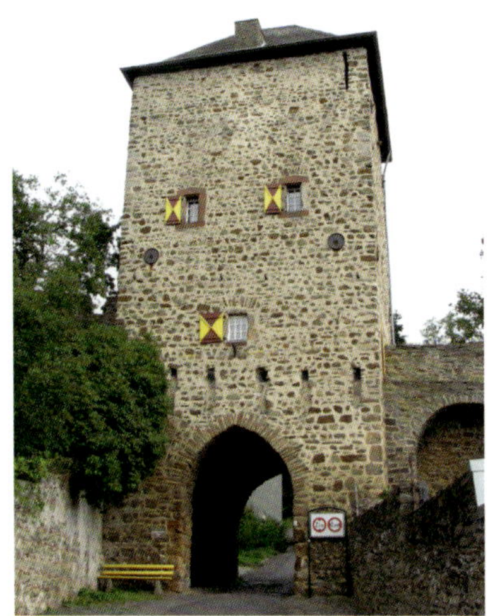

Johannistor Bad Münstereifel

14.1 BURG MÜNSTEREIFEL

Die Burg wird im 14. Jahrhundert von den Grafen von Bergheim hoch über der Siedlung erbaut und war eine Landesburg der Herzöge von Jülich; damit demonstrierten die Jülicher, wer Herr in der Stadt ist. Der eingesetzte Amtmann waltete seines Amtes und mehrte u. a. die (Steuer-)Einnahmen der Stadtherren – bis französische Truppen 1689 die Burg zerstörten. Heute befinden sich auf dem Gelände ein Restaurant, luxuriöse Wohnungen, eine Senfmühle, eine Brauerei – die Produkte sind in der Burg-Manufaktur erhältlich –, kulinarisch ist für jeden etwas dabei –
» www.eifelburg.de

Jetzt muss ich mal für mein Wohlbefinden sorgen; ein Bekannter hat mir das Restaurant „En de Höll" empfohlen, der hat einen feinen Gaumen, auf den kann ich mich eigentlich verlassen. Dabei fällt mir ein, vor vielen Jahren habe ich mal eine dreiseitige Abhandlung gelesen zur Bedeutung von „eigentlich", ... aber uneigentlich habe ich jetzt Hunger! Mein Freund hat mir die Adresse aufgeschrieben, soll ja auch Fußballern in der Hektik des Spiels schnell weiterhelfen .... Orchheimer Str. 50-52, da muss ich hin.

In der Orchheimer Straße laufe ich am *Windeckhaus* vorbei, 1644-1664 errichtet; Bauherr war ein Tuchhändler namens Pick. Der spätere Besitzer, Hofrat Windeck, gibt dem Haus den heutigen Namen. Mit seinen Maßen und seinem Fachwerk ist das Haus ein Blickfang.

Das Haus *Der Leopard*, rechts daneben, ist das Geburtshaus von Johann Chrysanth Bollenrath. Den Mann werden Sie bei einem Besuch im Aachener Rathaus wiedersehen. Der Maler hat bei der Barockisierung des Rathauses in der ersten Hälfte des 18. Jahrhunderts mitgewirkt u. a. mit einem Gemälde Karls des Großen, das im Werkmeistergericht des Rathauses zu sehen ist.

Vor dem Orchheimer Tor steht auf der rechten Seite die Weinstube „En de Höll", der kleine Spruch am Haus gefälllt mir: „Ehrliche Arbeit, fröhliche Rast, sorg, dass beides zusammen passt". Auf den Tischen der Außengastronomie liegen 1-, 2- und 5-Cent-Münzen, auf jedem Tisch! Also, wenn das ein diskreter Hinweis auf erwünschtes Trinkgeld sein soll, dachte ich mir, dann gibt's das sicher bei gutem Essen und Service ... mal gucken.

Die freundliche Bedienung klärt mich gleich auf: „Damit vertreiben wir die lästigen Wespen!" Okay, stimmt das? Mh – da gibt es unterschiedliche Meinungen. Entschieden habe ich mich auch für ein Rumpsteak und das war auf den Punkt gebracht. Selbstverständlich erfahre ich auch ein wenig über die Geschichte des Hauses. In der Hölle hat hier niemand geschmort, früher nicht und heute nur die Steaks in der Pfanne. „de Höll" leitet sich von einem Hohlweg ab und es wird berichtet, dass ein heiratswilliger Fuhrmann seinen Hausstand auf sein Fuhrwerk geladen hatte. Der durstige Mann erlag dem Lockruf des Wirtshauses. Ein Regenguss trieb sein Fuhrwerk samt Hausstand weg und die Hochzeit? Niemand weiß etwas Genaues.

Auch hochgestellte Persönlichkeiten haben „En de Höll" logiert: Der damalige erste Bundespräsident der (noch jungen) Bundesrepublik Deutschland, Theodor Heuss, war beispielsweise da. Das Restaurant erfreut meinen verwöhnten Gaumen und – Trinkgeld gibt's auch. By the way – nicht eine einzige Wespe hat mich besucht ... vielleicht steckt doch etwas Wahres dahinter!?

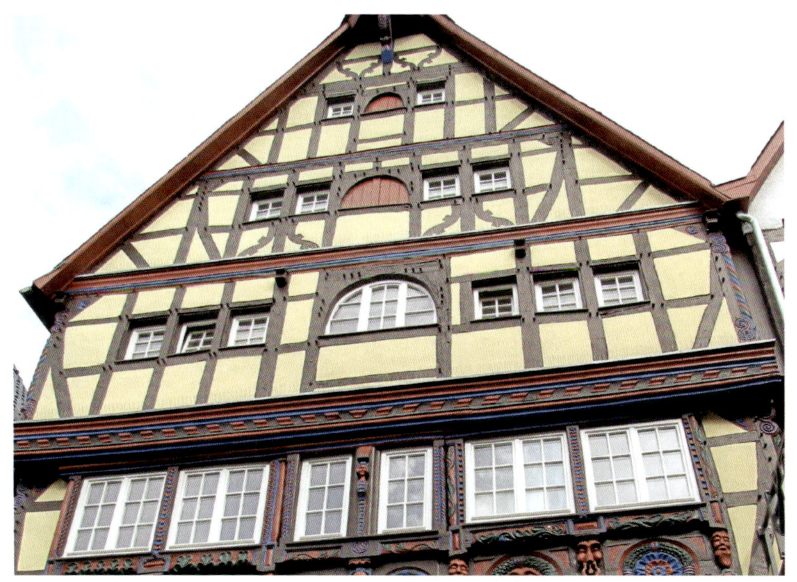

Windeck Haus

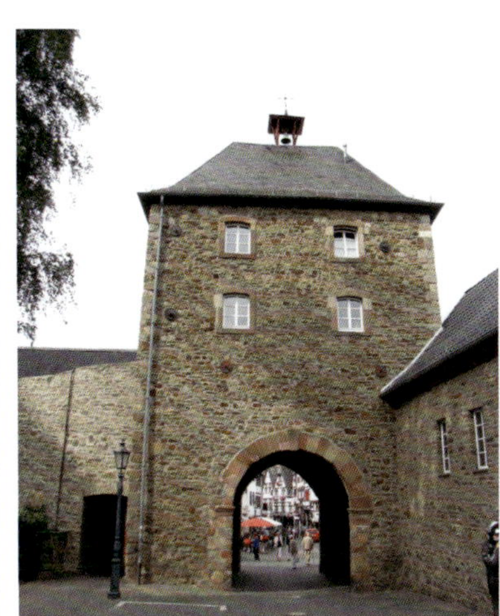

Orchheimer Tor Bad Münstereifel

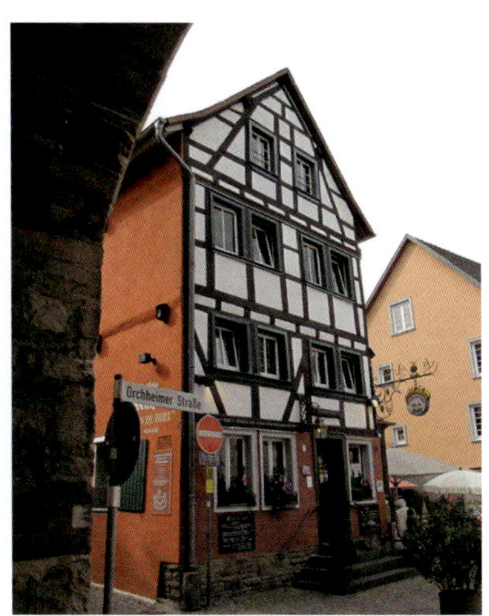

Restaurant En de Höll Bad Münstereifel

» www.en-de-hoell.eu

53902 Bad Münstereifel, Orchheimer Str. 50-52, Tel. 02253/68 72

Zum Schluss meines Besuches laufe ich einmal vorbei an der Stiftskirche vorbei über den großen Parkplatz am Klosterplatz in die *Langenhecke*. Hier steht das *Romanische Haus*, in dem das *Hürtenmuseum* seit 1975 untergebracht ist, das Stadtmuseum. Ein Priester der Stiftskirche ließ das Haus 1167 bauen; es gab ca. 20 Stiftshäuser. Heute ist der falsche Tag; das Museum hat nur geöffnet samstags, sonntags und an Feiertagen von 11.00-17.00 Uhr – ein Grund mehr, zurückzukommen. Zumindest erfahre ich vor Ort, dass Prof. Karl Hürten (1856-1925) das Museum gegründet hat und Ehrenmitglied des Eifelvereins war. Im Orchheimer Tor hat der Studienprofessor 1912 das erste Stadtmuseum eingerichtet.
» www.huertenmuseum.de

Seit Jahrhunderten ziehen Pilger auf den 586 m hohen Michelsberg, mein nächstes Reiseziel.

Die Flutkatastrophe im Juli 2021 hat auch in Bad Münstereifel ein Trümmerfeld hinterlassen. Die Ufermauer, die die Erft durch die Stadt leiten soll, wurde weitgehend zerstört, ebenso die Brücken. Nach zwei Jahren Wiederaufbau ist viel geschafft, aber noch längst nicht alles. Ich habe mich entschieden, den Text und auch die Fotos, die Bad Münstereifel vor der Flutkatastrophe zeigen, unverändert zu lassen.

Heute erinnert eine Treppe, die zum Fluss hinführt, an das Geschehen im Juli 2021. Die Pflastersteine mit Motiven aus dem Flutgeschehen stammen aus der Fußgängerzone.

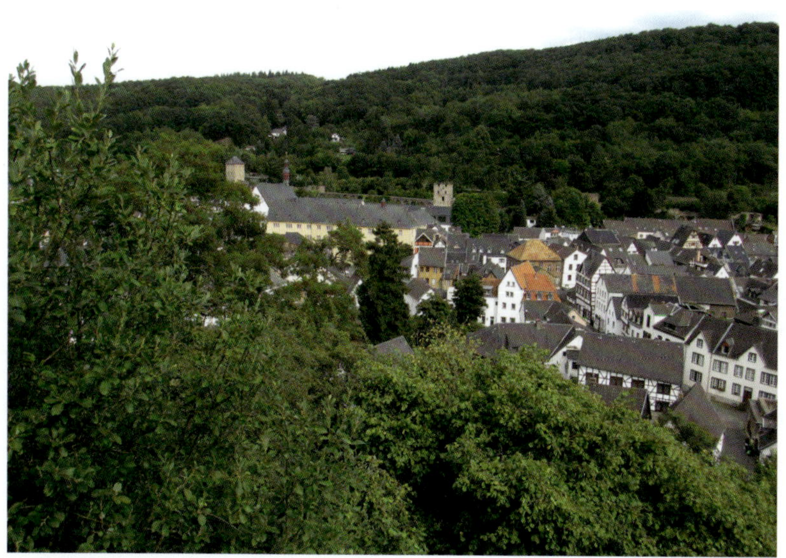

Blick auf Bad Münstereifel

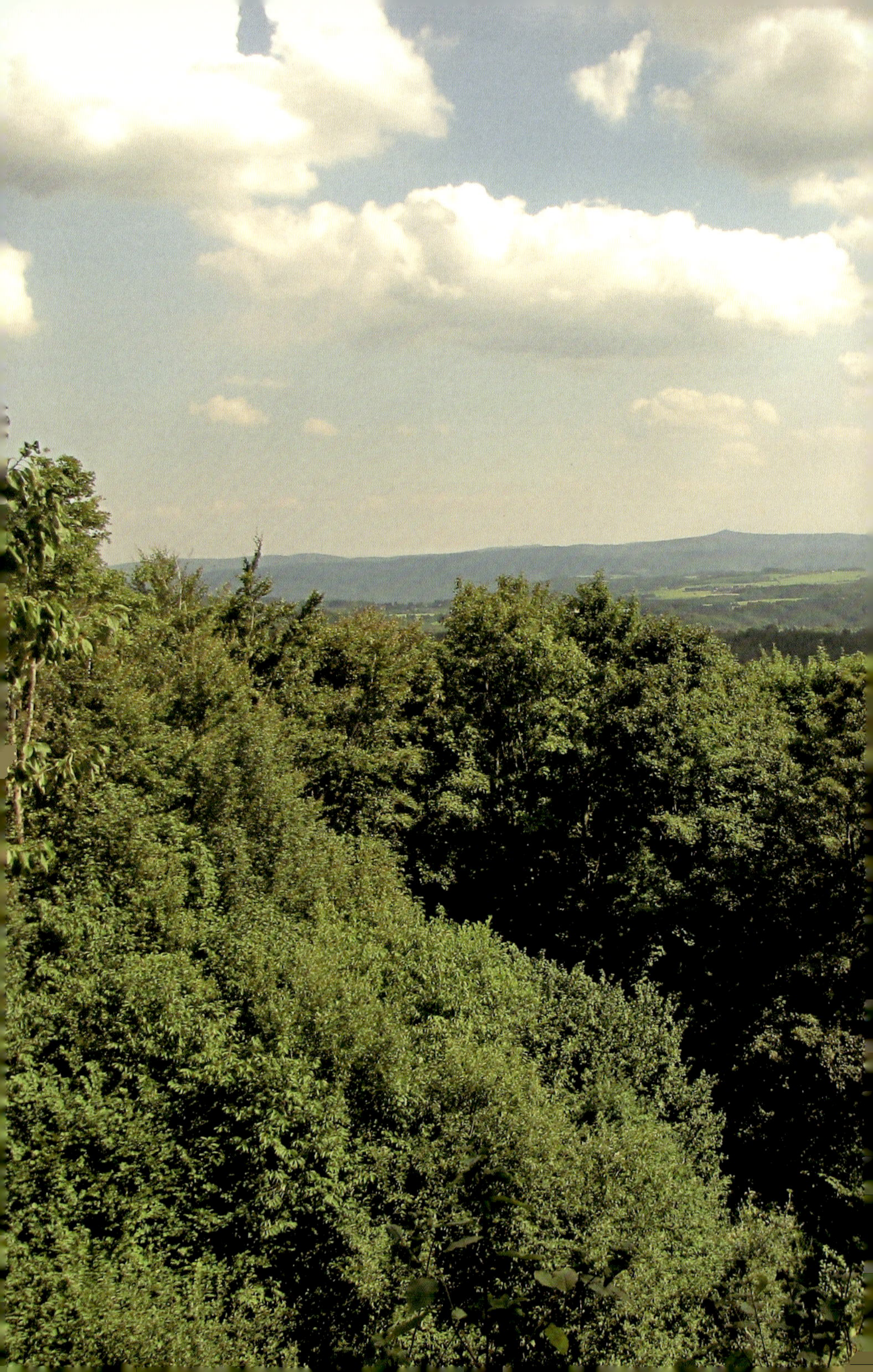

15 Michelsberg

15 MICHELSBERG

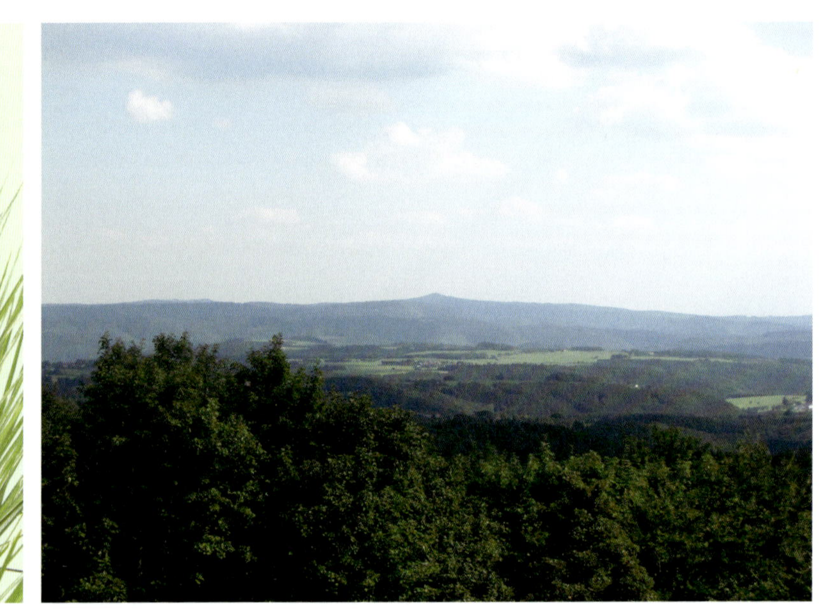

Blick vom Michelsberg in Richtung Hohe Acht

Der Pilgerberg liegt in der Nähe von Mahlberg, etwa 11 km südlich von Bad Münstereifel. Ich fahre bis zum *Parkplatz Michelsberg* und laufe hoch zur Kapelle, der Weg dorthin ist mit einem Kreuzweg verbunden. Die Grafen von Manderscheid-Blankenheim ließen im 16. Jahrhundert eine Kapelle bauen. Die jetzige Kapelle wurde nach einem Blitzschlag im 19. Jahrhundert wiederaufgebaut. Die Römer nutzten den Berg schon als Beobachtungsposten. Die Kapelle ist geschlossen, heute keine Sprechstunde, schade. Auf einem Gedenkstein lese ich den Namen *Goltstein*. Nach meiner Rückkehr habe ich dann von der Ortsgruppe des Eifelvereins mehr erfahren:

„In der Chronik der Stadt Bad Münstereifel von Toni Hürten, einer Zusammenfassung von Urkunden und Dokumenten der Stadtgeschichte, wird Freiherr Johann Friedrich von Goltstein erstmals 1650 als Amtmann erwähnt. Er ordnete an, dass ein Protokollbuch über die Ratsbeschlüsse zu führen ist. Im Jahr 1658 haben wir eine Nachricht über einen Streit zwischen Bürgermeister und Amtmann wegen einer Schießveranstaltung der Schützen. Vermutlich geht es um den Königsvogelschuss. Im gleichen Jahr trifft er Anordnungen zum Boten- und Postwesen. 1682 wird von Goltstein als Kanzler und Amtmann bezeichnet.

Am 25. Oktober 1687 stirbt er und wird am 29. Oktober in der Kapelle auf dem Michelsberg beigesetzt. Die Münstereifeler Schützengilde, deren Gönner und Schutzherr er war, trägt ihn über Rodert und den Decken Tönnes dorthin (Anmerkung: das sind heute ca. drei Stunden Weg, die moderne Wegführung ist leicht anders). Die Wollweberzunft hatte die Straßen der Stadt für den Trauerzug mit schwarzem Tuch belegt.

Die Übersetzung der lateinischen Grabinschrift (heute nicht mehr vorhanden) lautete: Hier in diesem Grabe ruhet der früher im Dienste des durchlauchtigsten Herzogs von Jülich, Kleve, Berg als Kämmerer, Geheimrat und Kanzler gestandene Freiherr Joh. Friedrich von Goldstein, ein Vater seiner Vaterstadt und ein Liebling aller; solange er lebte ein Verehrer, nach seinem Tode und im Leben ein Wohltäter dieses Ortes. Er starb 1687 den 25. Oktober."

Leider gibt die Chronik keine weiteren Details über das Wirken von Goltsteins her, die seine Beliebtheit näher erklären würde.

Der Michelsberg bietet einen grandiosen Blick in die südliche Eifellandschaft. Bei klarem Wetter reicht die Sicht bis zur *Nürburg* und zur *Hohen Acht* – überzeugen Sie sich selbst davon und genießen Sie die Ruhe.

Fürs Navi: Den Wanderparkplatz „Michelsberg" erreichen Sie in 53902 Bad Münstereifel, Am Lindchen.

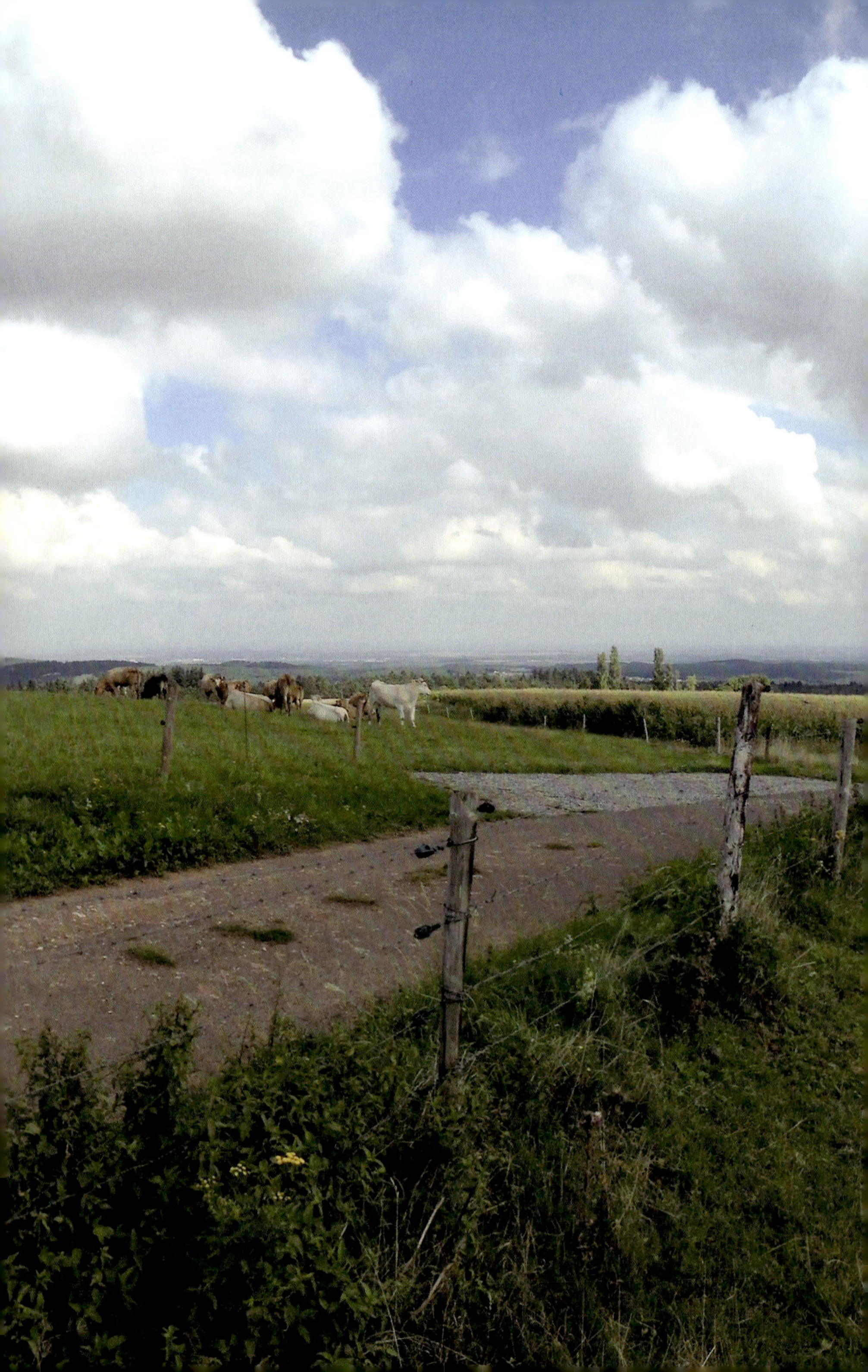

16 Mechernich

16.1 Grube Günnersdorf

16.2 LVR-Freilichtmuseum Kommern

16.3 Die Kakushöhle

16.4 Burg Satzvey

16.5 Burg Wachendorf

16.6 Bruder-Klaus-Kapelle

16 MECHERNICH

Macriniacum hat keltisch-römische Wurzeln. Die ehemalige Bergbaustadt hat etwa 27.000 Einwohner und die verteilen sich auf 44 Ortschaften! Schon im 14. Jahrhundert gab es auf dem Bleiberg Bergbau und das ist auch mein Thema.

16.1 GRUBE GÜNNERSDORF

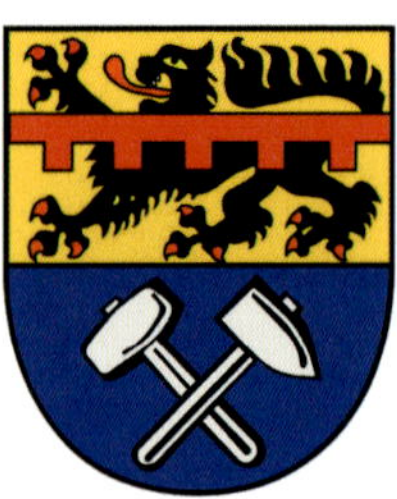

In dieser Grube wurde bis 1957 Bleierz abgebaut und heute beherbergt sie ein städtisches Museum, das vom Förderverein Bergbaumuseum Mechernich e. V. betrieben wird. Nachweislich haben die Römer am Bleiberg schon Blei gewonnen; ein Bleibarren trägt den Stempel der XVI. (römischen) Legion. Im Eingangsbereich zum Museum melde ich mich zur Führung an und bin dann der Einzige, der mit Museumsführer Schink in die Tiefen der Erde eindringt. Ich lese mich zunächst mal ein wenig ein im Ausstellungsraum des Museums.

Das Mechernicher Wappen zeigt nicht nur den Löwen der Blankenheimer Grafen mit Turnierkragen, sondern auch das Zunftzeichen der Bergleute mit Schlägel und Hammer.

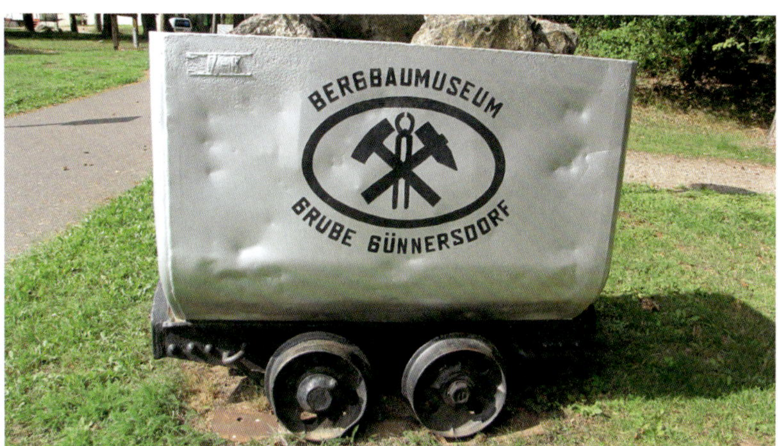

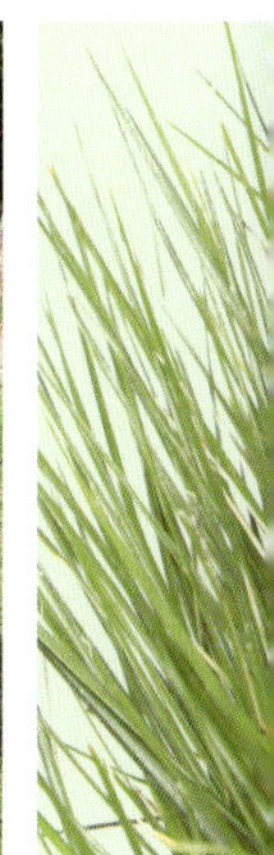

Bergbaumuseum

Ein *Geleucht* nennt der Bergmann sein Hilfsmittel, damit er was sieht. Im Knottensandstein sind die kleinen Bleikügelchen zu finden, die durch einen Schacht mit der Haspel gefördert werden. Blei ist ein sehr langlebiges Dachabdeckungsmaterial; das Bleidach bildet eine Oxidschicht und ist dadurch jahrhundertelang haltbar. Als ich das lese, fällt mir die Flucht von Giacomo Casanova ein, der für fünf Jahre in den Bleikammern des Dogenpalastes in Venedig inhaftiert war, unter dem Dach des Palastes also – Kellerverliese machen in Venedig wenig Sinn. Übel war, dass in diesen Zellen extreme Temperaturschwankungen herrschten –, im Sommer extrem heiß, im Winter extrem kalt. Nun gut, Casanova ist tot und ich in Mechernich.

Die Heilige Barbara ist die Schutzpatronin der Bergleute, das habe ich schon erfahren; die Barbaraverehrung brachten schlesische Bergleute ins Ruhrgebiet und das Barbaralied wird zitiert, ich schreibe nur mal die erste Strophe auf:

„Die du im Erdgeschosse des Bergmanns starker Hort, hör Barbara, du Große, getreuer Knappen Wort!"

Dann wird mir die *Knotte* erklärt: ein Begriff, der von den Bergmännern vor Ort geprägt wurde. *Knotten* sind kleine Verwachsungen aus Bleiglanz, die im Knottensandstein lagern. Die Bleierzknotten wurden in einen Beutelkorb gelegt und noch vor der Förderung durch Schwenken des Korbs in Wasser aus dem Sandstein gewaschen.

Eine spannende Reise mit einem kompetenten und engagierten Museumsführer sollte mir bevorstehen, der aus eigener beruflicher Tätigkeit im Bergwerk berichten kann. Der Gästebegleiter beginnt mit einer kurzen Einführung und erzählt, dass die Grube 1943 Zufluchtsort für die Mechernicher war, mit allem, was man in Kriegsjahren unter Tage brauchte: medizinisches Personal, Logistik, ein Krankenhaus. Für die zu erwartende Temperatur war ich von meinem Besuch in der Grube Wohlfahrt vorgewarnt, hier ist es mit 10° C ähnlich kalt, also warme Jacke, auch im Sommer, immer mitnehmen. Bevor es losgeht, „Helm, auf!", so die strikte Anweisung meines Experten in Sachen Bergbau in Mechernich. Das, was ich mir vorher angelesen hatte, zeigt mir Schink auf unserer Tour und ich erlebe faszinierende Bilder von unserer Mutter Erde. Meine Eindrücke möchte ich Ihnen zeigen:

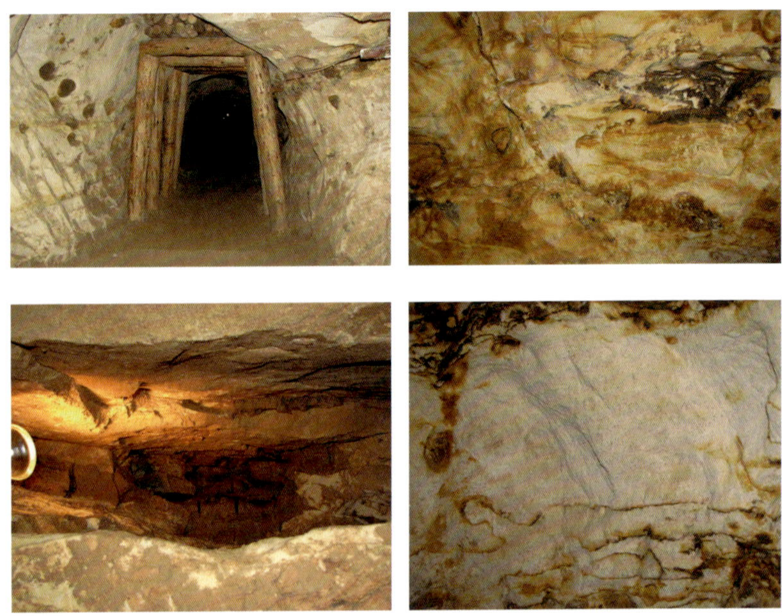

Stollen

Das Foto unten rechts zeigt die noch im Sandstein sitzenden Knotten.

Die Homepage des Bergbaumuseums Mechernich möchte ich an dieser Stelle besonders erwähnen. Die Informationsdichte ist so gestaltet, dass man nicht mental „geflutet wird“: bergmannschinesisch, Geschichte des Bergbaus, Wanderkarten, alles da.

» www.bergbaumuseum-mechernich.de

Fürs Navi: 53894 Mechernich, Bleibergstr. 6 – Tel. 02443/4 86 97

Zum Abschied erhalte ich noch ein Stück *Bleiglanz*; das bekommt bei mir im Arbeitszimmer selbstverständlich einen Ehrenplatz. Bleiganz ist der bergmännische Begriff für *Galenit*.

Wer die Relikte der alten Bergbaus besichtigen möchte, der kann sich auf Schusters Rappen auf den „Bergbauhistorischen Wanderweg“ begeben, der am Museum startet. Eine gute Wegbeschreibung für die 9 km lange Wanderung mit Karte stellt die Ortsgruppe Mechernich des Eifelvereins zur Verfügung. Die Wanderung ist eine gute Ergänzung zum Museumsbesuch.
» www.eifelverein-mechernich.de

Die Grube Günnersdorf ist nicht das einzige Museum der Stadt; in Kommern steht das Freilichtmuseum Kommern.

16.2 LVR-FREILICHTMUSEUM KOMMERN

Und auf das freue ich mich ganz besonders, ich bin sicher seit 10 Jahren nicht mehr dort gewesen. Kommern ist also überfällig. Das Museum wurde im Juli 1961 eröffnet und hat heute eine Größe von 95 ha.

Wer das *Leben* der Menschen in den Eifeldörfern *begreifen* will, im wahrsten Sinne des Wortes, kommt am Kommerner Museum nicht vorbei. Alles habe ich gesehen, fröhliche Menschen, die in ihren Arbeitsklamotten die alten Berufe zeigen, einen singenden Schmied, der mir das „Segne du Maria" vorsang, Hofanlagen mit Werkstätten, Acker und Obstwiese und eine Mühle, wie sie in den Dörfern tatsächlich stand und hier wieder aufgebaut wurde und Tiere, Hühner, Schweine, Schafe – alles, alles da, inklusive einem gut sortierten Museumsshop. Hunderte Fotos habe ich geschossen. Ein Tag reicht kaum aus, den muss man sich aber nehmen.

Direkt auf dem Gelände steht ein Übersichtsplan der vier Eifelregionen, der die musealen Standorte der vier Eifelregionen Westerwald/Mittelrhein, Eifel/Eifel-Vorland, Niederrhein, Bergisches Land zeigt. Außerdem gibt es noch den Marktplatz *Rheinland* und den Museumsplatz *Ausstellungen*.

Die Eifel-/Eifel-Vorland-Region ist auch vertreten mit einem Haus aus Rohren/Monschau – ein Einhaus mit Wohnung, Stall und Scheune unter einem Dach und selbstverständlich darf die meterhohe Buchenhecke nicht fehlen. Das Haus ist fast 500 Jahre alt. Gezeigt wird auch, wie der spätmittelalterliche Hausbau mit seinen Holzverbindungen gefertigt wurde. Der Zimmermann schlug die Zahlen in die Hölzer, dann wurde das Haus wieder

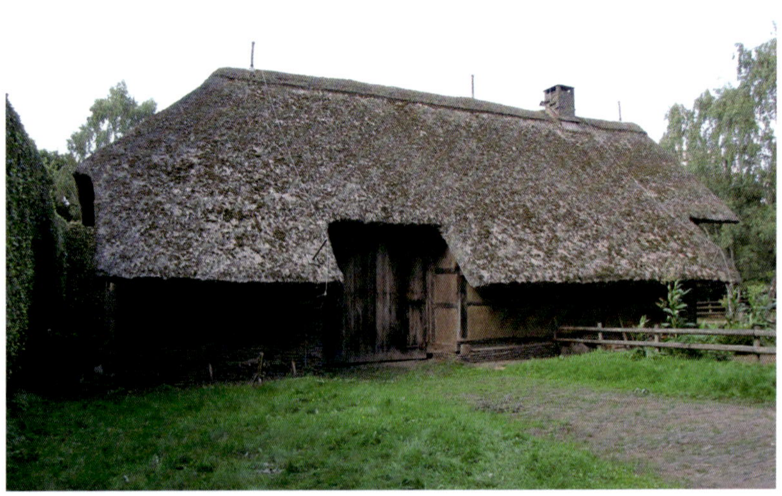

Eifelhaus aus Rohren

zerlegt und zum Richtplatz, seinem endgültigen Standort, gebracht und in der Reihenfolge der Zahlen aufgebaut.

Was wäre ein Museum ohne Mühle? Der *Motor* des *Mittelalters* in Form einer *Kappenwindmühle*, auch *Holländerwindmühle* genannt; die Mühle stand ursprünglich in Niedersachsen. Die Kappe wird in Windrichtung gestellt. Im deutschen Kaiserreich waren Ende des 19 Jahrhunderts noch über 18.000 Mühlen im Einsatz. Nicht nur Getreide wurde gemahlen. Spezialisierte Mühlen waren Walkmühlen, Papiermühlen, Kupfermühlen, Pulvermühlen und in Monschau haben wir die Senfmühle besucht. Es *müllert*, bis die Dampfmaschine die Mühlenkraft ersetzte und die erste *soziale Frage* aufwarf, denn die Dampfmaschine kostete vielen Handwerkern den Arbeitsplatz, wie z. B. den Tuchwalkern. Eine Walkmühle konnte bis zu 40 Walkern Arbeit und Brot nehmen. Die Flügelsprache sagt dann noch etwas über den Betriebszustand aus; sind die Flügel wie ein Andreaskreuz ausgerichtet, dann ist Feierabend.

Ich durfte auch einem *Stellmacher* über die Schultern schauen; klar habe ich ihn für das Foto um Erlaubnis gefragt. Ein Beruf, der nicht nur Speichenräder herstellte, sondern auch ganze Kutschen. Wo der Stellmacher arbeitet, ist der Schmied auch nicht weit; schließlich muss der die Eisenteile schmieden und liefern. In der Werkstatt sehe ich die ganze Palette des benötigten Werkzeugs: die Drehbank, dic mit Transmissionsriemen angetrieben wird; Nabenbohrer, Radzirkel und Radbock.

Für geistlichen Beistand sorgt die *Museumskapelle*, so will ich sie mal nennen. Die Fachwerkkapelle wurde 1783 gebaut. Die Fachwerkkirchen wurden meist dort gebaut, wo das Geld für einen Steinbau fehlte oder Steinmaterial einfach nicht zu bekommen war.

Auf dem Museumsplatz *Ausstellungen* schaue ich mir die Rheinländer-Ausstellung *Wir Rheinländer* an – das Ausstellungsplakat zeigt das „Who's who?" des Rheinlandes: von Konrad Adenauer, Ludwig van Beethoven und Clara Fey zu Joseph Kardinal Frings über Karl Marx und zu Friedrich Wilhelm Raiffeisen. Menschen, die den meisten bekannt sind.

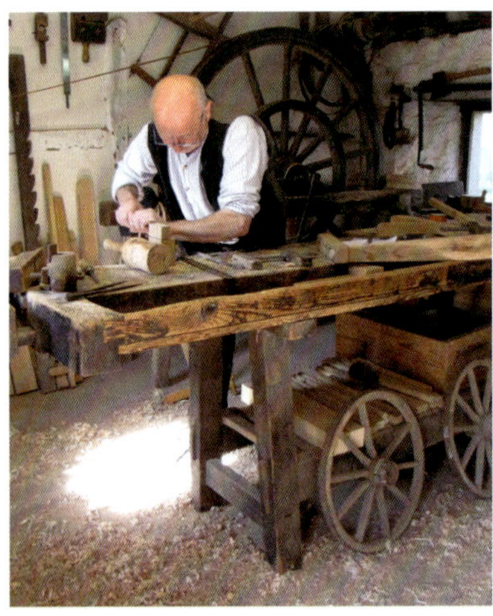

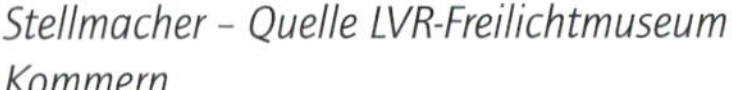

Stellmacher - Quelle LVR-Freilichtmuseum Kommern

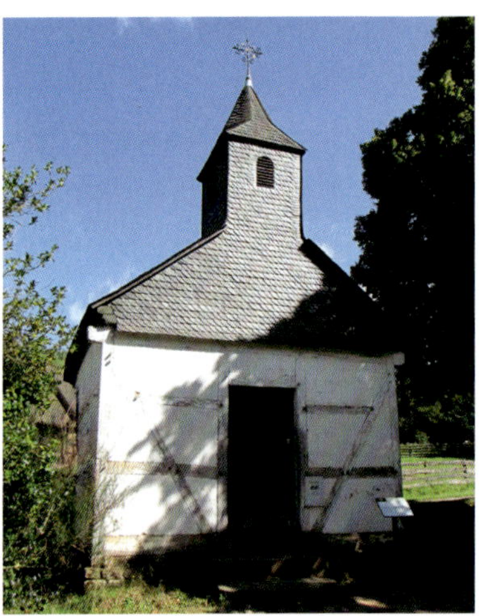

Fachwerkkapelle - Quelle LVR-Freilichtmuseum Kommern

Gelebtes Leben - gespielte Geschichte

Beim Rundgang durch das Museum trifft man auf Menschen, die von ihren traditionellen Berufen und deren geschichtlichen Hintergrund berichten. So erzählt „Clara Fey" von ihrem Leben als Ordensschwester und – gründerin in Aachen. Die Bäuerin „Anna Ippendorf" erinnert sich an ein arbeitsreiches Leben: Hausfrau und Kochen für die Familie, Gartenarbeiten oder Holzhacken – die Frau im 19. Jh. ist ein Allroundtalent.

Rheinisches Freilichtmuseum Kommern - Museum für Landeskunde

» www.kommern.lvr.de

Öffnungszeiten: im Sommer vom 19.03.-31.10. von 09.00-19.00 Uhr und im Winter vom 01.11.-18.03. von 10.00-17.00 Uhr.

Fürs Navi: 53894 Mechernich – Kommern, Eickser Str. – Tel. 02443/9 98 00

Was gibt es noch zu entdecken in den Mechernicher Landen, z. B. die Kakushöhle.

16.3 DIE KAKUSHÖHLE

Sie ist in Dreimühlen, Stadtteil von Mechernich. Die drei Mühlen, die dort schon im 16. Jahrhundert gezählt wurden, gaben dem Ort den Namen. Die Kartsteinfelsen sind vor etwa 300.000 Jahren entstanden. Das Areal ist seit 1932 Naturschutzgebiet. In dieser Kakushöhle lebten schon die Neandertaler, heute nur noch Fledermäuse in den Wintermonaten. Der ausgestorbene Menschenstamm wurde im Neandertal im Bergischen Land in der Nähe der Düssel, in der Nähe von Düsseldorf, gefunden. Die Infotafeln entlang des

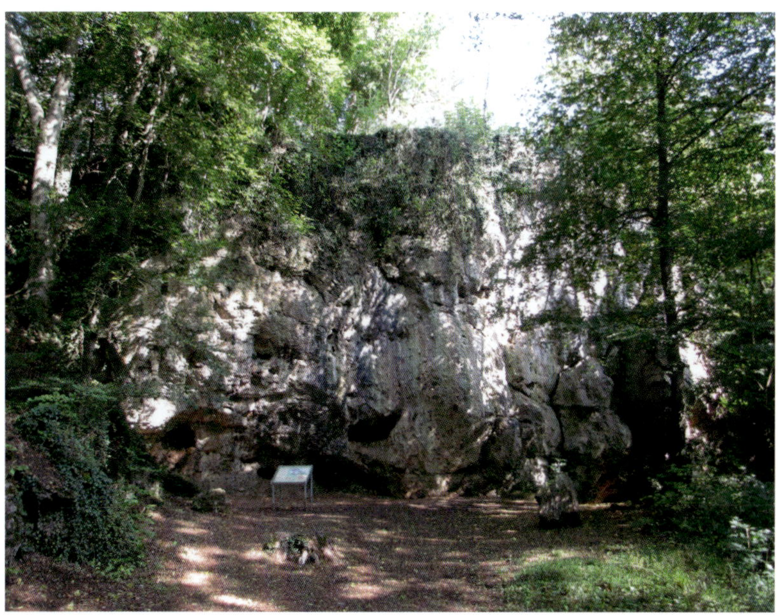

Kakushöhle-Kartsteinhöhle

Rundweges informieren mich über das Höhlenleben in unterschiedlichen Epochen. Etwas Trittsicherheit sollte man schon mitbringen ...

Eigentlich heißt die Höhle ja *Kartsteinhöhle*, wie kommt nun der Name *Kakushöhle* zustande?

Die Geschichte soll sich so zugetragen haben:

Das Höhlengebiet bei Dreimühlen (zwischen Weyer und Eiserfey) hat mehrere Namen. Man nennt es *Kartstein, Große Kirche* oder *Kakushöhle*. Um den Namen *Kakushöhle* rankt sich eine alte Sage. Vor langer, langer Zeit hauste in den Höhlen am Kartstein ein feuerspeiender Riese mit dem Namen Kakus. Er war über 5 m groß und besaß Bärenkräfte. Einen Baum riss er mit einer einzigen Hand aus und die schwersten Steine schleuderte er mit Leichtigkeit durch die Luft. Wild hingen ihm die zottigen Haare um den wüsten Kopf, den ein langer Bart noch unheimlicher machte. Als Schutz vor der Kälte trug er Kuhhäute, die nur so vor Schmutz starrten. Im Gürtel steckten gebleichte Rippen von Wildschweinen. Damit kämmte er seinen Bart.

Kakus war der Schrecken der ganzen Gegend, denn er war grausam und böse, bitterböse. Er zertrampelte das Getreide auf den Feldern und raubte das Vieh von den Weiden. Den stärksten Bullen erschlug er mit der Faust und verschlang ihn gierig mit Haut und Haaren. Sein Riesenhunger war unersättlich. Ohne Erbarmen quälte er die Menschen und macht vor Kindern keinen halt.

Eines Tages kam ein Held namens Herkules in die hiesige Gegend. Einige Kilometer von der Höhle entfernt ließ er sich auf einer Hügelkuppe nieder. Auch Herkules war ein Riese, aber er sah ganz anders aus als der Unhold. Sauber waren seine Kleider und rein gewaschen war seine Haut. Wohlgeordnet fielen ihm die langen Locken auf die Schultern. Er war ehrenhaft und hilfsbereit. Mit seinen Riesenkräften half er den Menschen, wann immer es ihm möglich war. Er zog ihnen den Pflug, holte aus dem Wald Bäume und brach diese mit der Hand zu Brennholz. So war er bei den Menschen sehr beliebt.

Eines Tages baten sie ihn: „Lieber, guter Riese, befreie uns von dem schrecklichen Ungeheuer!" Herkules versprach Hilfe und machte sich auf den Weg zur Höhle. „Was willst du hier, du Fremdling?", donnerte er dem guten Riesen entgegen. „Ich bitte dich, die Menschen in Ruhe zu lassen", sagte Herkules höflich, aber bestimmt. Auf diese freundlichen Worte hatte Kakus nur ein höhnisches Lachen.

Er lachte so dröhnend, dass es wie Donner in den Felsspalten widerhallte. „Ich lasse mir von niemandem etwas sagen. Von niemandem!", höhnte er, nahm einen schweren Steinbrocken und warf ihn in Richtung des guten Riesen. Dieser sprang blitzschnell zur Seite und ergriff seinerseits einen Stein, um sich zu verteidigen. Damit begann der Kampf der Riesen. Steine pfeifen durch die Luft, es zischt und heult, kracht und knallt, grollt und donnert. Die Erde bebt von dem Schlachtgetümmel, der Himmel verdunkelt sich. Riesige Brocken schlagen gegen die Felswände, poltern zu Boden, stürzen zu Tal, schlagen auf, bleiben liegen, übereinander, nebeneinander, kreuz und quer. Immer näher kommen sich die beiden Riesen, bis sie sich schließlich in einem Nahkampf gegenüberstehen.

Kakus reißt einen großen Baum aus und prügelt damit auf Herkules ein. Dieser wehrt sich mit seiner Riesenkeule. Schlag auf Schlag folgen die Hiebe, begleitet von wütendem Gebrüll. Doch mit einem Mal verstummte das Kampfgetöse. Ein schwerer Keulenschlag hat den bösen Kakus getroffen. Mit einem letzten Schrei sank er zu Boden. Herkules hatte gesiegt, aber er war schwer verletzt und blutete aus vielen Wunden. Mühsam schleppte er sich bis zu seiner Behausung, wo er nach drei Tagen starb. Die Menschen begruben ihren Befreier. Bis heute heißt ein Hügel bei Holzheim der *Herkelstein*.

Quelle: aus Der Kampf der Riesen von Sophie Lange - http://www.sophie-lange.de/kakushoehle-geschichte-und-sagen/sagen/der-kampf-der-riesen/index.php

Vom Wanderparkplatz *Kakushöhle* starten mehrere Wanderwege des Eifelvereins.

Im Mechernicher Stadtgebiet stehen zahlreiche Burgen; also war ein Burgentripp angesagt.

16.4 BURG SATZVEY

Sie gilt als besterhaltenste Burg im Rheinland, sie wurde im 12. Jahrhundert gebaut und ist – wie könnte es anders in der Ebene sein – eine Wasserburg in der Gemarkung Vey. Der Bach gibt noch anderen Orten einen Namen: Eiserfey, Katzvey oder eben Satzvey. Die Herren von Vey sind Gutsverwalter des Kölner Erzbischofs Engelbert III. von der Mark. Seit über 300 Jahren ist die Burg im Besitz des Adelsgeschlechts derer von Gymnich.

Heute finden auf Burg Satzvey im Jahreslauf zahlreiche Veranstaltungen statt – Ostermarkt, Hexenmarkt, Ritter- und Burgweihnacht; allesamt Besuchermagneten und seit Jahrzehnten die Ritterspiele; das fahrende Volk macht halt auf Burg Satzvey – es lässt sich also fest(e)lich feiern. Im Burghof steht die Nachbildung einer *Halbkartaune*. Eine *Kartaune* ist ein Vorderladergeschütz; das Geschoss muss von der Mündung durch den Lauf gestoßen werden. *Kartaune* ist vom italienischen *Quartana bombarda* abgeleitet. Das Geschoss der Viertelbüchse hatte ein Gewicht von bis zu 20 kg. Heute wird auf Burg Satzvey aber nicht mehr scharf geschossen.

Wanderer und Wander-(Reiter) finden auf der Burg Unterkunft und Verpflegung.

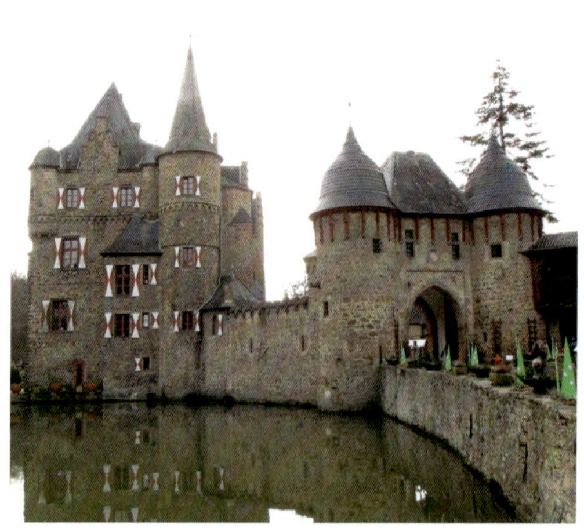

Burg Satzvey

» www.burgsatzvey.de

Fürs Navi:
53894 Mechernich,
An der Burg 3
Tel. 02256/93 89 22

16.5 BURG WACHENDORF

Pardon – Schloss Wachendorf! Ein Schloss hatte repräsentative Funktionen, während die Burg mehr die Wehrhaftigkeit darstellte; deshalb auch meistens mit entsprechenden Wehrmauern gebaut wurde.

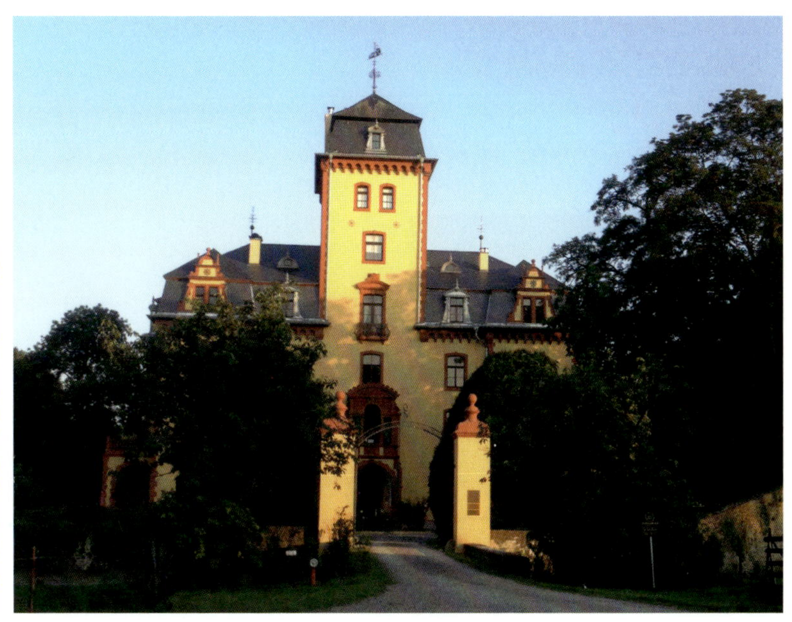

Schloss Wachendorf

Wachendorf war seit dem 12. Jahrhundert eine Vogtei, ein Verwaltungssitz; die Ritterburg wird im 18. Jahrhundert zu einem Schloss ausgebaut. Die zeitweiligen Besitzer, die Herren von Pallandt, haben dort im 17. Jahrhundert Hexenprozesse durchgeführt. Die Hexenverfolgung kostete gerade in der sogenannten *Kleinen Eiszeit* vom 15. bis 18. Jahrhundert vielen Menschen das Leben; die meisten von ihnen Frauen. Auch auf Schloss Wachendorf finden heute in festlichem Rahmen Veranstaltungen statt. Das Standesamt Mechernich führt im Schloss Trauungen durch.

Schloss Wachendorf

» www.schloss-wachendorf.de

Fürs Navi: 53894 Mechernich, Schloss Wachendorf 1 – Tel. 02256/9 58 09 80

Da ich gerade in Wachendorf bin, fahre ich zur

16.6 BRUDER-KLAUS-KAPELLE

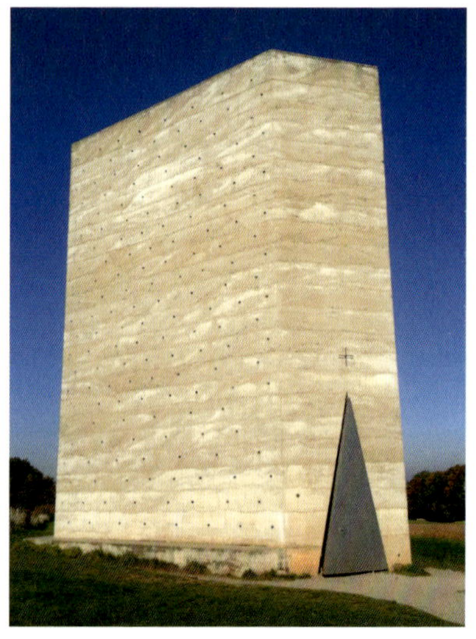

Bruder-Klaus-Kapelle Wachendorf

Die Kapelle ist leicht zu finden; der Weg ist ausgeschildert. Ich parke auf dem Parkplatz am Ortsrand in der Nähe der Sportanlage. Hier bekomme ich schon die ersten Informationen: Entworfen hat die Feldkapelle der Schweizer Architekt Zumthor und sie ist Nikolaus von Flüe gewidmet, der von 1417 bis 1487 gelebt hat. Flüe war Bauer, Familienvater, Ratsherr und

Richter im (schweizerischen) Obwalden und ging dann als Einsiedler ins Bergtal Flüli. 1481 bewahrte er die zerstrittene Eidgenossenschaft vor einem Bürgerkrieg.

Ich laufe jetzt mal los. Bald schon sehe ich einen „Betonklotz" mitten auf dem Acker, das ist schon selten genug. Die dreieckige Tür ist geöffnet, ich trete in den Raum – Stille, kein Schall, wie oft in einem sakralen Raum. Gleich Fotos machen wie immer – mit dem Hinweisschild „Ort der Stille und des Gebetes" erkenne ich, dass ich das besser nicht tun sollte. Zunächst fällt mir eine Wasserpfütze auf dem Boden auf in der Form eines Tropfens und fast genau diese Form finde ich als Dachöffnung wieder.

Der Boden besteht aus einer Blei-Zinn-Legierung, die in Handarbeit aufgetragen wurde. Fünf Ecken hat die Kapelle, der Bau wurde mit Fichtenstämmen geformt und dann mit Stampfbeton eingekleidet. Daher also die Form der Innenwand – wie kannelierte Säulen gearbeitet. Anschließend wurden die Holzstämme mit einem Mottfeuer (Forstfeuer) vom Beton gelöst und ausgebaut. So wird mir das jedenfalls erklärt auf dem kleinen Prospekt, der im Innenraum der Kapelle ausgelegt ist. Die Kapelle ist eine private Stiftung.

Bruder-Klaus-Kapelle

» www.Feldkapelle.de

Fürs Navi: 53894 Mechernich, Iversheimer Str.

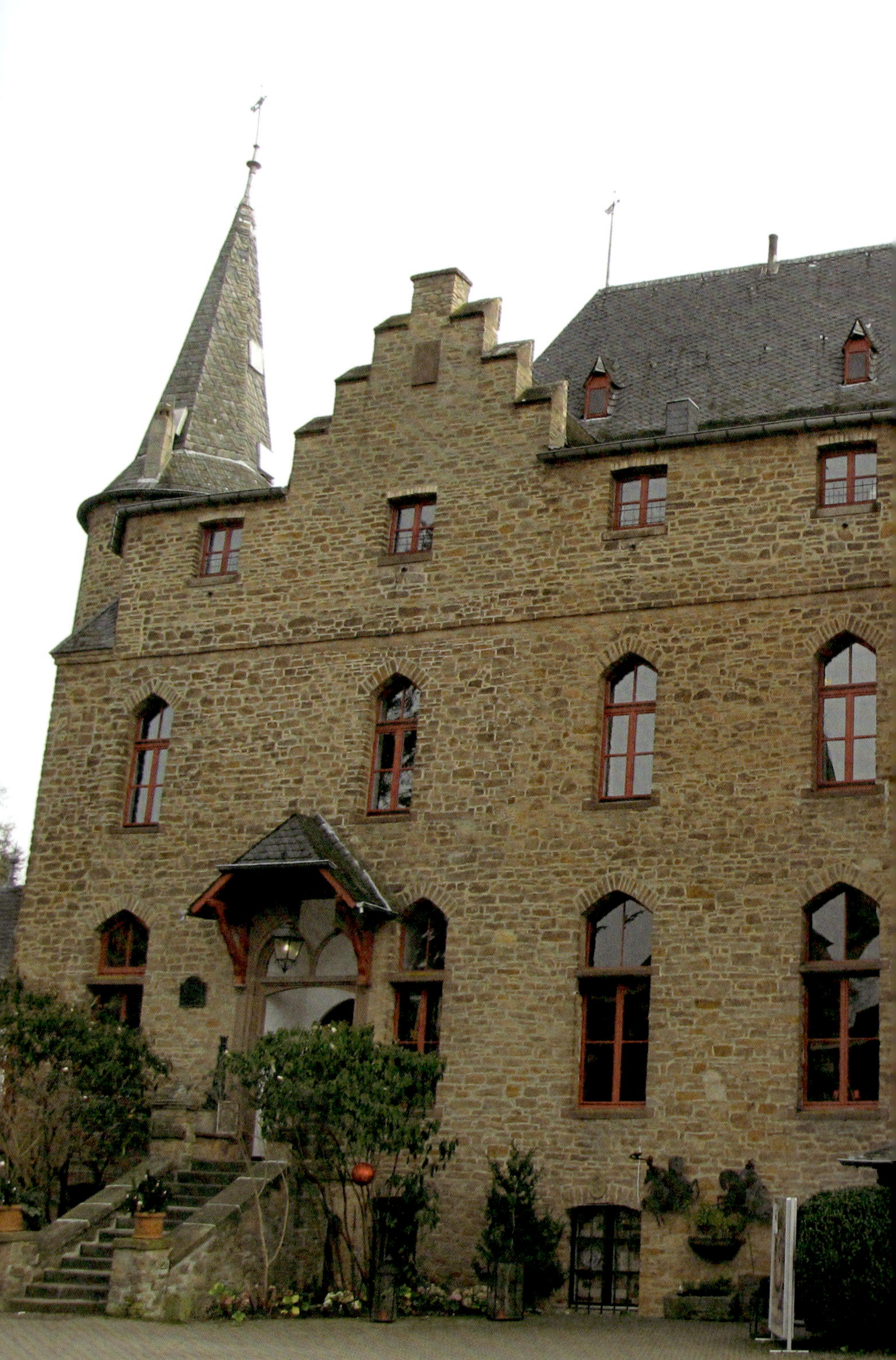

17 Euskirchen – Augstchirche – Öskerche

17.1 Ein kleiner Stadtspaziergang

17.2 „Kaare Willi“, ene Öskerche Jong

17.3 Tuchfabrik Müller

17 EUSKIRCHEN – AUGSTCHIRCHE – ÖSKERCHE

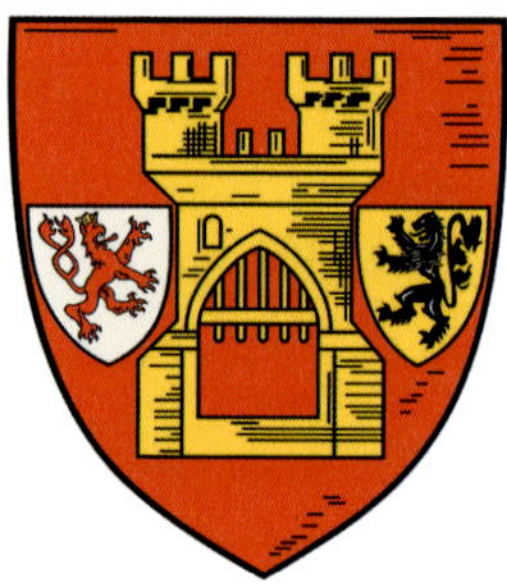

Euskirchen ist die „Stadt mit Gesicht", so steht's geschrieben vor Ort. Ein ganz wichtiges Gesicht ist der Professor für Chemie, Emil Fischer, der am 9. Oktober 1892 in Euskirchen geboren ist und 1902 den Nobelpreis für Chemie erhielt. Die Kreisstadt (seit 1827) hat ca. 56.000 Einwohner und liegt in der Zülpicher Börde am nördlichen Rand der Eifel. 1302 wird das Stadtrecht verliehen von Walram VIII., Herr von Monschau-Falkenburg, und die territorialen Herren stehen auch heute noch im Stadtwappen: rechts die Herzöge von Jülich und links die Herzöge von Limburg und deren Nachfolger, die Herren von Heinsberg-Falkenberg, von diesen Herren wurde 1322 auch das Marktrecht verliehen. Euskirchen war mit Bad Münstereifel, Düren und Jülich eine der vier „Hauptstädte" im Jülicher Herzogtum. Die Stadt wird während des Zweiten Weltkriegs zu 75 % zerstört, das ist noch deutlich im Stadtbild sichtbar. Landwirtschaftlich dominant ist heute noch der Anbau von Zuckerrüben im Umland; in Euskirchen ist seit 1879 eine Zuckerfabrik ansässig. Die Stadt hat einen hohen Anteil an Handels- und Dienstleistungsbetrieben.

Der Grund meines Besuches hier in der Euskirchener Gegend ist insbesondere die ehemalige Tuchfabrik Müller im Euskirchener Stadtteil Kuchenheim. Die Fabrik ist heute ein Industriemuseum des Landschaftsverbandes Rheinland.

„Öskerche, Öskerche, Heimatstädtche fein" Musik: Matthias Honnef, Text: Werner Honnef", steht auf einem Steinblock in der Nähe des Parkhauses, in dem ich mein Fahrzeug abgestellt habe. Später erfahre ich, dass das Liedchen im Karneval gerne gesungen wird – die Euskirchener Lobeshymne:

„Öskerche, Öskerche, Heimatstädtchen fein.
Du liegst an dem Veybach so schön wie Köln am Rhein.
Die Menschen sind lustig und immer kreuzfidel.
Sie schunkeln und munkeln im Karneval juchhe."

Der Veybach ist ein ca. 20 km langer Bach, der in der Nähe von Euskirchen in den Erftauen genau in die Erft mündet. Für den Mühlenbetrieb und vor allem für die Tuchfabriken im Euskirchener Umland wurde das Wasser des Veybaches gebraucht.

17.1 EIN KLEINER STADTSPAZIERGANG

Im alten Kern von Euskirchen steht die älteste Kirche der Stadt, St. Martin, in der Kirchstraße, die in *Augstchirche* steht; so der alte Namen für Euskirchen. Im (heute) niederländischen Meersen wird 870 ein Vertrag zwischen dem westfränkischen König, Karl dem Kahlen, und dem ostfränkischen König Ludwig dem Deutschen, geschlossen, der den Verbleib von Lotharingien regelt. Der Namensgeber dieses fränkischen Landesteils, Lothar II., stirbt 869 in Piacenza, ohne erbberechtigte Söhne zu hinterlassen, also musste ein Vertrag her.

Als Pfarrkirche dient St. Martin seit dem 12. Jahrhundert. Im Mittelschiff sind gut erkennbar die romanischen Rundbögen und die gotischen Ergänzungen im Chor. Besonders gut gefallen hat mir ein Teil des Petrusaltars, wahrscheinlich weil ich nah an den Altar treten konnte. Im linken Teil des dreiteiligen Altars wird die Verkündigungszene dargestellt, in der Mitte die Geburtsdarstellung und im rechten Teil die Anbetung der Heiligen Drei Könige. Auf der linken Seite des Chorraums ist an der Wand das Epitaph von Heinrich von Binsfeld (gest. 1576) und das seiner Frau, Elisabeth von Horst (gest. 1595), zu sehen. Im Chorraum steht als Hochaltar der Annenaltar, der der heiligen Sippe gewidmet ist. Zur heiligen Sippe gehören die Verwandten von Jesus; damit ist also kein Stammbaum des Jesus von Nazareth aufgestellt worden.

(Quelle:http://www.euskirchen.de/stadtinfo/tourismus/sehenswertes/kirchen-und-kapellen/euskirchen-st-martin/)

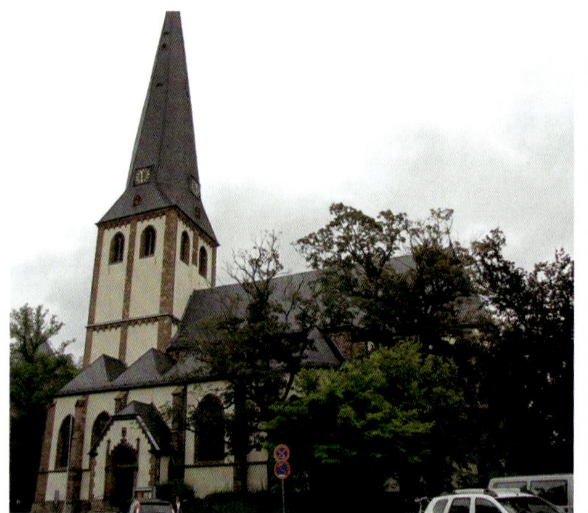

Pfarrkirche St. Martin Euskirchen

St. Martin – innen

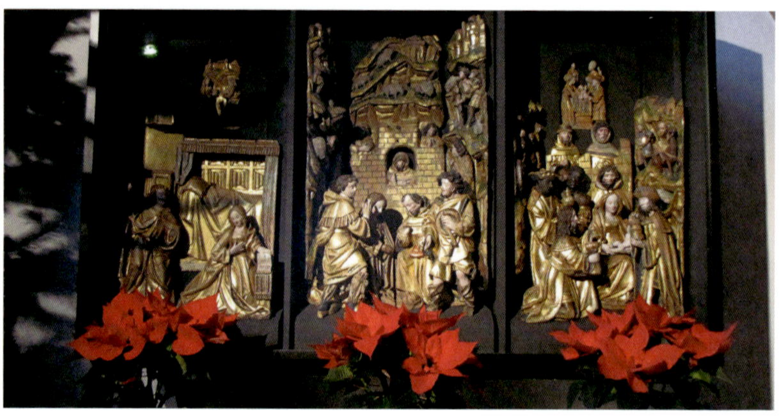

St Martin – Innenansicht

1302 wurde die Kirche Teil der Stadtbefestigung und so steht auch heute noch direkt daneben der *decke Turm*, der dicke Turm. Der Turm war Teil der geschlossenen mittelalterlichen Stadtmauer mit drei Stadttoren und acht Türmen und ist Teil des Stadtmuseums, das sich heute im Kulturhof in der Wilhelmstraße befindet. Nach außen wurde die Stadtmauer zusätzlich mit einem Wassergraben gesichert. Einen geradezu kuriosen Namen hat der *Pitschenturm*, in dem bis 1813 das Steueramt saß, das auf das Geld der Steuerbürger wartete und gfls. vor Ort einkassierte, also *abpitschte* – abgepitscht wird auch heute noch, aber an anderer Stelle ...

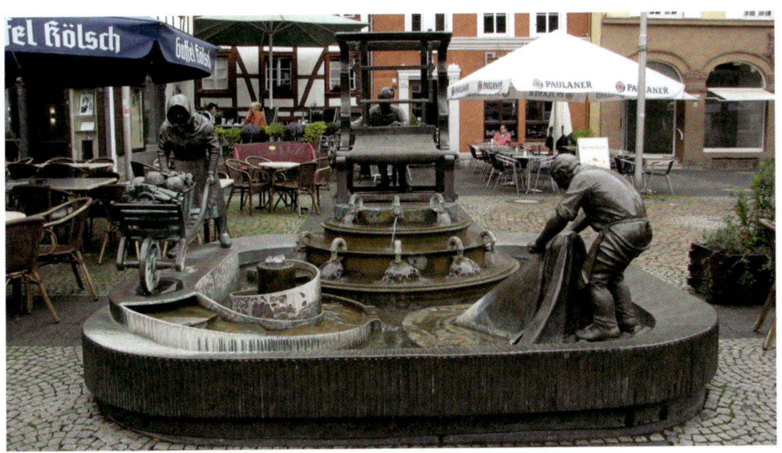

Handwerkerbrunnen am Markt

Vor der Martinskirche steht das Adolph-Kolping-Denkmal. Adolph Kolping war ein deutscher Priester und Sozialreformer des 19. Jahrhunderts. Geboren am 8. Dezember 1813 in Kerpen bei Köln, entschied sich Kolping nach seiner Ausbildung zum Schuhmacher für den Weg des Priestertums. Er wurde 1845 zum Priester geweiht und widmete sein Leben der sozialen und beruflichen Verbesserung der Arbeiterklasse.

Kolping war ein Vorreiter in der katholischen Soziallehre und setzte sich für die Verbesserung der Lebensbedingungen der Arbeiter während der Industrialisierung ein. Er gründete 1849 den „Gesellenverein", eine Organisation, die darauf abzielte, Handwerksgesellen bei ihrer beruflichen und persönlichen Entwicklung zu unterstützen. Diese Organisationen, die später als „Kolpingwerke" bekannt wurden, verbreiteten sich in Deutschland und darüber hinaus und boten Bildung, kulturelle Aktivitäten und soziale Unterstützung für junge Handwerksgesellen.

Adolph Kolping starb am 4. Dezember 1865 in Köln und fand seine letzte Ruhestätte in der Minoritenkirche. Sein Erbe lebt jedoch in den Kolpingwerken fort, die bis heute weltweit aktiv sind. Die Kolpingwerke engagieren sich weiterhin für soziale Gerechtigkeit, Bildung und Gemeinschaftsentwicklung und sind eine wichtige katholische soziale Bewegung.

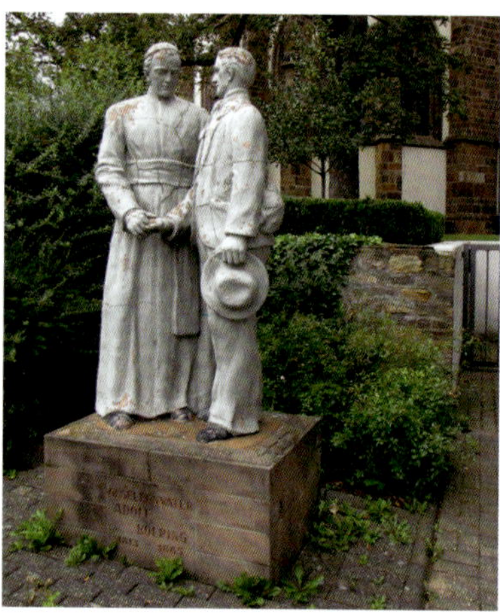

Kolping-Denkmal in Euskirchen

Der alte Markt ist heute Teil der Fußgängerzone und war Verkehrs- und Handelsplatz für das mittelalterliche Euskirchen und Gerichtsstätte – hier stand der Pranger. Heute befinden sich hier Geschäftshäuser und Cafés sowie Restaurants und ein Brunnen mit Handwerkermotiven, vor allem, als in Euskirchen noch die Tuchindustrie ein wichtiger Standortfaktor und Brötchengeber war.

Am „Maat-Stüffje" – zu deutsch „Marktstube", ist in der Wand eine Büste von *Kaare Willi* angebracht.

17.2 „KAARE WILLI", ENE ÖSKERCHE JONG

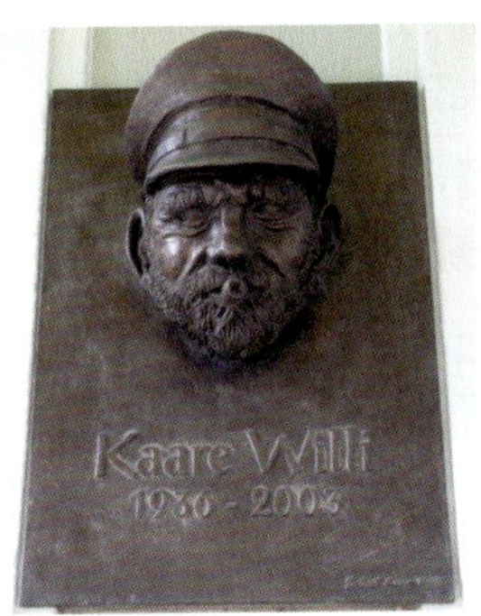

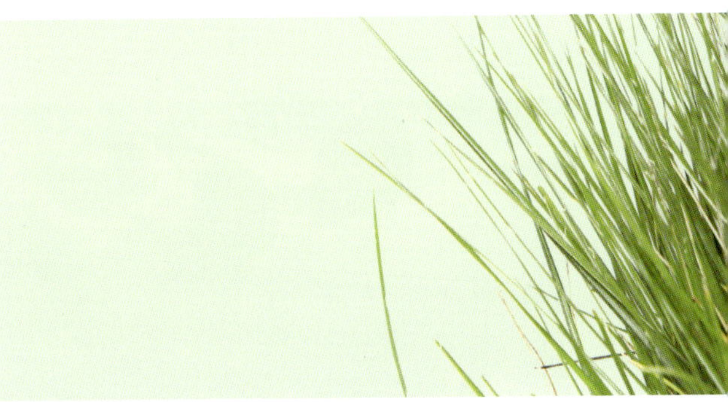

Kaare Willi

Dieser Mann hat gelebt von 1936 bis 2003. Erste Informationen habe ich von einem Kneipengast erhalten. Ich wollte es aber genau wissen und habe Kontakt zu Ralf Sieburg aufgenommen und der kennt die Lebensgeschichte des Mannes ziemlich genau. *Willi Pauli*, so der bürgerliche Namen, wurde am 16. Februar 1936 in Euskirchen geboren, ist also ene *Öskerche Jong*. Seine Markenzeichen: Handkarren, Polizeimütze, Bart und rote Haare. So zog Willi jahrelang mit seinem Karren durch die Straßen und sammelte Sperrmüll auf. Polizeidirektor Kleimann danke es ihm und überreichte dem Mann eine Polizeimütze. Mit Unterstützung eines Landwirtes erwarb Willi den Führerschein und fuhr einen roten, später einen gelben Traktor.

Von den Folgen eines Verkehrsunfalls erholte sich das Euskirchener Eigengewachs nie mehr ganz und starb am 29.05.2003 im Mechernicher Hospiz „Stella Maris". Euskirchener Bürger sorgten für ein würdiges Begräbnis auf dem städtischen Friedhof. Das nötige Geld wurde mit Spenden zusammengetragen (in zwei Kneipen wurden Spendendosen aufgestellt!). Auch sein Grabmal spiegelt das Leben und den Charakter von *Kaare Willi* wider – außen hart und innen weich. Das Grün des Steins zeigt die Naturverbundenheit des Mannes. So hat Willi Pauli im Gedächtnis vieler Euskirchener Bürger noch heute seinen Platz. Gelebter Gemeinschaftssinn, kann ich dazu nur sagen.

(Quelle: Volker Marx/www.kaare-willi.de)

Die Vita des „Kaare Willi" und viele Geschichten, die heute noch erzählt werden, finden Sie auf
» www.kaare-willi.de.

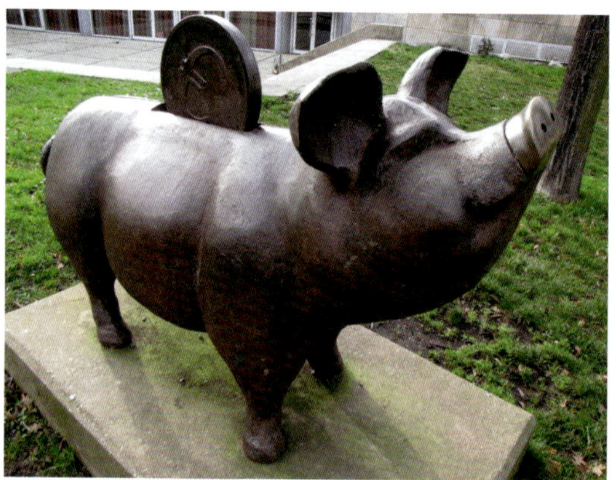

Das gute, alte (deutsche) Sparschwein

Nach meinem kurzen Aufenthalt am Markt habe ich es dann doch noch gefunden und zwar in der Nähe des Klosterplatzes im alten Klostergarten – das Sparschwein, des deutschen liebstes Kind!? Ich weiß es nicht. Den Menschen soll es Glück bringen, es kommt offensichtlich nie aus der Mode, produziert wird es in allen nur denkbaren Formen, Größen und Materialien. Wer aber hat es erfunden oder, besser gesagt, gefunden? Da muss man von hier gar nicht weit fahren. Im Euskirchener Stadtteil Schweinheim steht die gleichnamige Burg, auf der wohnte Ritter Spies von Büllesheim, Spross eines uralten rheinischen Adelsgeschlechts. Das Sparschwein-Denkmal steht im Euskirchener Stadtkern und erinnert an den Fund. Wer sich aber mit einem Sparschwein eine goldene Nase verdienen möchte, der braucht Zeit ...

Auf dem Euskirchener Stadtgebiet sind 12 Burgen zu finden, die zwar nicht besichtigt werden können, die man aber auf einer ausgeschilderten „Wasserburgenroute" erkunden kann. Die Tour startet am Bahnhof, Tourinformationen erhalten Sie hier:

Stadt Euskirchen

» www.euskirchen.de

Die TouristInfo befindet sich in

53879 Euskirchen, Kölner Str. 75, Tel. 02251/1 42 24

Im Büro der TI und im Stadtmuseum erfahren Sie, welche Stadtführungen im jeweiligen Jahr geplant sind und durchgeführt werden.

Stadtmuseum Euskirchen im Kulturhof

Wilhelmstr. 32-34, 53879 Euskirchen, Tel. 02251/6 50 74 38

» www.kulturhof.de

Ein Besuchermagnet in Euskirchen ist sicher die *Tuchfabrik Müller*.

17.3 TUCHFABRIK MÜLLER

Die ehemalige Tuchfabrik ist seit September 2000 das LVR-Museum – Tuchfabrik Müller.

Die Firmengeschichte

Das Firmengelände liegt direkt am Erftmühlenbach; der Name sagt es schon, hier stand einst eine Mühle. Der Getreidemühle folgte die Papiermühle, die wurde wegen fehlender Rentabilität geschlossen. Die Vorstufe zur Tuchfabrik war die Nutzung der Gebäude als Wollspinnerei und -wäscherei. 1894 baut Ludwig Müller seine Tuchfabrik auf; sein Wohnhaus gegenüber der Fabrikhalle erscheint auch heute noch eher bescheiden, der Boom der Gründerzeit (nach 1871) mit ihren prächtigen Unternehmervillen ist längst verflogen.

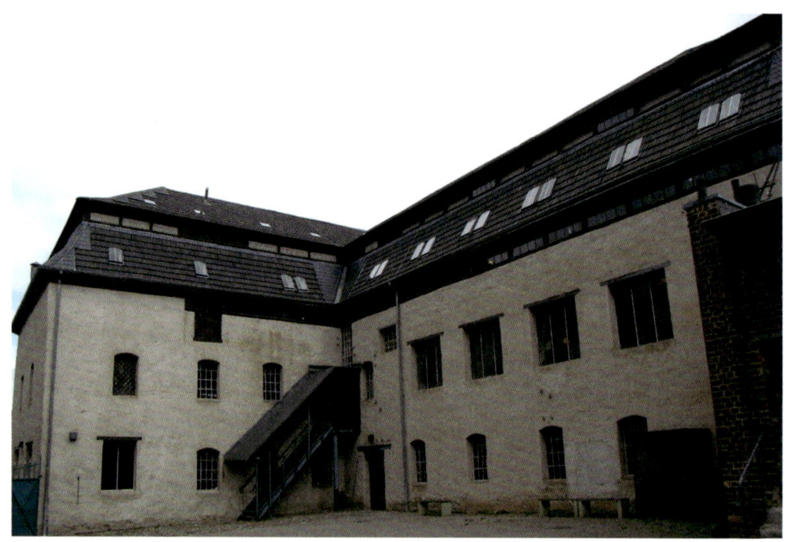

LVR-Museum Tuchfabrik Müller

In seiner Fabrik wird Streichgarn hergestellt. Die Tuchfabrik zählt namhafte Käufer zu ihren Kunden und wird Massenproduzent für Uniformen; das Makabre: In Kriegszeiten floriert das Geschäft besonders gut. Technisch ist sie auf einem guten Niveau; seit 1860 gibt es eine Dampfmaschine. Für die damaligen Verhältnisse eine industrielle Revolution, wer eine Dampfmaschine hatte, war auf der Höhe des Geschehens. Müllers Sohn Kurt leitet die Tuchfabrik bis 1961 und dann stehen alle Räder still. Notwendige Modernisierungen werden nicht durchgeführt, andere Märkte wie in Italien und Osteuropa sowie in Asien produzieren günstiger. Die sogenannte *Prato-Krise*, Prato ist eine Stadt in der Toskana und noch heute Einkaufszentrum für Textilien, führt wegen der niedrigen Produktionskosten dort zum Untergang vieler deutscher Tuchfabriken. In Euskirchen gibt es Ende des 19. Jahrhunderts über 30 Tuchfabriken.

1988 übernimmt der Landschaftsverband die Fabrik und richtet in den alten Fabrikanlagen, die praktisch im produktiven Urzustand erhalten sind, ein Museum ein; dieses Haus habe ich in den letzten Jahren gleich mehrmals besucht und, um es vorwegzunehmen: Die Führungen entlang der Produktionsstraße, so will ich den Rundgang mal nennen, sind allesamt von exzellenten Fachleuten geleitet worden.

In der Wolferei steht der *Krempelwolf*, der entfernt Verunreinigungen, die Faserflocken fallen wie Schnee herunter. Im nächsten Raum stehen die Maschinen, die für das Färben gebraucht werden: eine Zentrifuge, eine Küpenfärbemaschine; die *Küpe* ist ein Bottich. Dann geht's durch die Spinnerei und Weberei in die *Nassappretur*. Hier werden die Tuche gewaschen und *gewalkt*, d. h., die Tuche werden verfilzt und wetterfest gemacht. In der *Trockenappretur* erfolgt das Dämpfen und Scheren der Tuche. Die Endkontrolle findet unter dem Dach der Fabrikhalle statt; hier stehen die *Noppereitische*. Die fertigen Tuche wurden dann ins Tuchlager gebracht und im gegenüberliegenden Kontor an den Mann gebracht. Auch ehemalige Mitarbeiter der Fabrik „kommen zu Wort"; zeitgenössische Kommentare zur anstrengenden Arbeit sind auf kleinen Tafeln, die an den Arbeitsplätzen installiert wurden, zu lesen und lassen den Alltag in der Fabrik lebendig werden.

Für die Freunde der Dampfmaschine gibt es dann jeden zweiten Sonntag im Monat den „Dampfsonntag". Die aus dem Jahr 1903 erhaltene Dampfmaschine, die alle Maschinen der Tuchfabrik antrieb, tritt in Aktion; ihr Betrieb wird vorgeführt. Das darf man sich nicht entgehen lassen. Was bietet

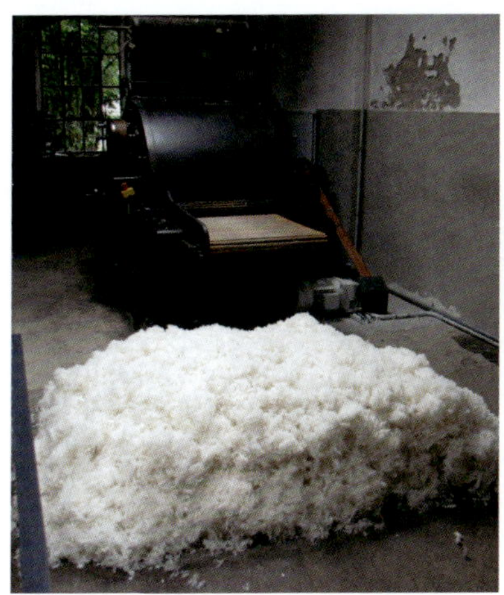

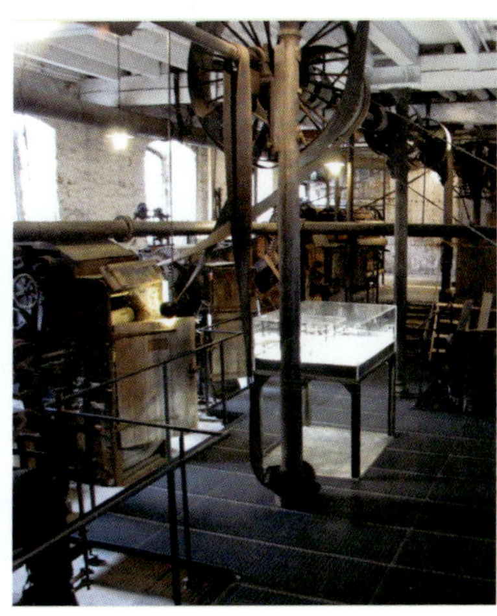

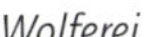

Wolferei

Blick in die Weberei

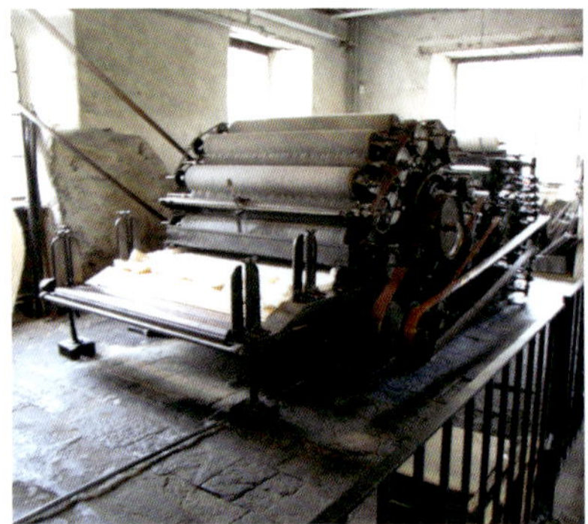

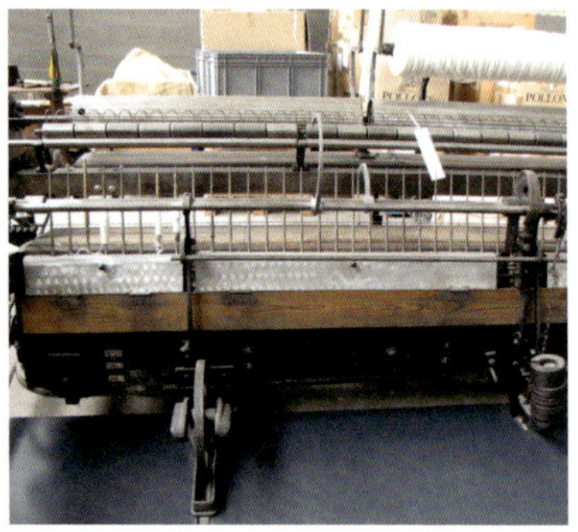

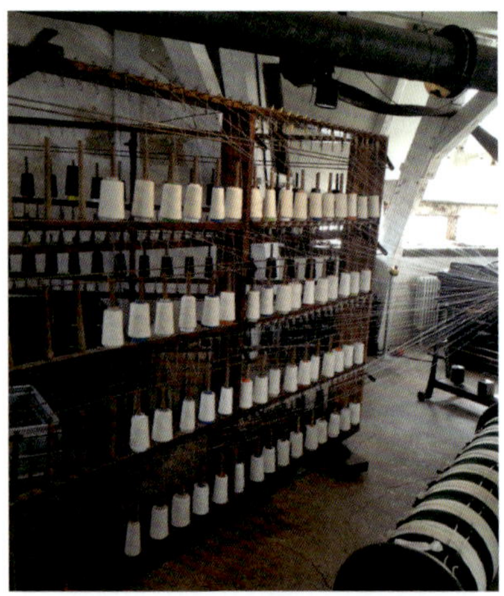

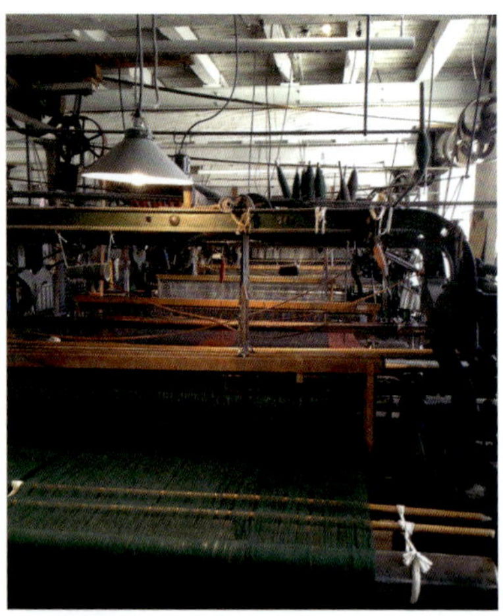

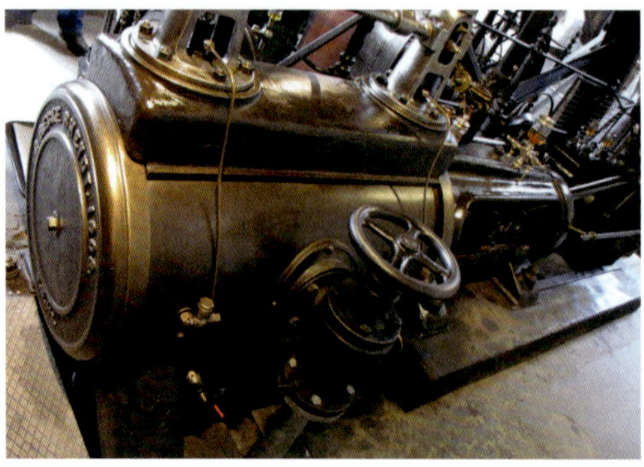

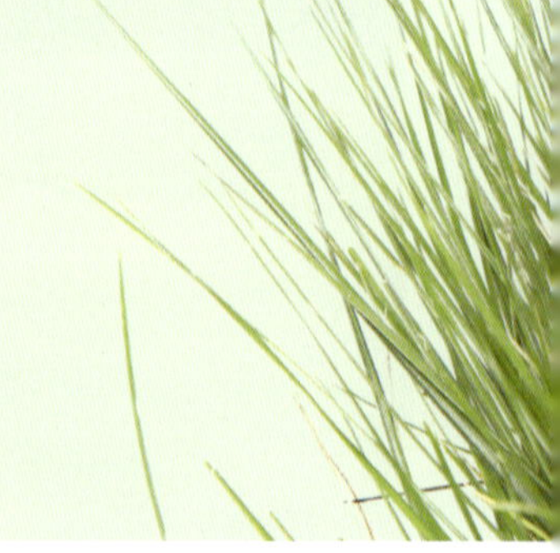

Tuchfabrik – Innenaufnahmen

das Museum noch? Neben der Dauerausstellung finden themenbegleitende Ausstellungen statt, im Museumsshop finden Sie Literatur rund um die Textilproduktion und auch kleine Textilprodukte. Im Sonntagscafé gibt es leckeren Kuchen und auf den Resten der ehemaligen Oberen Burg Kuchenheim ist heute ein Lernort für Schüler eingerichtet; hier kann dann auch aus gegebenem Anlass gefeiert werden.

Das Museum ist Mitglied in der Arbeitsgruppe „Wollroute". Die Wollroute Euregio Maas-Rhein ist ein grenzübergreifendes Netzwerk, das Wissen zur Tuchindustrie in der Region vermittelt. Es präsentiert die Bedeutung der Tuchproduktion der vergangenen 300 Jahre.

» www.wollroute.de

» www.industriemuseum.lvr.de

Sie finden das LVR-Museum Tuchfabrik Müller in

Fürs Navi: 53881 Euskirchen, Carl-Koenen-Str., Tel. 02234/99 21-555

Führungen: dienstags bis samstags: 11 Uhr, 14 Uhr und 15.30 Uhr
samstags und sonntags: stündlich von 11-16 Uhr (letzte Führung)

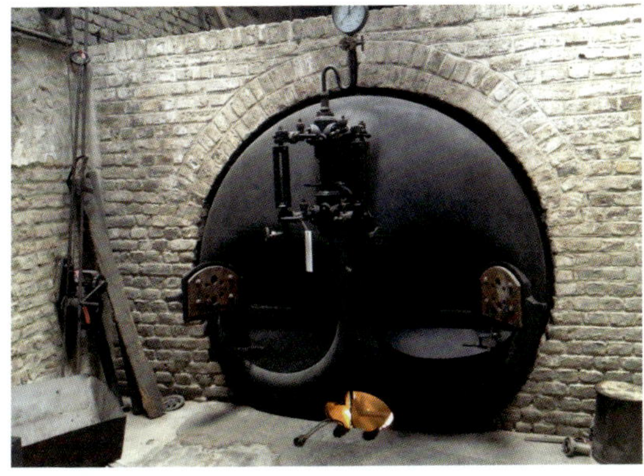

Kesselhaus

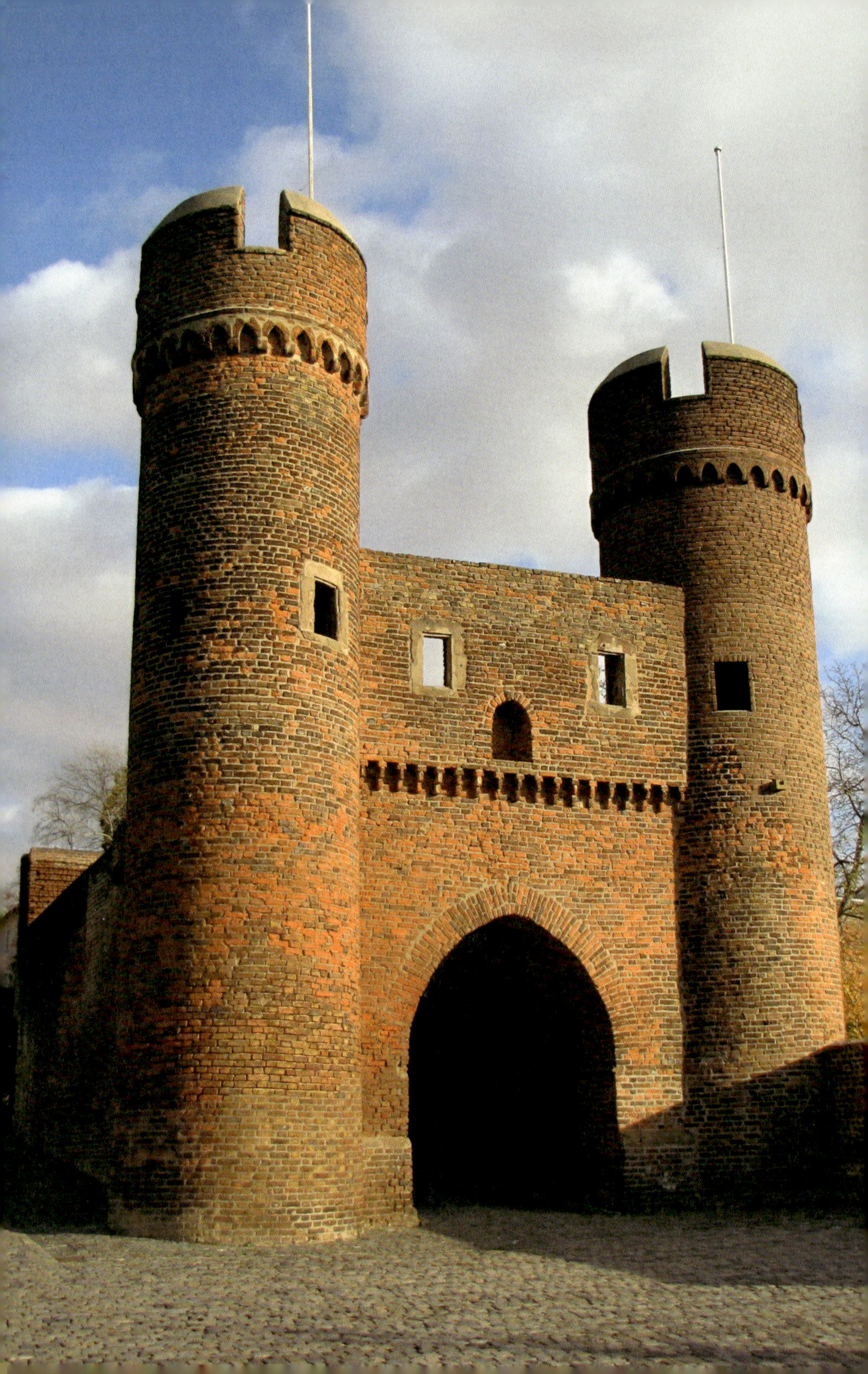

18 Zülpich – Tolbiacum –Zöllech

18.1 Das Museum der Badekultur

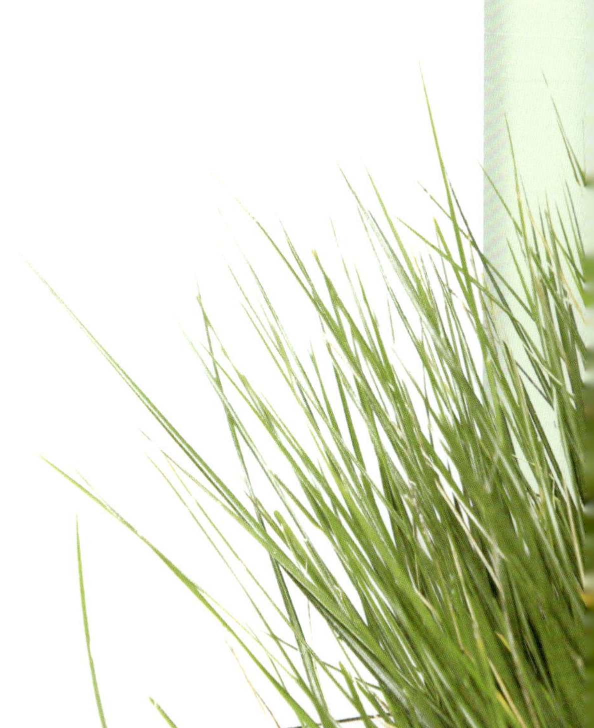

18 ZÜLPICH – TOLBIACUM – ZÖLLECH

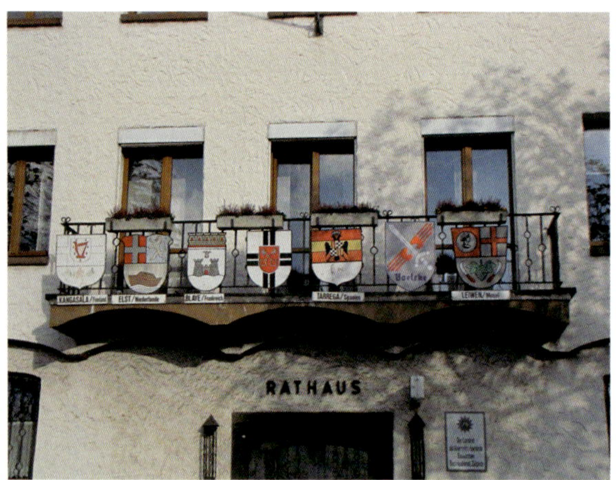

Rathaus Zülpich

Tolbiacum nannten die Römer diese Siedlung, die im ersten Jahrhundert entstanden ist und heute heißt die Römerstadt im Volksmund *Zöllech*.

Das römische Tolbiacum verbindet Colonia Claudia Ara Agrippinensium (Köln) mit Augusta Treverorum (Trier) sowie Castra Novesia (Neuß) mit Bonna (Bonn). In Zülpich hat 2014 die Landesgartenschau Station gemacht; das Städtchen ist ganz schön aufgehübscht worden. Die Landesburg mit den neuen Parkanlagen, die Gartenschauparks am Wallgraben und am See haben hunderttausende Besucher angelockt. Die Stadt mit ihren knapp 20.000 Einwohnern liegt in der Jülich-Zülpicher Börde; die Landwirte finden hier einen fruchtbaren Boden. Bis 1969 wird in Zülpich Braunkohle abgebaut. Der „Nachfolger" des Baggerlochs ist heute der Wassersportsee Zülpich. Jedes Jahr findet das Seefest statt.

Ein Ereignis von europäischer Tragweite fand Ende des fünften Jahrhunderts statt – die *Schlacht von Zülpich*. Die Salfranken unter der Führung von Chlodwig I. eilen den Rheinfranken zu Hilfe und die beiden Frankenstämme schlagen die Alemannen. Dieser Sieg blieb nicht ohne Folgen. Chlodwig I. ließ sich taufen und begründete nicht nur die fränkische Herrschaft, sondern auch die christliche Religion in seinem Territorium. An dieses Ereignis erinnert die *Chlodwig-Stele*.

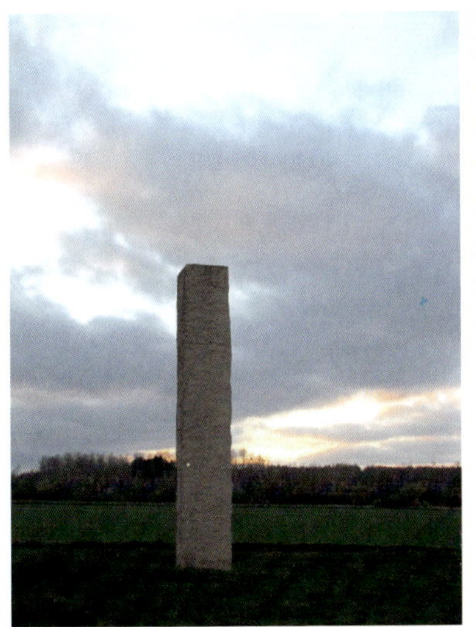

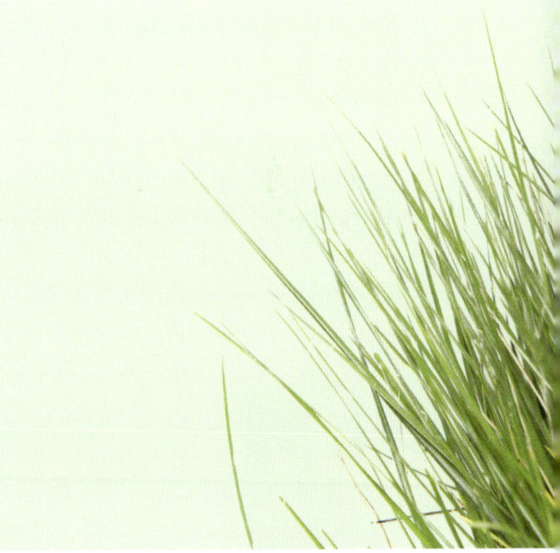

Chlodwig-Stele in Langendorf

Diese steht im Ortsteil Langendorf, unweit der Langendorfer Burg. Ein kleines Schild weist nach rechts in einen Feldweg. Das Auto stelle ich ab und spaziere die gut 500 m bis zur Stele – hier, zwischen Langendorf und dem Nachbarort Wollersheim, soll die Schlacht stattgefunden haben. Die Stele wurde von dem Bildhauer Ulrich Rückriem geschaffen, der auch in anderen Orten diese Stelen aus Granit geschaffen hat, wie z. B. in Düren.

Das Stadtwappen von Zülpich zeigt, wer lange Zeit Herr im Haus war, die Kölner Erzbischöfe und Kurfürsten, die großen Herren der Eifel, wie ich sie eingangs des Buches beschrieben habe (das Wappen ist mittig am Rathaus zu sehen). Das schwarze Balkenkreuz steht für das Kurfürstentum Köln und die goldenen Schlüssel deuten auf den Apostel Petrus, den Patron der Pfarrkirche St. Peter, die unweit der Landesburg und dem Museum für Badekultur steht.

Die Landesburg auf dem Mühlenberg wurde im 14. Jahrhundert von Friedrich III. von Saarwerden gebaut und ist das Wahrzeichen der Stadt. Hier haben die Römer schon eine befestigte Anlage gebaut. Die in der Herrschaftszeit Karls des Großen eingeführten Gaugrafschaften führten dazu, dass Zülpich Hauptsitz des Zülpichgaus und Königspfalz wurde. Mit dem Bau der Burg ließ der Erzbischof auch die Stadtbefestigung errichten. Lange Zeit war in der Burg eine Schnapsbrennerei untergebracht. Heute beherbergt sie u. a. die Zülpicher Geschichtswerkstatt und die Hubert-Salentin-Gemälde-Ausstellung. Salentin (1822-1910) war ein Genremaler der Düsseldorfer Schule und ist in Zülpich geboren; sein Geburtshaus steht in der Schumacherstraße 6; das Hausschild erinnert an den Mann.

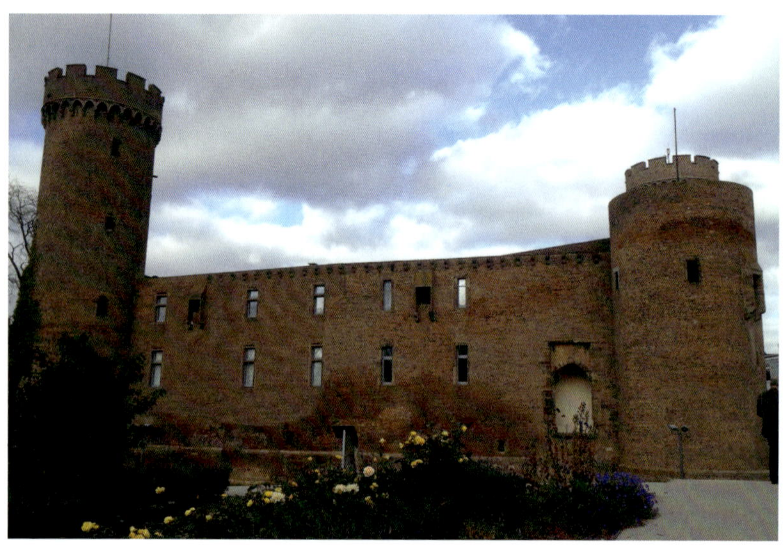

Landesburg Zülpich

Das mittelalterliche Zülpich liegt heute noch sichtbar in den 1,6 km langen Stadtmauer mit ihren vier Stadttoren; steinerne Zeugen der Bedeutung dieser Stadt, die an wichtigen Handelswegen lag. Das *Münstertor* steht an der Bonner Straße und wird auch heute noch stadteinwärts vom modernen Straßenverkehr als Durchfahrt genutzt; es ist die Herberge der Karnevalsgesellschaft Prinzengarde Zülpich 1910 e. V. Das *Weiertor* ist wohl das schönste Stadttor; als Doppeltor gebaut, führte der Weg nach Düren.

Gegenüber der Landesburg steht die Zülpicher Stadtpfarrkirche St. Peter, die nach dem Zweiten Weltkrieg wieder aufgebaut worden ist. An Heiligabend 1944 wurde der Vorgängerbau vollständig zerstört. Sehenswert ist der Hauptaltar, der im 16. Jahrhundert in Antwerpen geschaffen wurde. Links vom Hauptaltar gehe ich runter in die romanische Krypta; zu sehen ist auch eine sehr schön mit Eisenbeschlägen versehene Holztür – verschlossen, da geht's also nicht weiter.

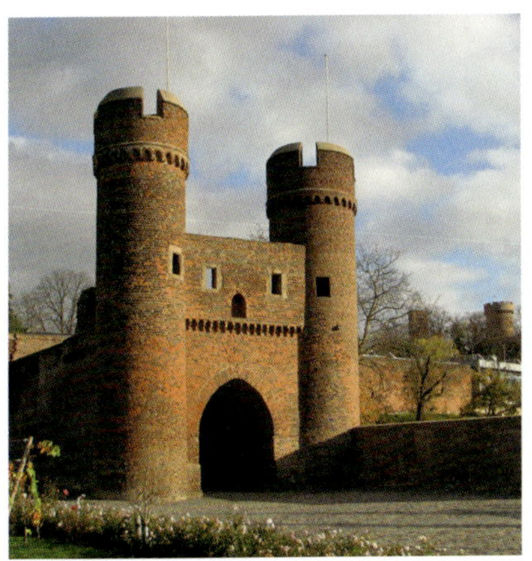

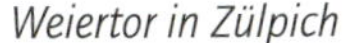

Weiertor in Zülpich

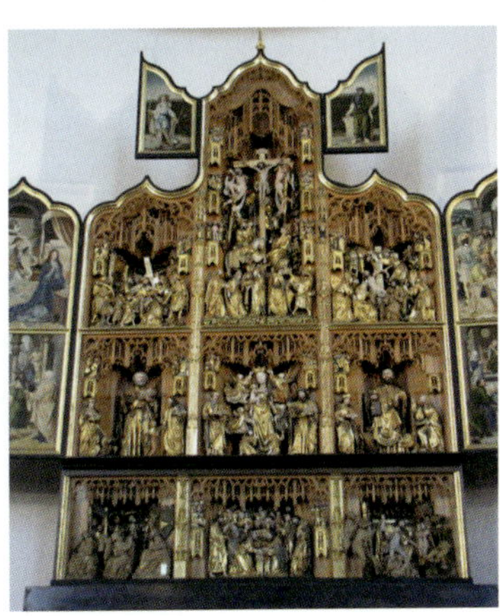

Altar in Pfarrkirche St. Peter Zülpich

» www.zuelpich.de

Das Fremdenverkehrsbüro finden Sie in 53909 Zülpich, Markt 21, Tel. 02252/5 22 12.

Dort bekommen Sie auch ein Faltblatt zur ausgeschilderten Fahrradroute „Tour-de-Tolbiac". Der Radweg führt Sie auf zwei Schleifen auf die Spuren der Zülpicher Geschichte.

18.1 DAS MUSEUM DER BADEKULTUR

Das Museum steht auf den Resten einer römischen Thermenanlage, die bei Kanalarbeiten im Jahr 1929 zufällig entdeckt wurde. Die archäologische Aufarbeitung führte dazu, dass die Thermenanlage in das Propsteimuseum integriert wurde, bis Ende der 1990er-Jahre ein Museumsneubau entstand – die „Römerthermen Zülpich – Museum der Badekultur". Zu sehen sind aber nicht nur Thermen und Hypokausten, sondern auch eine Darstellung der Badegewohnheiten anderer Kulturkreise, wie das islamische Badehaus, der Hamam.

(Quelle: www.roemerthermen-zuelpich.de/Museum/Geschichte-des-Museums/)

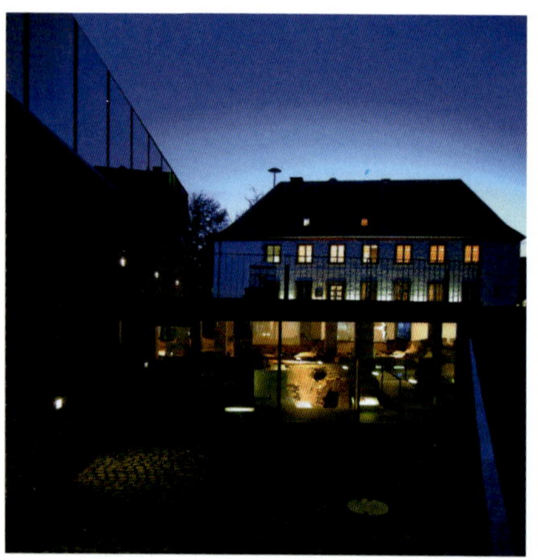

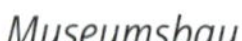

Museumsbau

Römerthermen Zülpich – Museum der Badekultur

» www.roemerthermen-zuelpich.de

Fürs Navi: 53909 Zülpich, Andreas-Broicher-Platz 1, Tel. 02252/8 38 06-100

Das Museum führt sonntags um 15 Uhr eine öffentliche Führung durch (kostenlos, nur der Museumseintritt muss gezahlt werden). Darüber hinaus werden Themenführungen angeboten.

Sie erfahren weiter, was eine *Schildkröte* ist – eine geniale Erfindung: Ein Kessel aus Blei oder Kupfer wurde direkt über dem Heizkanal des *Präfurniums* (Kesselofen) gebaut und war zur Badewanne hin offen. So funktioniert ein Durchlauferhitzer vor 2.000 Jahren.

Weiter wird ein Badegang beschrieben: auskleiden, abgießen, schwitzen, waschen und dann ruhte der edle Herr. Die Viersäftelehre wird erklärt. Das Aderlassmännchen zeigte dem Bader und Wundarzt, wo er denn die Blutgefäße findet. Die Behandlung übler Krankheiten, wie des Schwarzen Tods, der Pest, wird vorgestellt; kurzum: Die Dauerausstellung zeigt die Badekultur von den Römern bis in die Neuzeit und die begleitenden Heilmethoden.

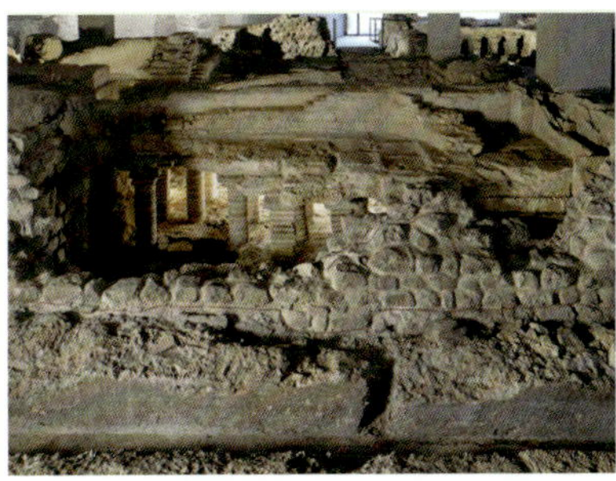

Ein Hypocaustum

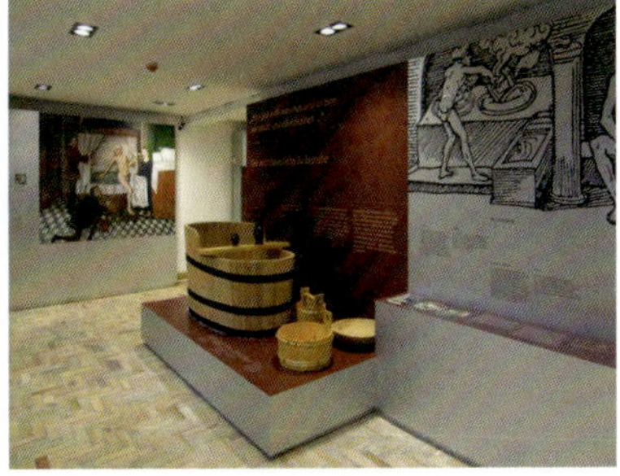

Innenansicht Museum

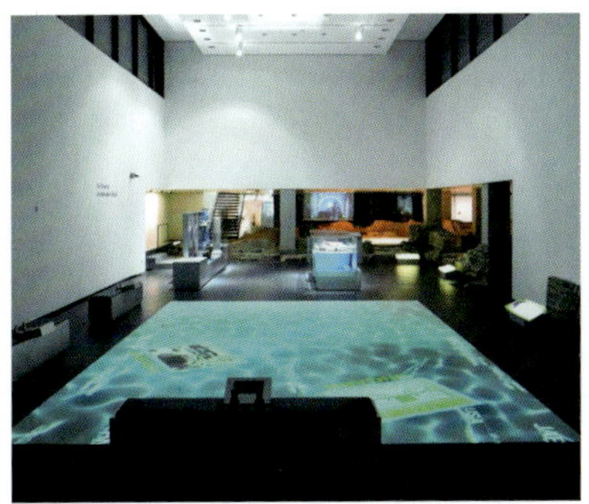

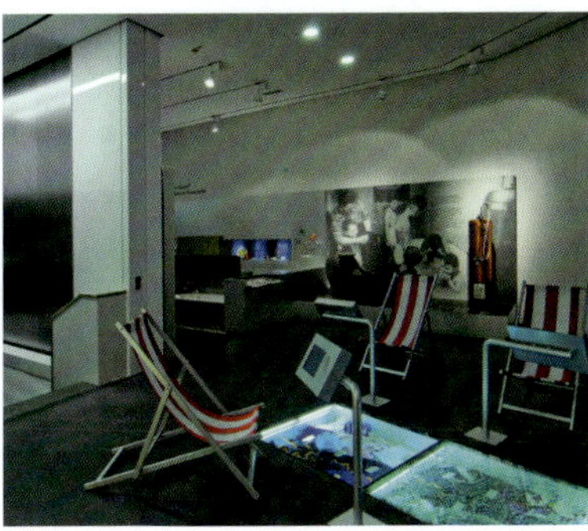

Fotoquellennachweis: Axel Thünker DGPh

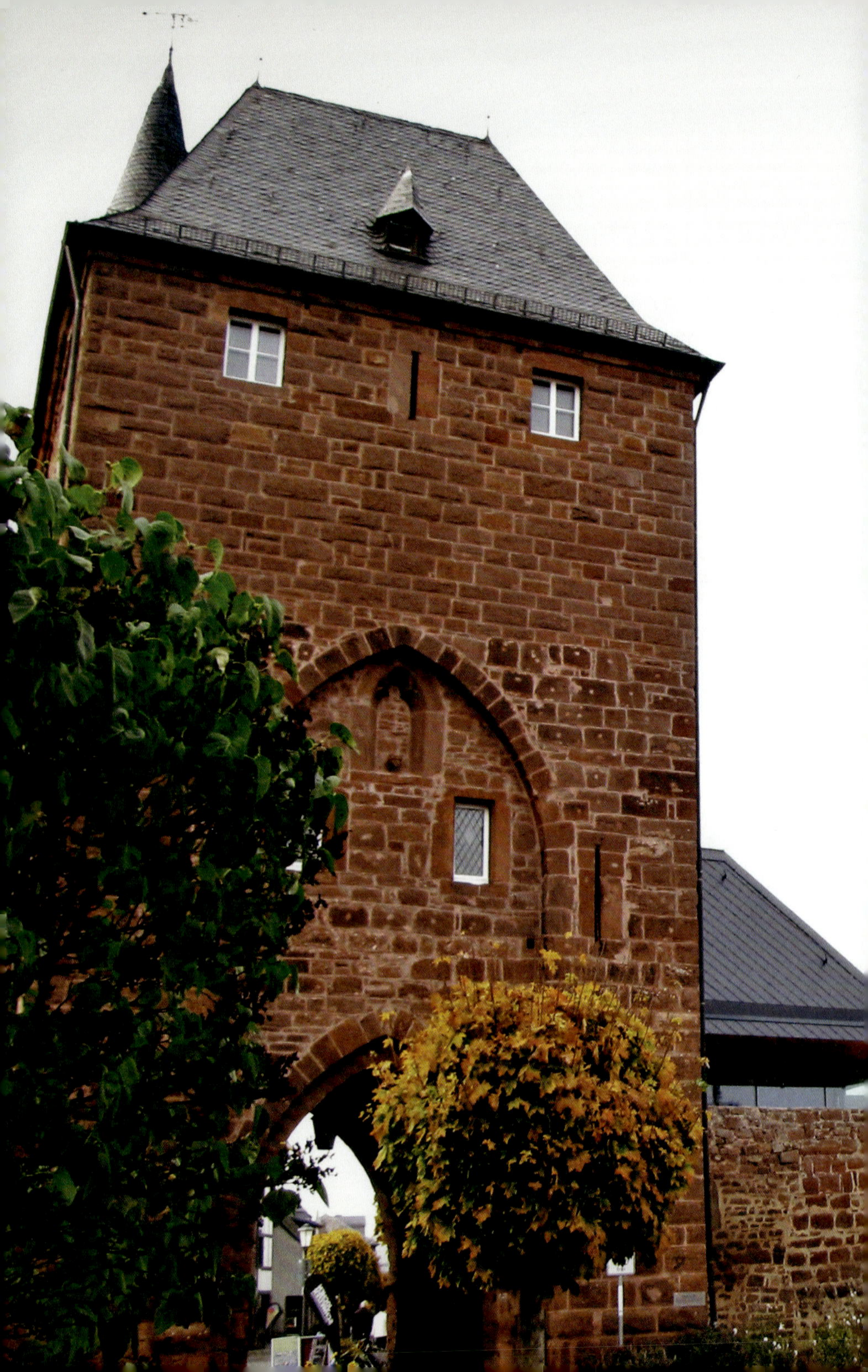

19 Nideggen

19.1 Burg Nideggen

19.2 Burgenmuseum

19.3 Gang durchs historische Zentrum

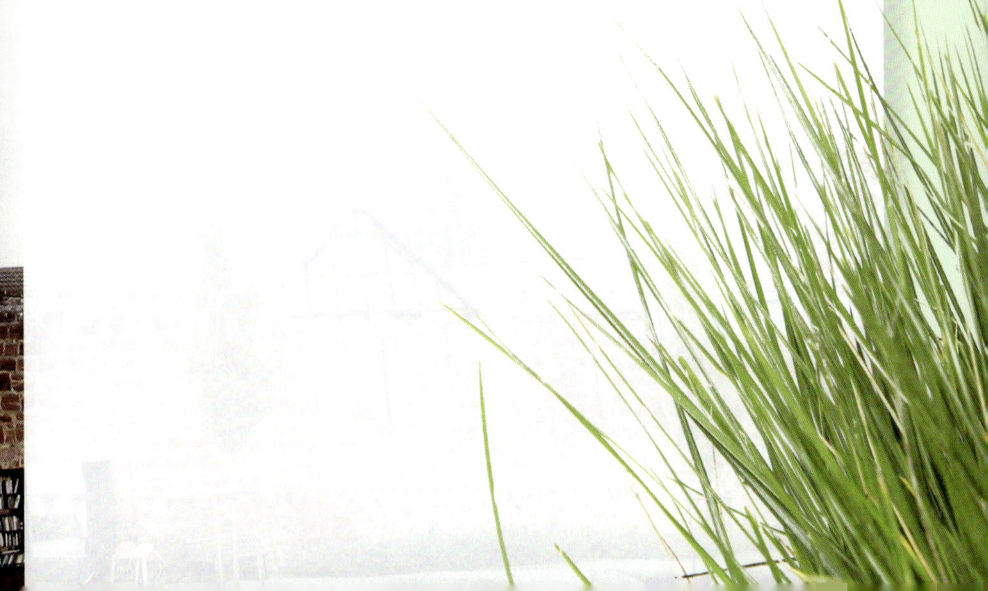

19 NIDEGGEN

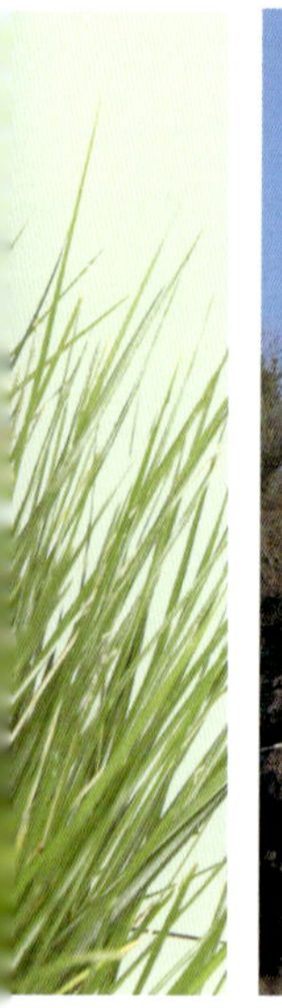
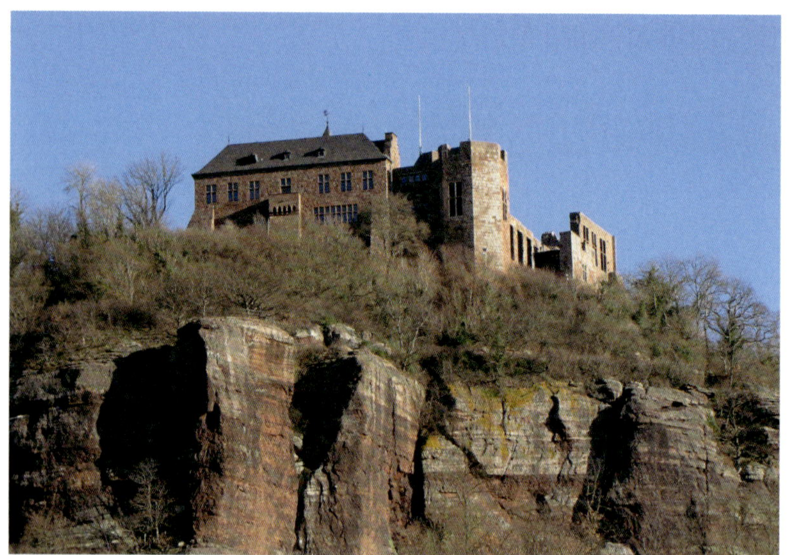

Burg Nideggen

19.1 BURG NIDEGGEN

Die Rivalität zwischen den Bischöfen aus Köln und den Grafen aus Jülich führte auch in Nideggen zum Bau einer Burg, die hoch oben auf einem 330 m hohen Felssporn über dem Rurtal gebaut wurde. Die gewählte Lage war das Ergebnis strategischer Überlegungen. Wer wollte diese Höhenburg schon einnehmen? Das Baumaterial: roter Sandstein, nicht nur für die Burg, sondern auch für die Häuser in der Stadt, die dadurch ein ganz charakteristisches Aussehen bis zum heutigen Tag bewahrt hat. Sie können Ihr Fahrzeug gut parken auf dem Parkplatz *Burg Nideggen* an der Kirchstraße, von hier sind sowohl die Burg als auch die Stadtpfarrkirche in wenigen Minuten zu Fuß zu erreichen.

Vom Burgplatz wurde übrigens das legendäre Eifelrennen gestartet. Auf einem Rundkurs von etwa 30 km ging es durch die umliegenden Dörfer, bis das Rennen 1927 auf den Nürburgring verlegt wurde; der ist inzwischen mindestens genauso legendär und mit einem ganz anderen Streckenprofil ausgebaut. Bei diesem Rennen wurde u. a. der in Aachen gebaute *Fafnir* eingesetzt; eins dieser Exemplare steht heute noch im Stolberger Museum *Zinkhütter Hof*. Beim Firmennamen *Fafnir* stand der Drache aus der Nibelungensage Pate.

Der Jülicher Graf Wilhelm II. lässt 1177 die Burg errichten. Er hatte das Monschauer Land geerbt und das galt es – ähnlich wie in Zülpich – gegen die Kölner Erzbischöfe zu verteidigen. Die Burg hatte einen mächtigen *Pallas*; mit seinen Ausmaßen von 61 m x 16 m war er der größte seiner Art in deutschen Landen. Wilhelm I. wurde 1356 zum ersten Jülicher Herzog ernannt

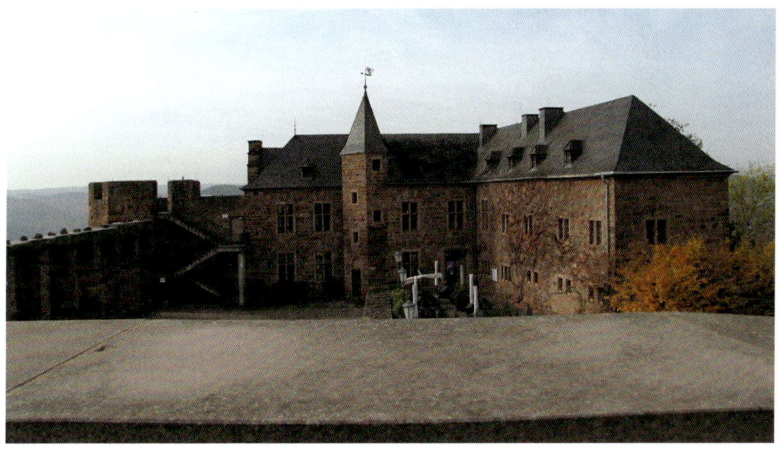

Pallas Burg Nideggen

und er kürte Nideggen zu seiner Residenzstadt. Das Jülicher Haus stirbt im 15. Jahrhundert aus und nach einer zwischenzeitlichen Vereinigung mit dem rechtsrheinischen Herzogtum Berg kommt auch das Herzogtum Kleve hinzu; die mächtigen Herren durften sich auf die Reichsfürstenbank in der Zeit des Heiligen Römischen Reiches setzen. Burgherr heute ist der Kreis Düren.

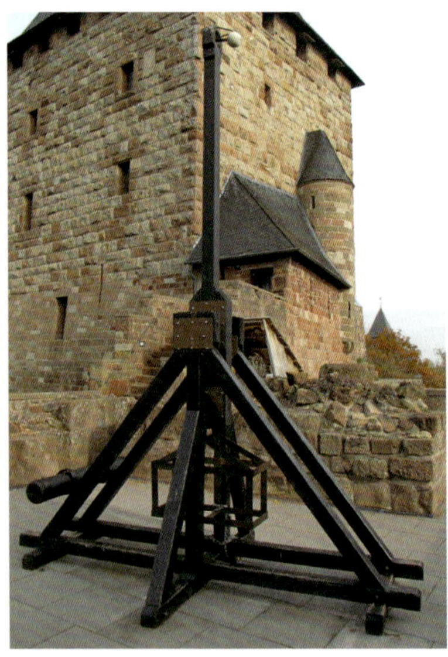

Burgenmuseum

19.2 BURGENMUSEUM

Wenn eine Burg ein Museum hat, dann ist ein Besuch fast selbstverständlich; untergebracht ist das Burgenmuseum seit 1979 im Wohnturm; der *Bergfried* ist der älteste Burgbestandteil. Vor dem Eingang steht das Modell einer *Blide*. Diese Wurfmaschine wurde z. B. bei einer Burg- oder Stadtbelagerung eingesetzt und erzielte mit ihren Steinkugeln eine enorme Wirkung. Auf mehreren Etagen wird das mittelalterliche Burgleben verdeutlicht: Ausrüstungsgegenstände, Gerichtsverfahren und Foltermethoden, das Rechts- und

Wirtschaftssystem und unten im Burgverlies empfängt mich eine deutlich wahrnehmbare Stimme, die erzählt, wie zwei hohe Herren, keine Geringeren als die Kölner Erzbischöfe, Konrad von Hochstaden und Engelbert II. von Falkenburg, hier einsaßen; und nebenan in der Burgkapelle kann man sich heute trauen lassen; was für ein Ambiente.

Burg Nideggen

» www.kreis-dueren.de/burgenmuseum

Tel. 02427/63 40

Fürs Navi: 52385 Nideggen, Kirchstr. 10

19.3 GANG DURCHS HISTORISCHE ZENTRUM

Ich laufe in Richtung historischem Stadtkern zu St. Johann Baptist, die dreischiffige Basilika wird etwa zeitgleich mit der Burg gebaut. Die Johanniter haben bis zum Einzug französischer Revolutionstruppen seelsorgerisch dort gewirkt und waren auch Eigentümer der Kirche. In der Kirche stehe ich gleich am Eingang vor dem Hochgrab des Grafen Wilhelm V. von Jülich und seiner Frau Ricarda. Wilhelm wurde 1278 in Aachen von aufgebrachten Bürgern erschlagen. Weshalb, ist letztendlich nie geklärt worden. Der sagenhafte „wehrhafte Schmied" von Aachen war es jedenfalls nicht, der hat nie gelebt.

Die Kirche ist relativ hell, wenn ich da an andere romanische Kirchen denke, unten im Chorraum ist ein wunderschön gearbeitetes Fresko eingearbeitet, es soll das Älteste nördlich der Alpen sein. Es zeigt in der Mitte den Pankrator, den Weltenherrscher; umgeben von den vier Symbolen der Evangelisten. Außerdem zeigt der Innenraum zahlreiche Figuren wie die Heilige Katharina mit Schwert und zerbrochenem Rad; Katharina wurde zunächst aufs Rad gespannt und dann enthauptet, so die Überlieferung; selbstverständlich auch den Pfarrpatron: Johannes den Täufer.

(Quelle in Auszügen: www.kirchenfuehrung-nideggen.de)

Durch das *Nytstor* spaziere ich runter in den historischen Stadtkern. Das Tor trägt den Namen des Nyt von Birgel; im 15. Jahrhundert Amtmann der Jülicher Herren. Das Nytstor war das Eingangstor zur Burgsiedlung; erst im 14. Jahrhundert entwickelt sich eine Siedlung außerhalb der Burg. Mitten auf dem Marktplatz steht das Marktkreuz aus dem 15. Jahrhundert. Graf Gerhard von Jülich ließ ab 1313 eine Stadtmauer bauen. Zur Stadtbefestigung gehörte das *Dürener Tor*.

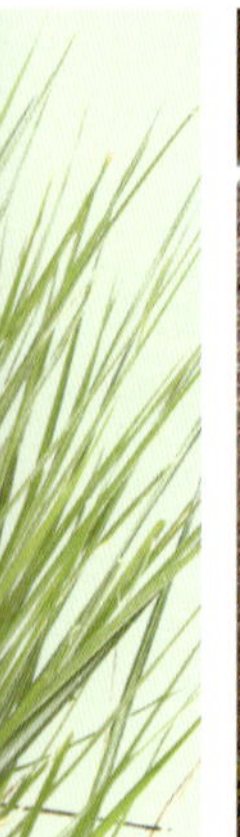

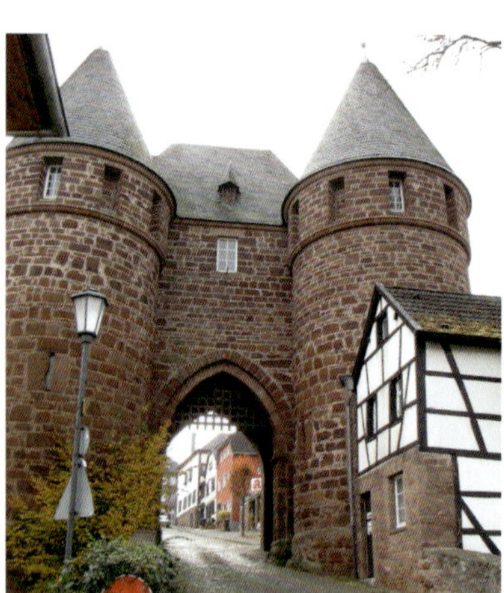

Dürener Tor in Nideggen

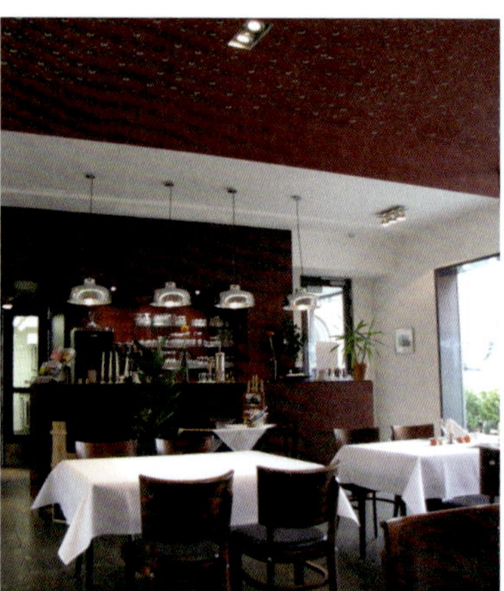

Gastronomisches Lehrrestaurant am Nationalparktor

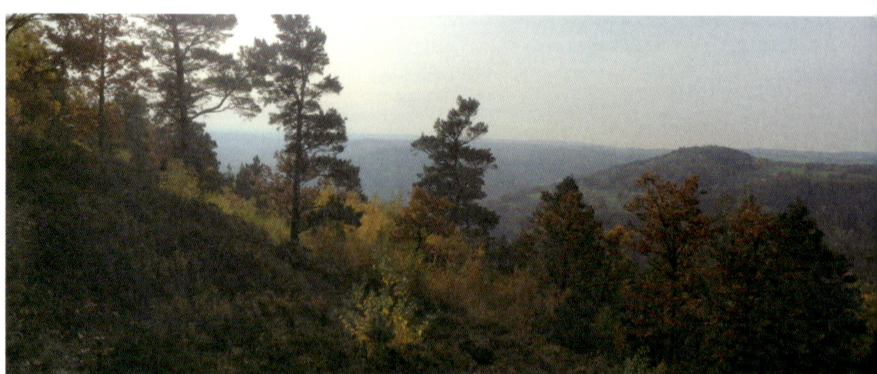

Dieses wurde im 14. Jahrhundert gebaut, später erhielt es einen Zwinger. Die Stadttore wurden von einem *Rottmeister* und einer Mannschaft von 6-10 Bürgern besetzt. Die hatten als eine Art Landsknechte auch militärische Aufgaben zu übernehmen. In der mittelalterlichen Stadtverteidigung wurden *Fähnlein* gebildet, die aus mehreren *Rotten* bestanden; also Verteidigungsgruppen. Im 17. Jahrhundert wurde das Tor als Gefängnis genutzt. Heute finden dort Kunstausstellungen statt.

Nach meinem Rundgang wird es Zeit für eine kleine Zwischenmahlzeit und ich statte dem gastronomischen Lehrrestaurant einen Besuch ab. Die Dürener Gesellschaft für Arbeitsförderung unterhält ein Ausbildungszentrum, in dem junge Menschen eine Ausbildung zum Koch/Köchin oder als Restaurantfachkräfte absolvieren können und das machen die jungen Leute richtig gut und lecker zu akzeptablen Preisen, in angenehmem Ambiente und mit nicht nur kompetenten, sondern auch freundlichen Servicekräften. Das Restaurant befindet sich ebenso wie das Nationalparktor in einer alten Jugendstilvilla. Vielleicht sollte man sich einen anderen Restaurantnamen zulegen, der etwas flotter über die Lippen geht.

Gastronomisches Ausbildungszentrum

» www.dga-dueren.de

Fürs Navi: 52385 Nideggen, Im Effels 10, Tel. 02427/3 30 12 20

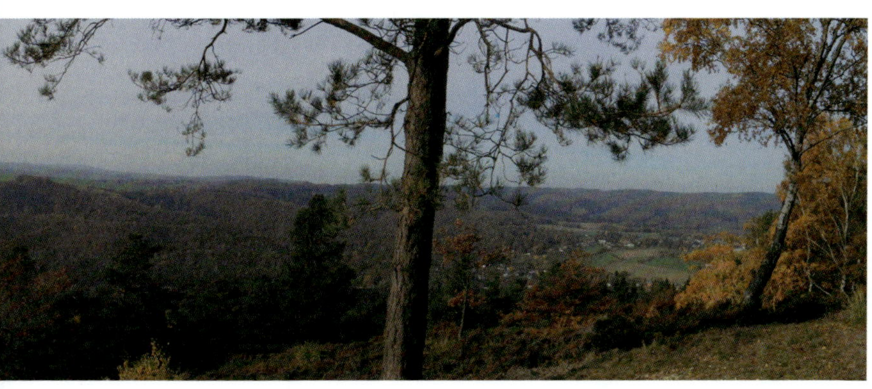

Eifelblick Kuhberg

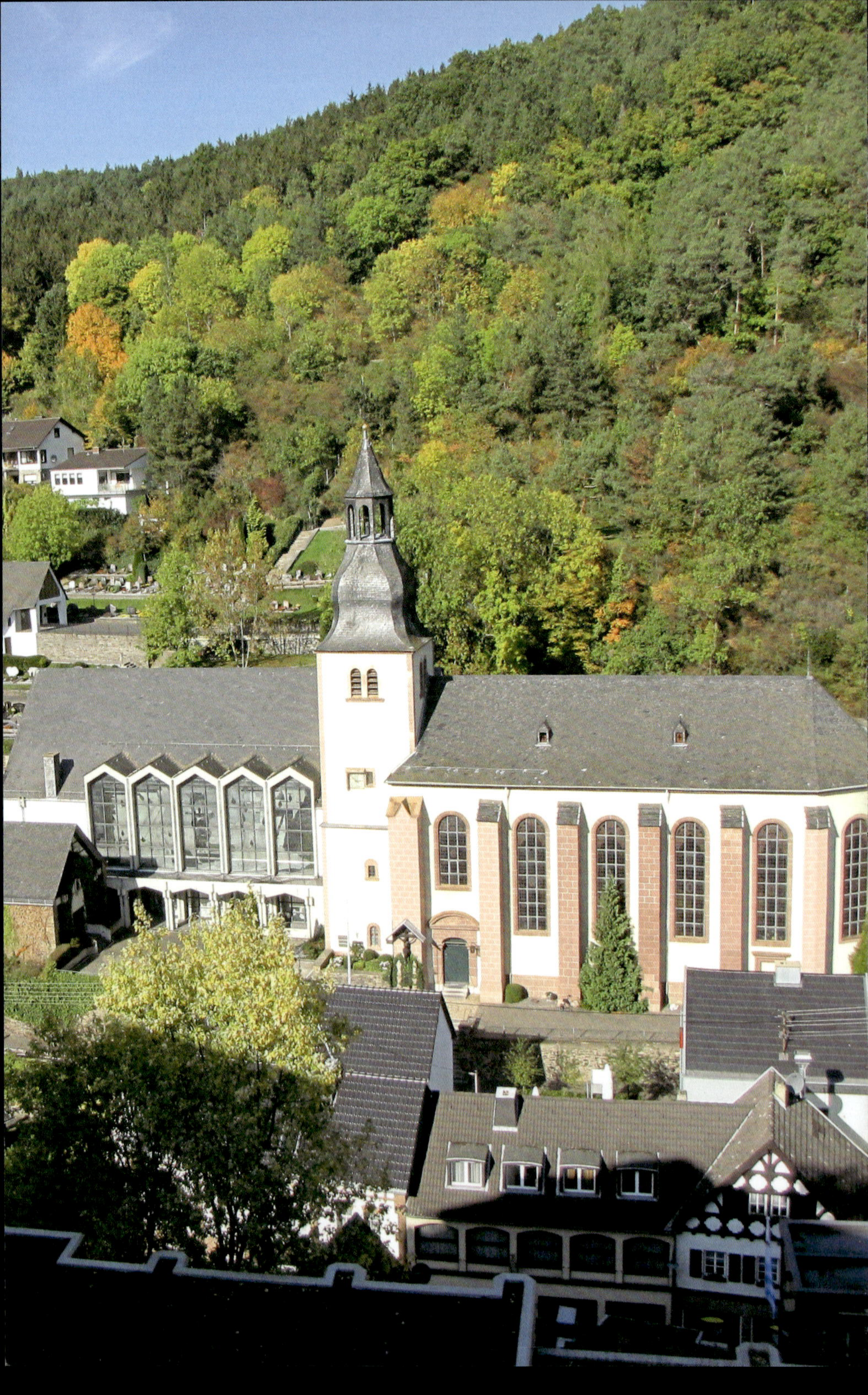

20 Heimbach

20.1 Burg Hengebach

20.2 Kraftwerk Heimbach –
Stromproduzent und Museum zugleich

20.3 Kloster Mariawald

20.4 Der Kermeter

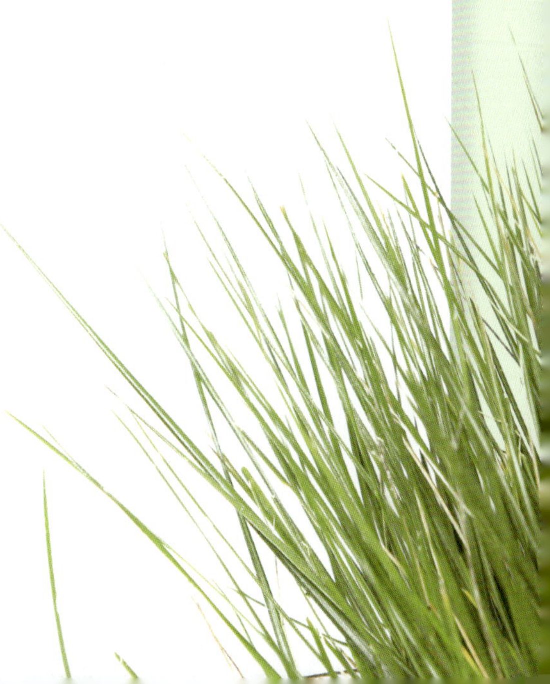

20 HEIMBACH

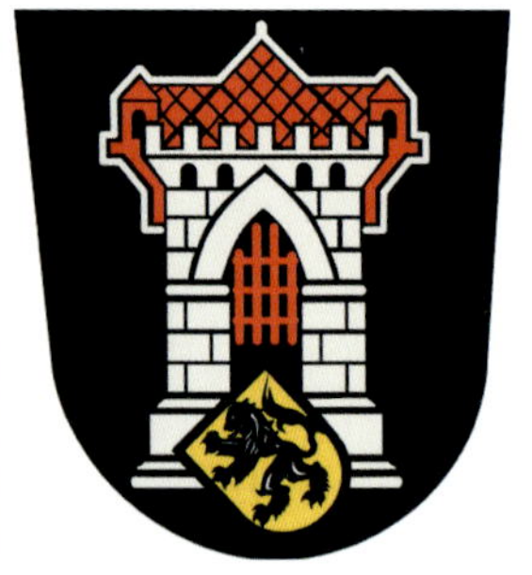

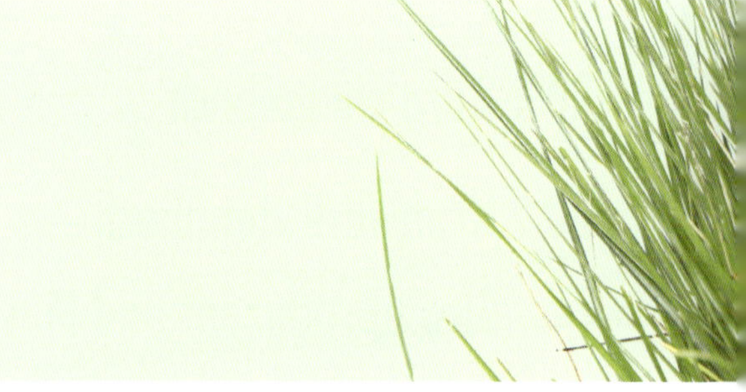

Heimbach steht jetzt auf dem Programm; ein Kuriosum vorweg – mit ca. 4.300 Einwohnern die kleinste Stadt Nordrhein-Westfalens. Wichtiger noch als Heimbach war *Vlatten*, in fränkischer Zeit Königspfalz, bis diese Funktion die Burg Hengebach übernimmt. Klar sind auch hier die Jülicher

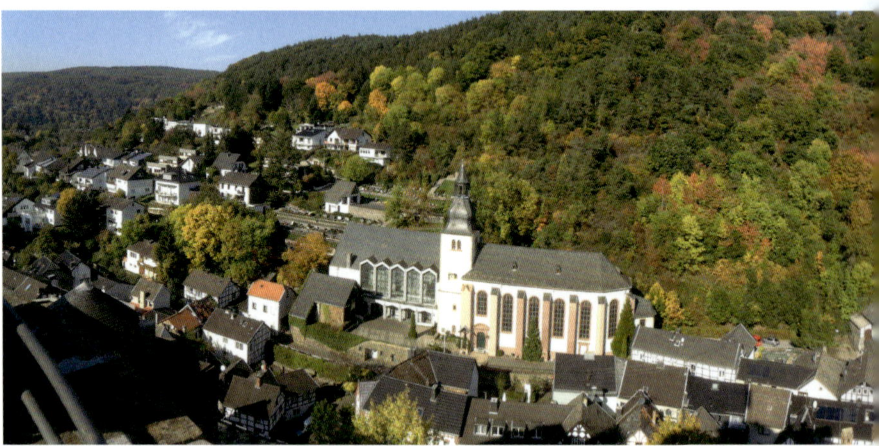

Heimbach - Panorama

Grafen die Hausherren. Zurzeit, als die Eifeler Tuchmacher die Schafswolle verarbeiteten, gibt es in Heimbach vier Schäfereien mit Wollspinnerei und Walkmühle. Heimbach ist nicht nur seit 1974 Luftkurort mit einigen Sehenswürdigkeiten, sondern auch gern besuchter Ausgangspunkt für Wanderungen. Die Nationalparkstadt Heimbach hat ein Nationalparktor und in der alten Schule am Karl-Heinz-Krischer-Platz ist das Wasser-Info-Zentrum untergebracht. Sehenswert und informativ ist die Naturerlebnisausstellung im „Haus des Gastes"; hier erfahren Sie mehr über das oft karge Dasein der Bauern und Handwerker in früheren Tagen. Hier finden Sie auch ein begehbares Labyrinth.

20.1 BURG HENGEBACH

Einen guten Blick auf die Stadt im Rurtal habe ich von der Burg Hengebach. Zahlreiche Besitzer hat die Burg im Laufe der Zeit kennengelernt. Die Jülicher Fürsten werden Burgherr nach der Übernahme der Herrschaft Heimbach in der Regentschaftszeit Wilhelms IV. von Jülich; fortan führt ein Burggraf das Regiment. Das erste Stadtrecht erhält das Städtchen 1343.

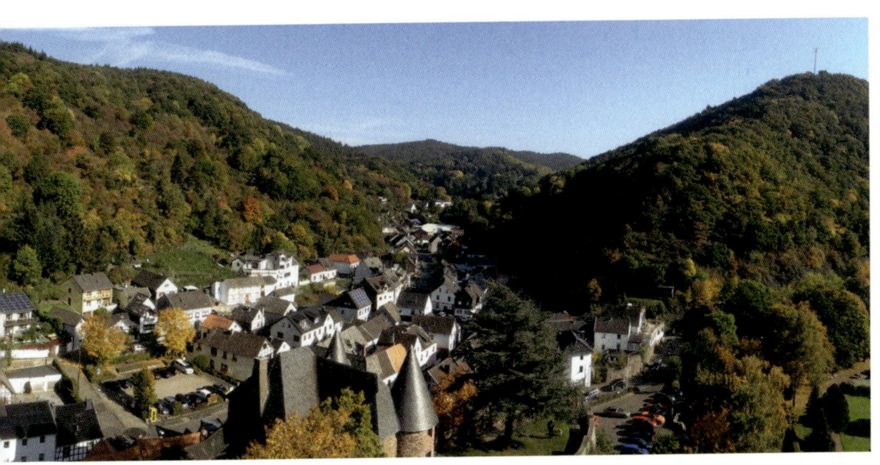

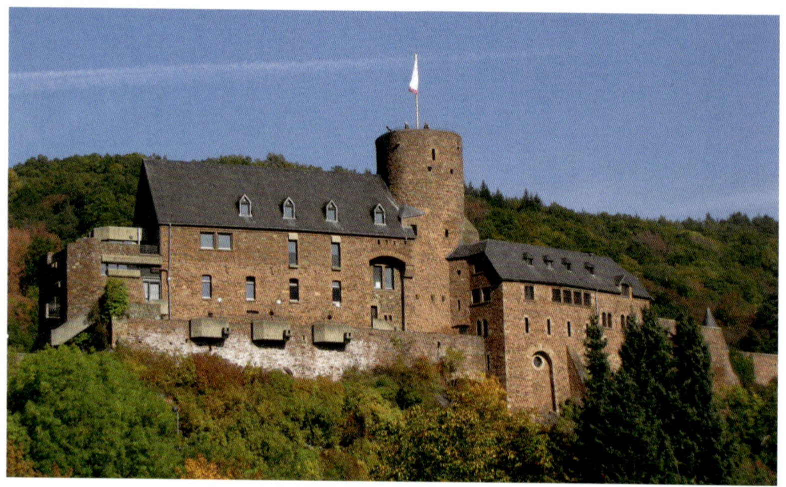

Burg Hengebach in Heimbach

Ein verheerender Stadtbrand im Jahre 1687 zerstört die Stadt mit ihrem historischen Gebäudeensemble. Heute ist die Stadt Heimbach Burgherr. Auf dem Meuchelberg, gegenüber der Burg, soll der eine Bruder den anderen erschlagen haben. Seit über 500 Jahren ist Heimbach Wallfahrtsort. Vom Rundturm der Burg habe ich einen guten Blick auf die Pfarr- und Wallfahrtskirche St. Salvator (links) und St. Clemens (rechts).

Heimbach hat es einem Dachdecker zu verdanken, dass Pilger bis zum heutigen Tag hierherfinden. Heinrich Fluitter erwirbt 1460 in Köln eine Marienpièta und stellt sie in einer kleinen Holzkapelle im Kermeter, einem Waldstück zwischen Heimbach und Gemünd, auf und lebt dort als Einsiedler.

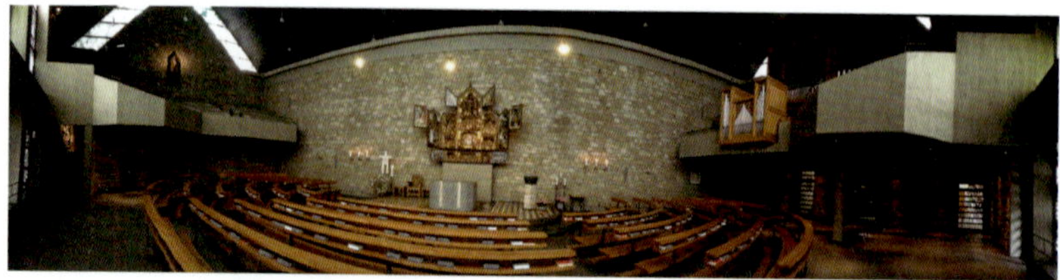

Salvatorkirche – Innenansicht mit dem Gnadenbild der schmerzhaften Mutter

In der Folgezeit kommen gläubige Menschen hierher. Zisterziensermönche aus Bottenbroich beginnen 1487 mit dem Bau eines Klosters, das 1511 fertig gestellt wird. Die Marienpièta wird in einen wertvollen Schnitzaltar gestellt. Die Aufhebung des Klosters und die Vertreibung der Mönche während der französischen Herrschaft des Rheinlands führt dazu, dass der Altar in der Heimbacher Pfarrkirche St. Clemens aufgestellt wird; als die dann zu klein wird für die Aufnahme der Pilger, wird die Wallfahrtskirche gebaut, 1981 fertig gestellt und der Schnitzaltar dort aufgestellt.

(Quelle: www.st-clemens-heimbach.kibac.de/geschichte)

20.2 KRAFTWERK HEIMBACH – STROMPRODUZENT UND MUSEUM ZUGLEICH

Was ist weiß und sieht aus wie eine Kirche? Das Kraftwerk im Heimbacher Ortsteil Hasenfeld. Was soll an einem Kraftwerk schon besonders sein? Sie können sich die Frage selbst beantworten, fahren Sie hin. Das Kraftwerk wurde 1905 mit der Urfttalsperre gebaut im für die damalige Zeit typischen Jugendstil. Das Wasser für die Stromerzeugung liefert die Urfttal-

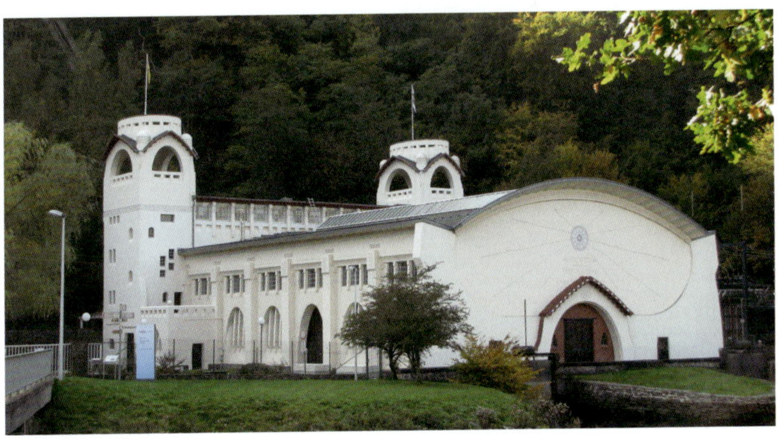

Kraftwerk Heimbach-Hasenfeld

sperre. Dazu musste ein Stollen gebaut werden, der das Wasser durch den Kermeter bis zum Schieberhaus führt; über zwei Druckrohrleitungen gelangt das Wasser ins Kraftwerk. So jedenfalls habe ich es aus den Zeichungen der Infotafeln vor Ort gelesen und oben auf dem Kermeter ist es auch nochmals erklärt.

Was machen die im Kraftwerk noch? Musik, nein! Nicht in den Stromkasten fassen. Spannungen kann man auch anders erzeugen – so heißt nämlich das seit 1998 jährlich stattfindende Kammermusikfest –
›› www.spannungen.de.

Das immer noch aktive Wasserwerk ist auch Industriemuseum. Den historischen Maschinenpark aus feinstem Material, wie Messing und Marmor, können Sie im Rahmen eines Museumsbesuchs bestaunen und zwar montags bis freitags ab 14.30 Uhr, samstags und sonntags ab 14 Uhr. Dafür aber immer den Besucherdienst von RWE Power anrufen: 0800/8 83 38 30. Ich weiß, warum ich das hier hinschreibe ...

Fürs Navi: 52396 Heimbach, Kleestraße

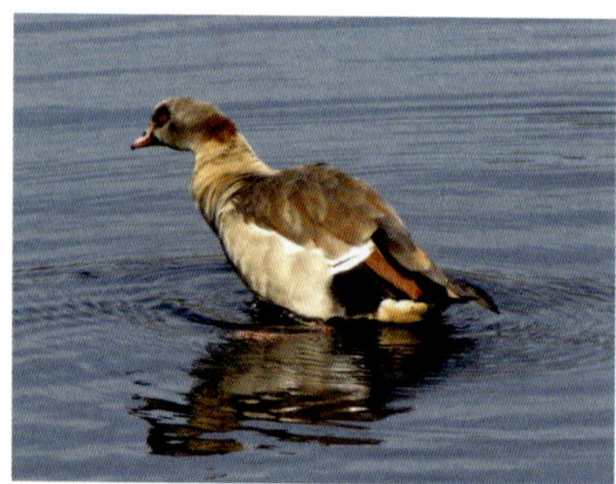

Nilgans

Fast wäre ich schon gefahren, da sehe ich niedliche kleine Gänse, Enten, wie auch immer. Klick macht's und mit Foto zum Fachmann, in diesem Fall zur Fachfrau. Das sind Nilgänse, die nach ihrer Heimat am ägyptischen Nil so genannt werden. Nächste Frage: Und wie kommen die hierher? Jetzt wird es etwas schwieriger! Landfremde und ausgesetzte Tierarten werden *Gefangenschaftsflüchtlinge* genannt. Für „meine" Nilgänse wird angenommen, dass die Tiere von den Niederlanden über den Rhein zu uns kommen. Aha – jetzt haben wir sie hier, die tun aber nix; als die Gänse mich sehen – ab ins Wasser! Fragen Sie mich mal, was meine Antwort auf die Frage: „Was verstehen Sie unter *Gefangenschaftsflüchtlinge*?", gewesen wäre ...!

Ich muss auch weg, nicht ins Wasser, aber hoch auf den *Kermeter* ins Kloster; AUCH wegen der Ähzezupp met Bockworsch, gemeint ist Erbsensuppe mit Bockwurst, die ich mir entweder vor oder nach dem Besuch der Kirche in der Klostergaststätte genehmige ...

20.3 KLOSTER MARIAWALD

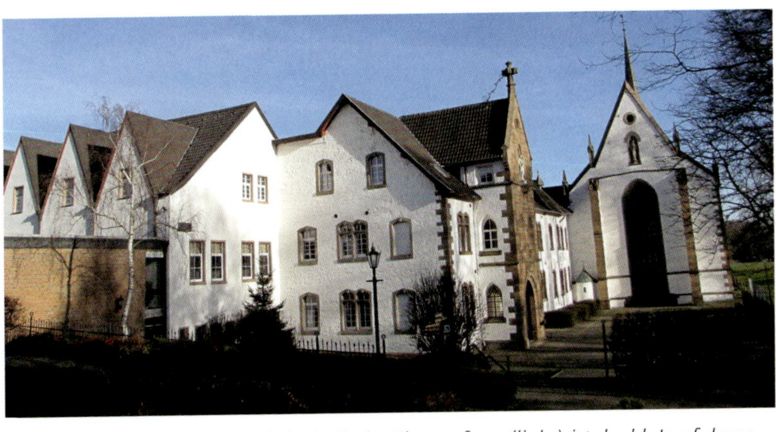

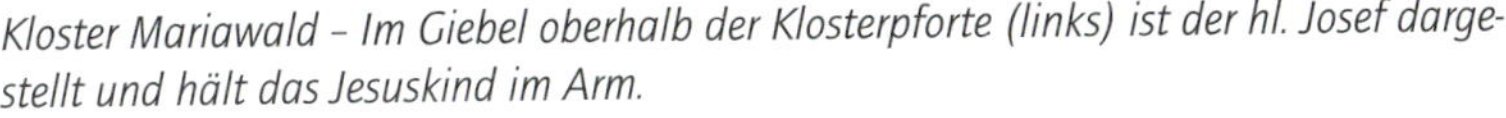

Kloster Mariawald – Im Giebel oberhalb der Klosterpforte (links) ist der hl. Josef dargestellt und hält das Jesuskind im Arm.

Das Kloster hat eine wechselvolle Geschichte. Um 1470 kauft der Heimbacher Strohdachdecker Heinrich Fluitter in Köln eine Pieta und stellt das Gnadenbild auf dem Kermeter am Berscheid auf. Pfarrer Daum aus Heimbach errichtet am Standort der Pieta eine kleine Kapelle, die er am 10. November 1480 dem Zisterzienserkloster Bottenbroich schenkt. (Kloster und Dorf mussten 1951 dem Braunkohletagebau Frechen weichen). In der Folgezeit besuchen zahlreiche Pilger den Ort, ein Kloster wird gebaut und am 4. April 1486 den Zisterziensern übergeben.

Am 2. April 1795 wird Mariawald durch französische Revolutionstruppen aufgelöst, das Inventur versteigert. Der Altar und die Pieta befinden sich seit 1804 in der Heimbacher Pfarrkirche. Nach jahrzehntelangem Stillstand und Verfall des Klosters kauft die Trappistenabtei Oelenberg (Elsass) die Anlage und am 21. Februar 1981 beginnt das monastische Leben neu.

Nach einer erneuten Aufhebung in der Zeit des Bismarckschen Kulturkampfes kann das klösterliche Leben am 18. Oktober 1887 fortgesetzt werden; 1909 erfolgt die Erhebung zur Abtei.

Am 21. Juni 1941 erlebt das Kloster durch die Nationalsozialisten eine erneute Schließung, nachdem bereits 1938 Handwerker für den Bau des Westwalls im Kloster untergebracht wurden. Nach Ende des 2. Weltkrieges kehren die Trappisten in ihr weltkriegszerstörtes Kloster zurück. Der Klosterkonvent wird am 15. September 2018 aufgelöst. Die sich überwiegend im hohen Alter befindlichen Mönche und mangelnder Nachwuchs zwingen zu dieser Maßnahme. Die Mönche haben Mariawald verlassen, der benediktinische Geist ist geblieben und die Mariawälder Ähzezupp auch – Gott sei Dank!

Kloster Mariawald

» www.kloster-mariawald.de

Fürs Navi: 52396 Heimbach, Kloster Mariawald (ist aber auch gut ausgeschildert) Tel. 02446/ 9 50 60

Das Kloster Mariawald war das letzte Männerkloster der Trappisten in Deutschland. Wer sind die *Trappisten*?

DIE TRAPPISTEN

Die *Trappisten* sind auch *Zisterzienser* – von der strengeren Observanz, sie haben also strengere Ordensregeln. Die Zisterzienser sind ein kontemplativer monastischer Orden, der nach der Regel des Heiligen Benedikt von Nursia lebt. Die Trappisten sind dafür bekannt, dass sie ein einsames und enthaltsames Leben führen, schweigsam und mit harter Arbeit und Gebet ihren Alltag bestreiten. Der landläufige Name *Trappisten* liegt im Zisterzienser Kloster *La Trappe* begründet; dort lebte der Mönch de Rance', der die Impulse für eine Reform der benediktinischen Tradition gab. Das Mutterkloster aller Zisterzienser ist allerdings das Kloster Citeaux, zu Deutsch Zisterz(ienser), das von Robert von Molesme Ende des 11. Jahrhunderts gegründet wird.

Im Klosterladen, gegenüber der Abteikirche, finden Sie ein gutes Sortiment von religiöser Literatur und, wie könnte es anders sein, regionaler Literatur. In einem Raum steht eine Auswahl regionaler Produkte und Klosterliköre.

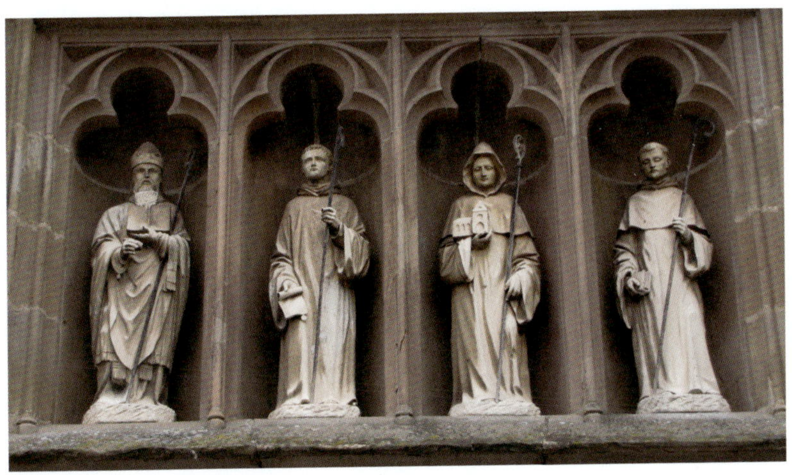

Die Gründeräbte der Zisterzienser (von links): 1. Bernhard von Clairvaux; 2. Alberich von Citeaux; 3. Robert von Molesme; 4. Stephan Harding
Die darüberstehende Giebelfigur (nicht im Foto) stellt die Hl. Maria dar, die Schutzpatronin aller Zisterzienserklöster.

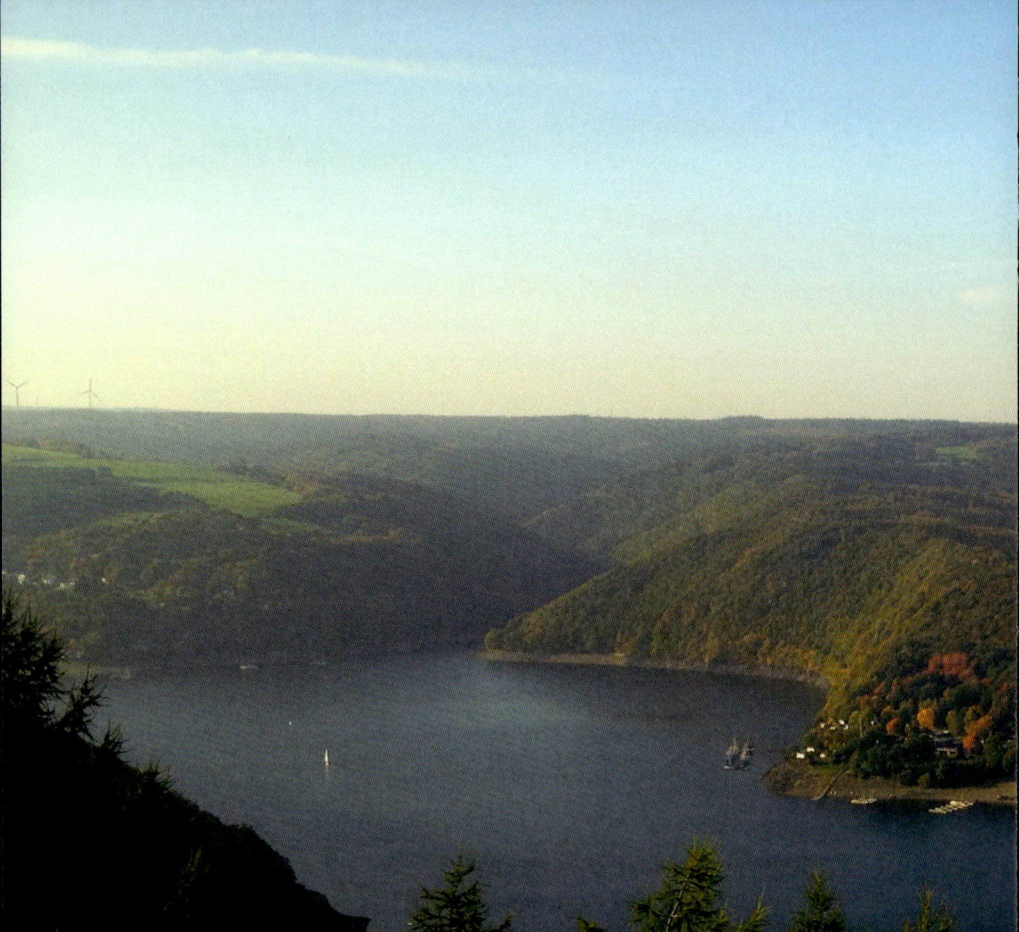

21 Der Rurstausee und die Rurtalsperre

21 DER RURSTAUSEE UND DIE RURTALSPERRE

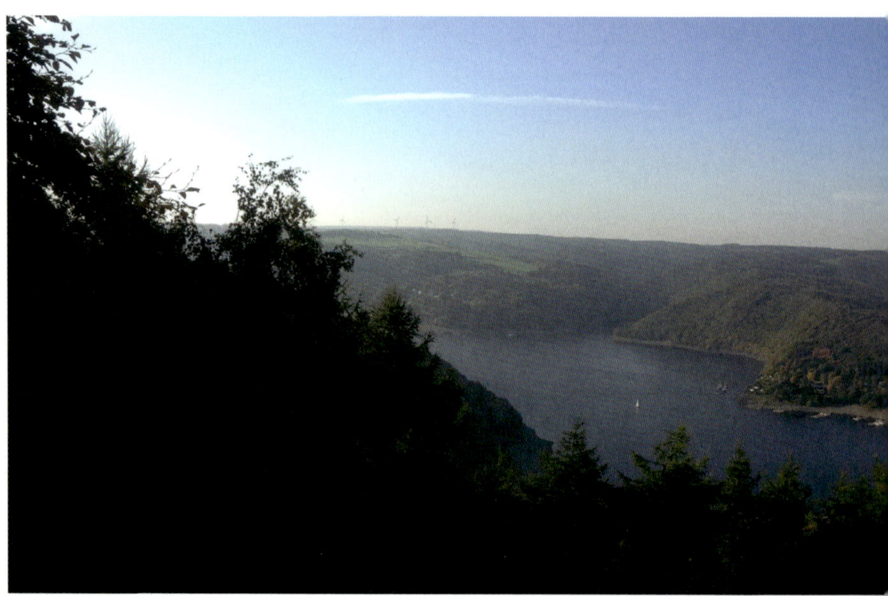

Blick vom Hirschley auf den Rursee

Die Rurtalsperre Schwammenauel, 1938 gebaut, staut die Rur zum zweitgrößten Stausee in Deutschland; der größte dieser Art ist die Bleilochtalsperre in Thüringen. Die Talsperre sorgt für einen gleichmäßigen Wasserlauf der Rur, ist Trinkwasserreservoir fürs Aachener Land mit eigener Fahrgastschifffahrt; vier Schiffe sind im Einsatz – deren Hafen ist Schwammenauel.

Vom Heimbacher Stadtteil Hasenfeld aus gelangen Sie zu den Parkplätzen in Schwammenauel. Das Seeufer ist nicht überall zugänglich. Die bekanntesten Dörfer am Rursee, wie Rurberg und Woffelsbach, bieten einen Zugang. Außerdem gibt es noch in Schwammenauel, Heimbach und in Schmidt die Möglichkeit, ans Seeufer zu gelangen. Wanderer, Radfahrer und Wassersportler finden am See vielfältige Möglichkeiten der Freizeitgestaltung. Sportlich ambitionierter geht es beim Rursee-Marathon zu, der 2016 mit der 20. Austragung ein kleines Jubiläum feiern kann. Den Campingfreunden bietet der Rursee auch schöne Plätze. Schon seit 50 Jahren wird mit „Rursee

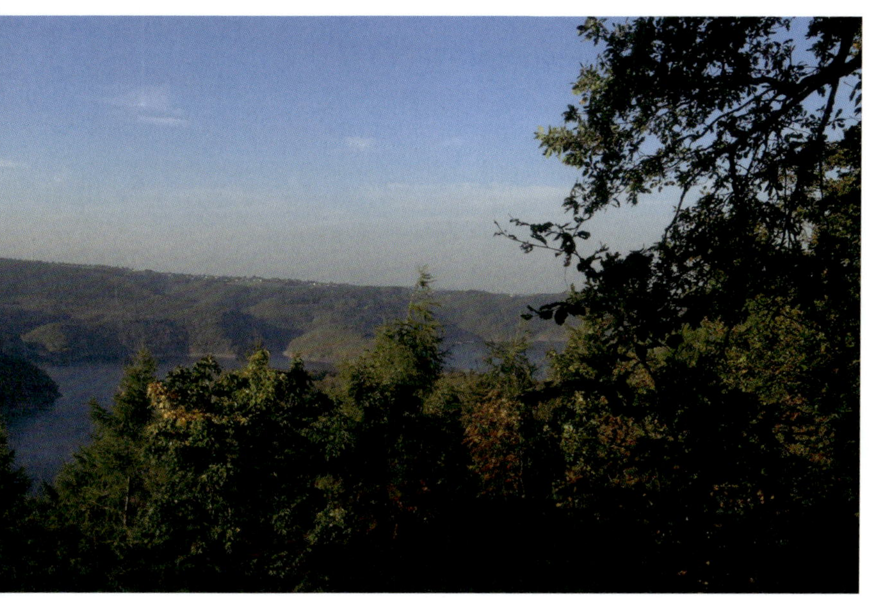

in Flammen" ein Volksfest gefeiert; der Höhepunkt ist das Höhenfeuerwerk, das von Rurberg aus gezündet wird. Die Kirche ist auch vertreten. In den Sommermonaten von Mai bis September findet an Sonn- und Feiertagen um 11 Uhr auf dem Parkplatz in Schwammenauel ein Gottesdienst statt.

Apropos Kirche: Auf dem „Schöpfungspfad" in Simmerath-Hirschrott gehen Sie „dem Leben auf die Spur", so das Motto des 1,3 km langen Weges. Parkgelegenheit haben Sie in Erkensruhr auf dem Parkplatz hinter der Hubertuskapelle. Der Weg ist ausgeschildert. Es ist was los am Rursee zu allen Jahreszeiten!

Impressionen am Rursee

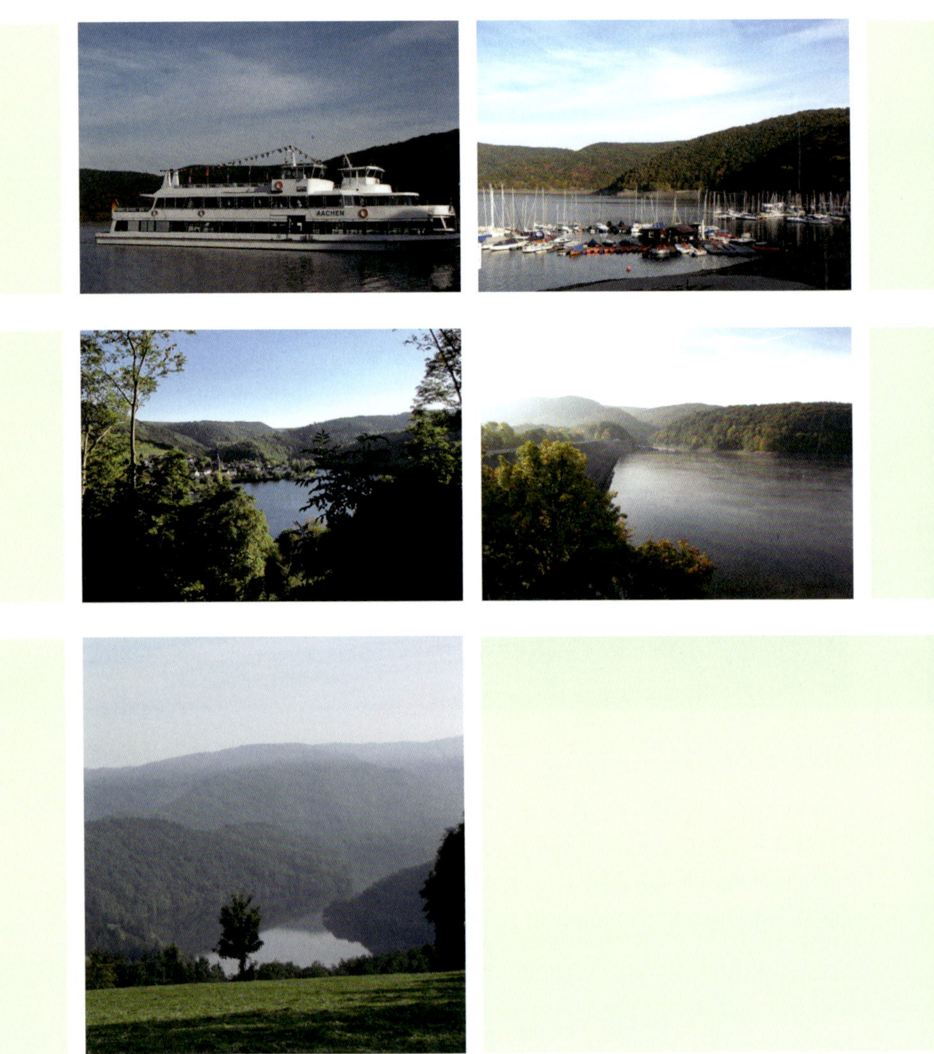

Eine kleine Geschichte am Rande. Oberhalb vom Rursee liegt der Nideggener Stadtteil *Schmidt*. Von der „Schönen Aussicht" hat man nicht nur einen der schönsten Blicke auf den Rursee mit der „Liebesinsel", pardon Insel Eichert. Es gibt wilde Gerüchte um dieses kleine Eiland ... An der Heimbacher Straße steht die Pfarrkirche St. Hubertus. Der Ort samt Kirche wurde in den Kämpfen des Zweiten Weltkriegs fast vollständig zerstört. Die Menschen sind bemüht, ihr Dorf wieder aufzubauen. Mit der Kirche ging es nur zögerlich voran. Der Pfarrer Josef Bayer tat seine Unzufriedenheit kund und predigte an einem Sonntag seinen Schäflein, dass doch auch an den Wiederaufbau der Kirche gedacht werden möge. Die Menschen nahmen ihn beim Wort und spendeten rege. In den Nachkriegsjahren wurde anfangs aus der Not heraus, später dann etwas professioneller, Kaffee geschmuggelt und davon, so heißt es, profitierte auch die Kirche, die heute den Namen des zweiten Schutzpatrons, „St. Mokka", trägt. Glauben Sie es nicht, dann fahren Sie nach Schmidt – auch der „schönen Aussicht" wegen ...

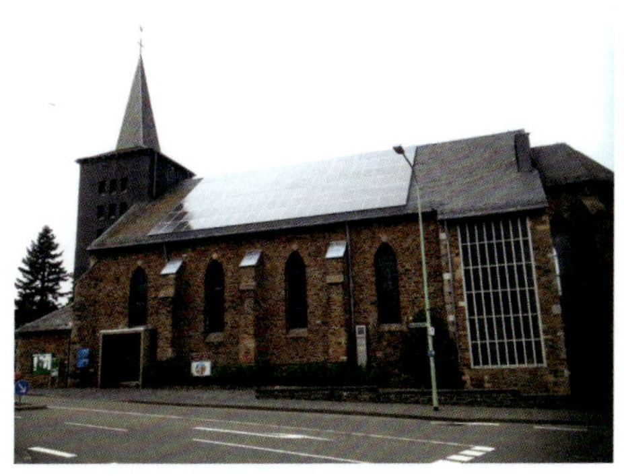

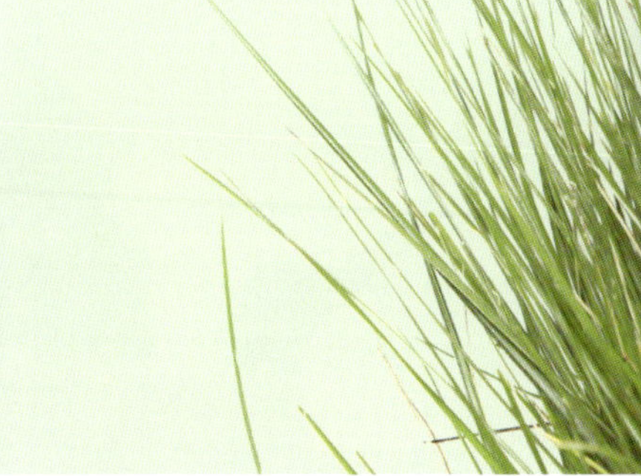

Pfarrkirche St. Hubertus (St. Mokka) Schmidt

Übrigens: Die Kirche ist Nationalparkinfopunkt, geöffnet im Sommer von 09-20 Uhr, im Winter von 09-18 Uhr.

Fürs Navi: 52385 Nideggen-Schmidt, Hubertushöhe (durchfahren bis zum Parkplatz vor dem Aussichtspunkt).

Weiter geht's in den Hürtgenwald.

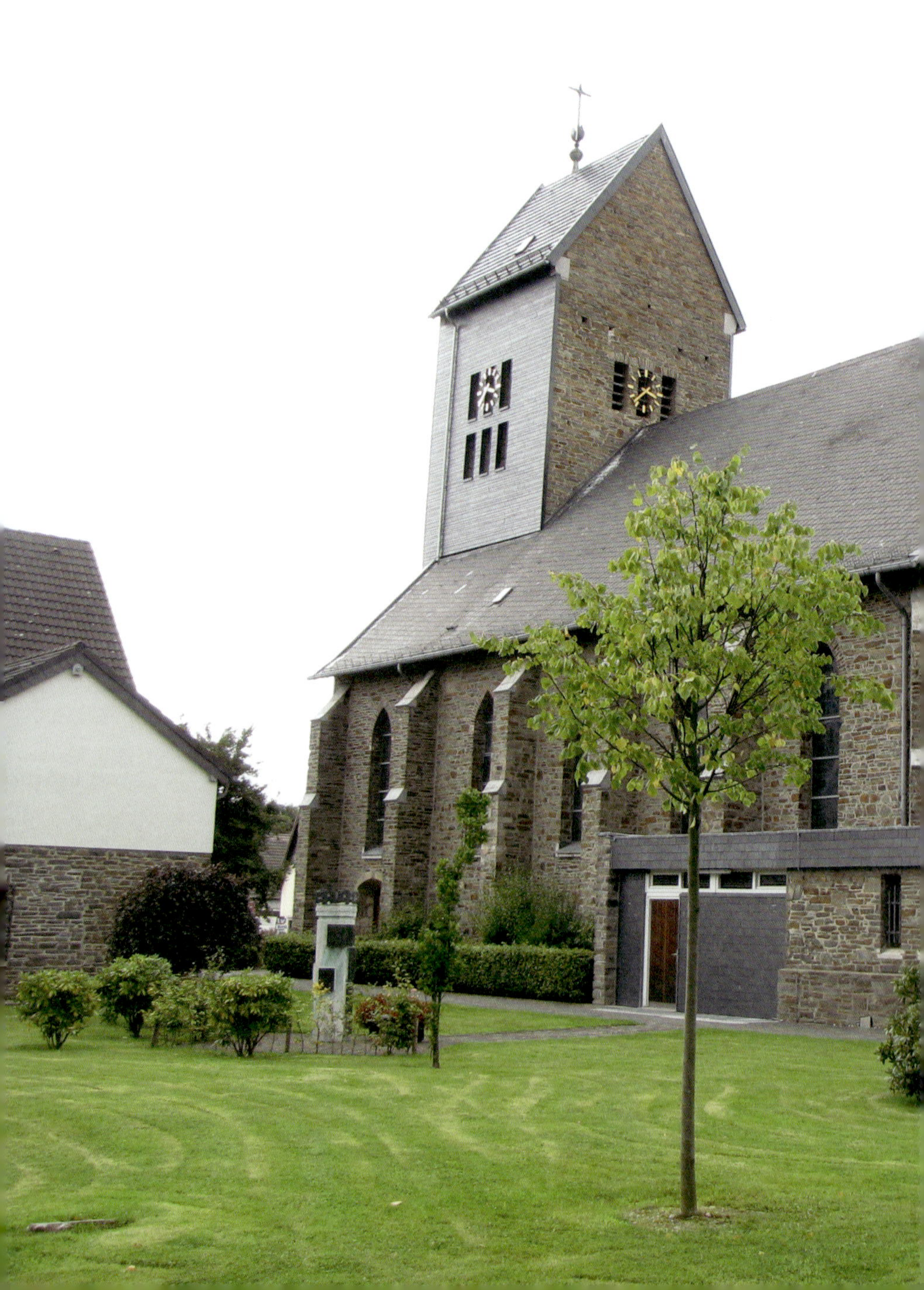

22 Hürtgenwald

22.1 Das Museum „Hürtgenwald 1944 und im Frieden“

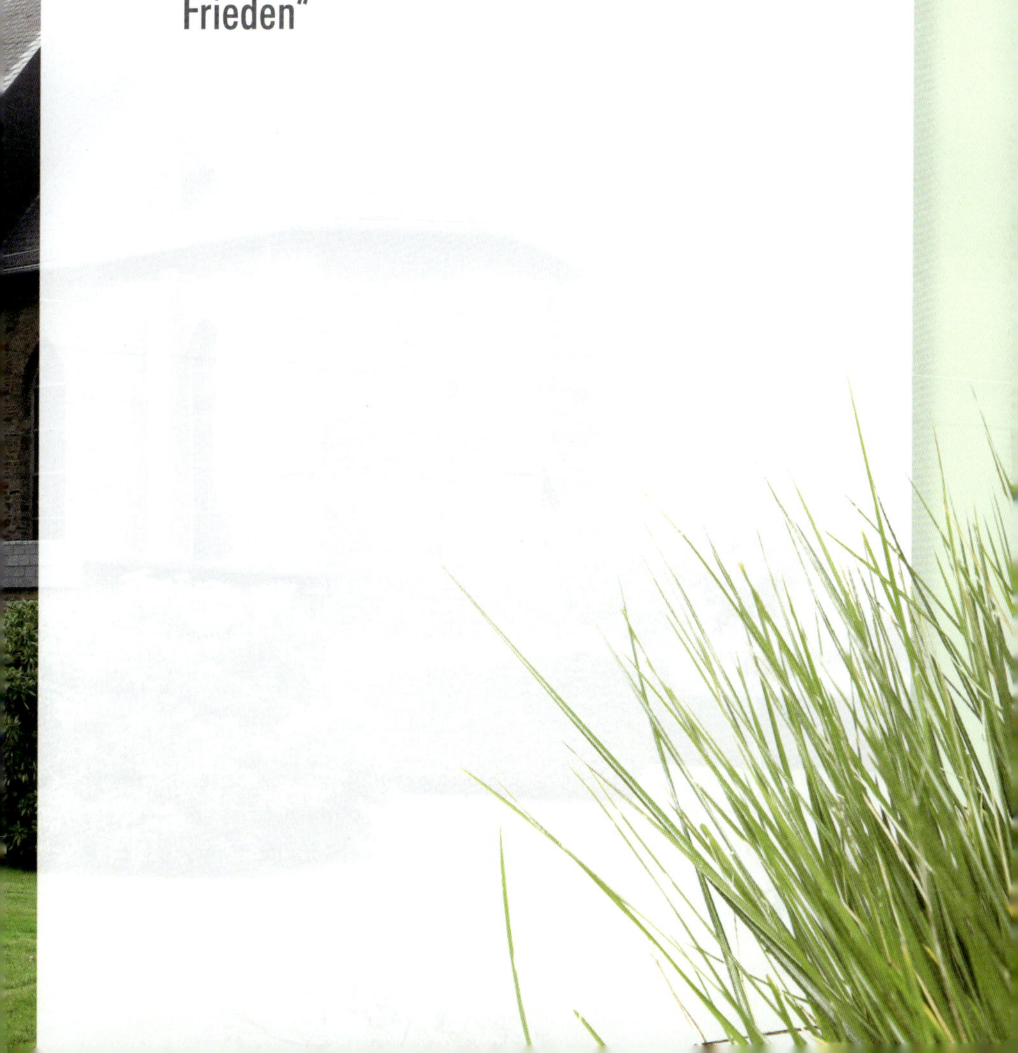

22 HÜRTGENWALD

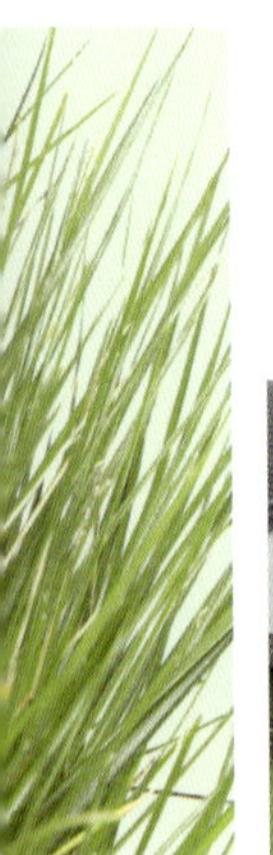

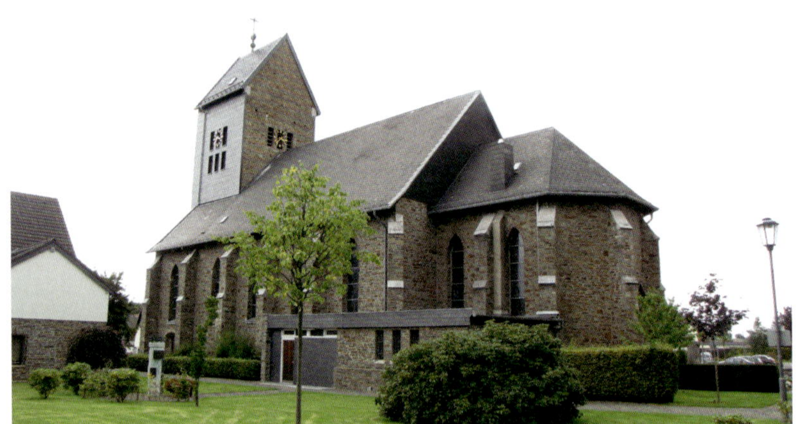

Pfarrkirche St. Josef in Vossenack

Nun geht's in den Hürtgenwald, genauer gesagt, nach Vossenack, einem Ortsteil der 1969 neu gegliederten Gemeinde *Hürtgenwald*. Das Rathaus steht im Ortsteil Kleinhau, in der August-Scholl-Str. 5. Viele Menschen assoziieren den Hürtgenwald mit einer der schwersten Schlachten des Zweiten Weltkriegs, mit der „Schlacht im Hürtgenwald". Tausende Menschen verlieren ihr Leben; die genaue Zahl konnte nie ermittelt werden – jeder einzelne Tote ist einer zu viel. Kriegsberichterstatter aufseiten der amerikanischen Streitkräfte war u. a. Ernest Hemingway, der 1954 den Literaturnobelpreis erhält. Ich weiß gar nicht, wie oft ich bisher *Der alte Mann und das Meer* gelesen habe, eine von ihm verfasste Novelle.

Die Dörfer in der heutigen Gemeinde Hürtgenwald wurde nahezu vollständig zerstört. Selbst die Vossenacker Kirche war Kampfstätte zwischen deutschen und amerikanischen Soldaten. Eine Tafel in der Kirche erinnert noch daran.

22.1 DAS MUSEUM „HÜRTGENWALD 1944 UND IM FRIEDEN"

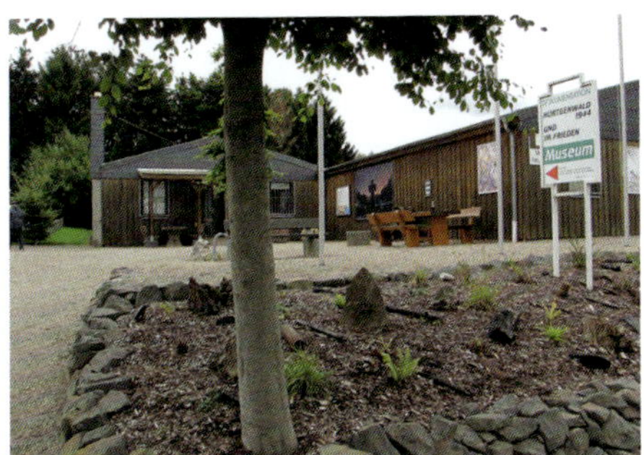

Museum Hürtgenwald 1944 und im Frieden

Das Museum bietet in eindrucksvoller Weise Informationen über die Kämpfe im Hürtgenwald; insbesondere über die *Allerseelenschacht 1944.* Im Haus wird auch von Julius Erasmus berichtet, der gemeinsam mit anderen Männern die Toten gesucht, identifiziert und auf eine gemeinsame Ruhestätte verbracht hat. Dieser Friedhof wurde vom *Volksbund deutscher Kriegsgräberfürsorge* übernommen. Ein Kreuz auf dem Vossenacker Ehrenfriedhof erinnert an den Mann. Das Museum wird vom Geschichtsverein Hürtgenwald unterhalten.

Museum Hürtgenwald

» www.museum-huertgenwald.de

Fürs Navi: 52393 Hürtgenwald-Vossenack, Pfarrer-Dickmann-Str. 21-23

Tel. 02429/90 26 13 (nur in den Öffnungszeiten besetzt)

Die Kriegsgräberstätten im Hürtgenwald finden Sie in Vossenack und in Hürtgen:

Fürs Navi: 52393 Vossenack, Simonskaller Straße und in Hürtgen an der B 399 zwischen Hürtgen und Vossenack.

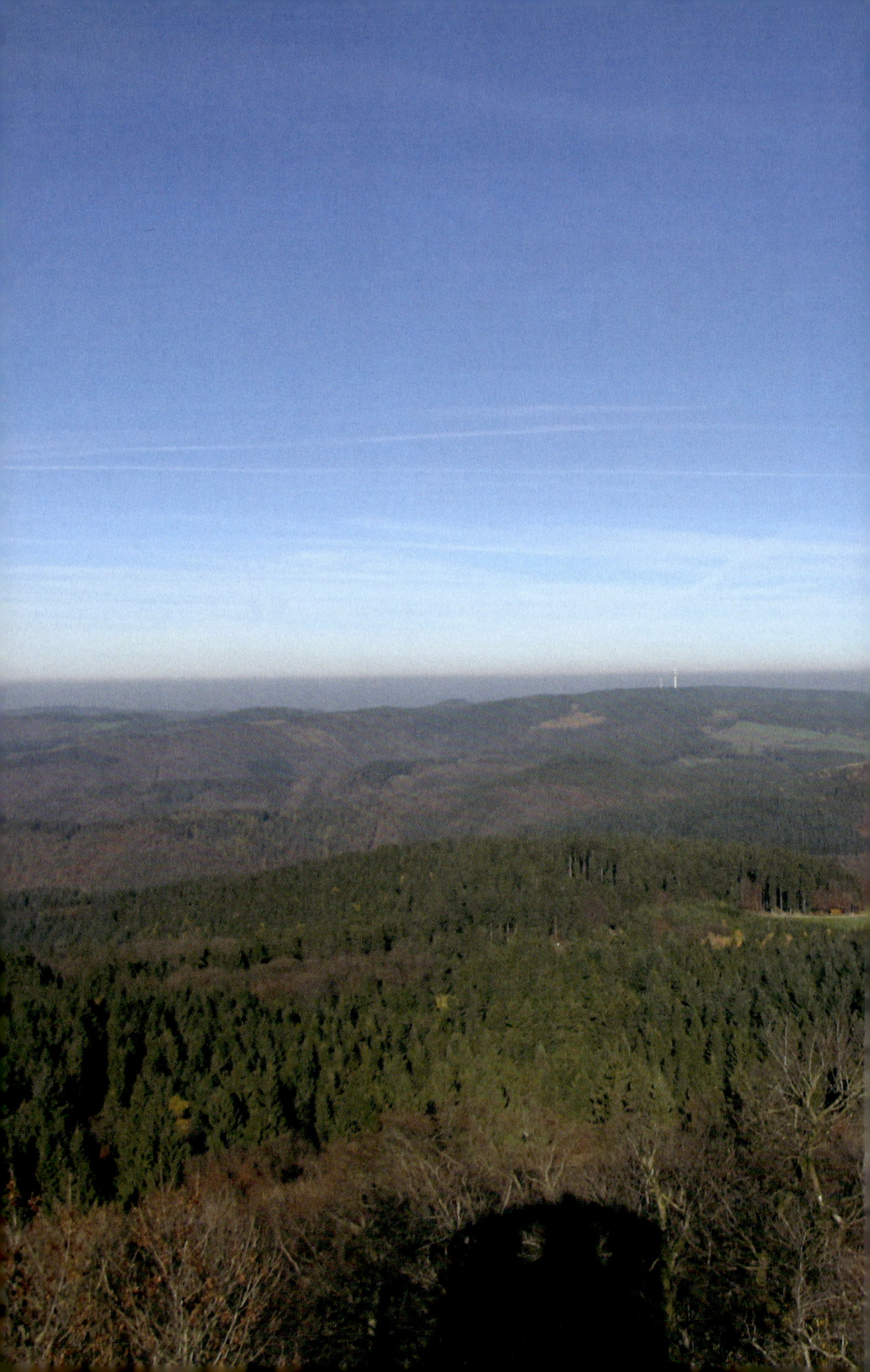

Zum Schluss – die Hohe Acht

ZUM SCHLUSS – DIE HOHE ACHT

Der höchste Berg der Eifel, den besuche ich ganz zum Schluss, nach vollendeter Arbeit; ich möchte ganz einfach meine Reise Revue passieren lassen. Jetzt sind wir aber schon in der Hocheifel, der Berg liegt in der Nähe von Adenau; ich fahre über die L 10 Richtung Kaltenborn. Am Besucherparkplatz für das Naturschutzgebiet erfahre ich dann auch, wie ein Vulkan entsteht, denn nicht anders ist die *Hohe Acht*.

Auf dem 757 m hohen Berg steht der Wilhelm-Turm. Anlass für den Bau war die Silberhochzeit von Wilhelm II. und seiner Frau, Kaiserin Auguste Viktoria.

Während ich auf dem Turm stehe, schaue ich in Richtung Norden. Ein ganzes Jahr bin ich durch den nördlichen Teil der Eifel gefahren. Vieles war mir

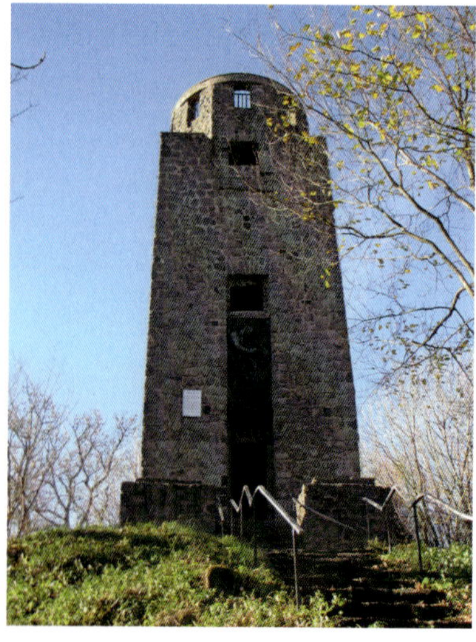

Wilhelm-Turm auf der Hohen Acht

schon bekannt, Neues ist hinzugekommen und manches gilt es auch noch zu entdecken. Viele Menschen habe ich getroffen – geplant und/oder zufällig. Dabei sind schöne und intensive Gespräche entstanden, die ich nicht missen möchte. Vielen Menschen bin ich dankbar – ohne sie wäre dieses Buch SO nicht entstanden. Wollte ich sie alle namentlich aufführen, würde eine lange Liste entstehen mit einer Fehlerquelle; ich vergesse den einen oder anderen und das wäre ungerecht – DESHALB

sage ich ALLEN DANKE für ihre Hilfe und Entgegenkommen, Offenheit, Warmherzigkeit und die mir Erfolg für mein Buch gewünscht haben. Das war ermutigend und wird mir in bester Erinnerung bleiben; man vergisst so vieles in der Hektik unserer Zeit. Ihnen wünsche ich Spaß beim Lesen und (hoffentlich) den Gewinn neuer Erkenntnisse. Vielleicht begegnen wir uns ja bei den Streifzügen durch die Nordeifel, so groß ist die Welt manchmal gar nicht.

Zu danken habe ich den MitarbeiterInnen des Meyer & Meyer Verlages, die mir die Realisierung meines Projekts wieder ermöglichten und gelegentlich meine Softwarekenntnisse erweitert haben ...

Der griechische Dichter Aristophanes sagte:

Ubi bene, ibi patria –
Wo es einem gut geht, da ist die Heimat.

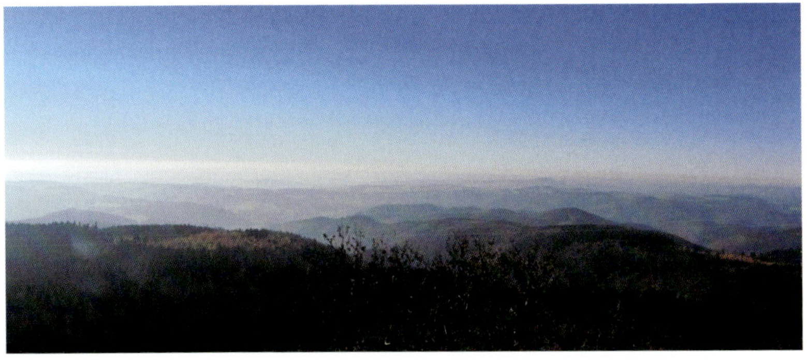

Eifeler Fernsicht – Traumland

ANHANG

DIES UND DAS UND NICHT UNWICHTIG

1 EIFEL IN – EIFEL ON

Die Eifel ist in, das habe ich Ihnen im Laufe unserer Tour bereits nahegebracht. Die Eifel ist aber auch *on* und zwar seit dem 3. Oktober 2014 – der 3. Oktober, der Tag, an dem seit 1990 die deutsche Einheit gefeiert wird. Eine kleine Gruppe freier Journalisten hatte die Idee, eine Onlinezeitung zu kreieren, deren Themen über den individuellen beruflichen „Tellerrand" und über die Grenzen der Regionalausgaben der Tageszeitungen hinausgehen.

So bunt und vielfältig wie die Landschaft Eifel ist, so bunt und vielfältig präsentiert sich auch die Zeitung *EIFELON*. Woche für Woche wird über Themen aus den Regionen von A wie Adenau über H wie Hürtgenwald bis Z wie Zülpich berichtet – unabhängig, überparteilich, unbezahlbar, so die Macher der Zeitung. Unbezahlbar vor allem, weil kostenlos – quasi ömmesöns; dafür kann man's nicht selbst machen. Journalistisch auf gutem Niveau findet Kultur, Politik, Sport, Wirtschaft und, und, und ... Pänz IHREN Platz. Pänz? Damit meinen die Eifeler liebevoll die Kinder. Immer im Plural gesagt und geschrieben, auch wenn nur ein Kind da ist. *Pänz* ist abgeleitet aus dem lateinischen Begriff für einen dicken Bauch – pantex. Nicht schön, das gebe ich zu; der dicke Bauch kommt meistens viel, viel später und am liebsten gar nicht.

Eifel on – klicken Sie mal rein unter
» www.eifelon.de

Noch nicht einmal Papier fällt an!

2 EIFEL – MOBIL

Alle Wege führen durch die Eifel – auch mit dem Fahrrad; ob Bio-Bike oder E-Bike, das muss jeder Eifelbesucher individuell entscheiden und fahrradfreundlich ist die Eifel (geworden). Genuss-Fahren auf ehemalige Bahntrassen oder an den Flüssen entlang und auf Thementouren – für jeden Geschmack und für jedes Fitnesslevel wird etwas angeboten. Ein Genuss wird es insbesondere mit gegenseitiger Rücksichtnahme, mit Fahrradklingel und auf ausgeschilderten Radwegen. Radfahren schont die Natur und die Umwelt, macht und hält fit.

Bestens geeignet ist z. B. die Vennbahntrasse von Aachen über/bis Keine-Lust-mehr-Dorf nach Troisvierges (Luxemburg).

Ladestationen sind ein Dauerthema. Was immer hilft: eine gute Planung, eine gute Einschätzung der eigenen Fitness – denn Akkuaufladen ist oft mit einem stundenlangen Ladevorgang verbunden. Akkuschonend ist es auch, wenn der Akku nicht „leer" gefahren wird. Ich habe für stressfreies Radeln einen zweiten Akku im Gepäck für alle Fälle...

Hilfereiche Infos bietet v. a. die Homepage der Eifel Tourismus GmbH www.eifel.info.de. Die Volltextsuche (Lupe) beantwortet Fragen zu Radwegenetz, Ladestationen (in mittlerweile vielen Orten), Tourenplaner-App etc.

BILDNACHWEIS

Layout, Satz, Cover-,
sowie Umschlaggestaltung: Eva Feldmann

Bearbeitung 2. Auflage: Katerina Georgieva

Lektorat: Dr. Irmgard Jaeger, Riccardo Rip, Alexa Deutz

Coverbild
sowie Bilder Innenteil: Reinhard Mäurer

Abonnieren Sie unseren kostenlosen Newsletter unter **www.dersportverlag.de**

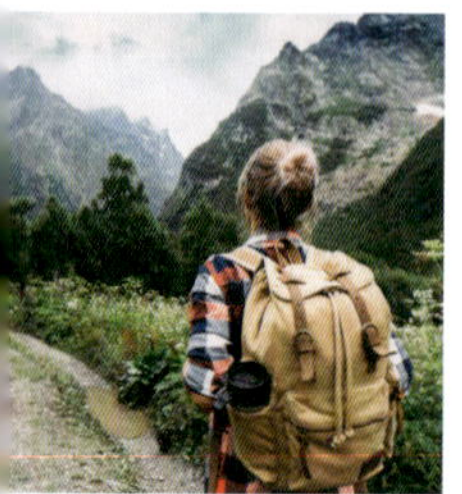

STREIFZÜGE DURCH DIE REGION

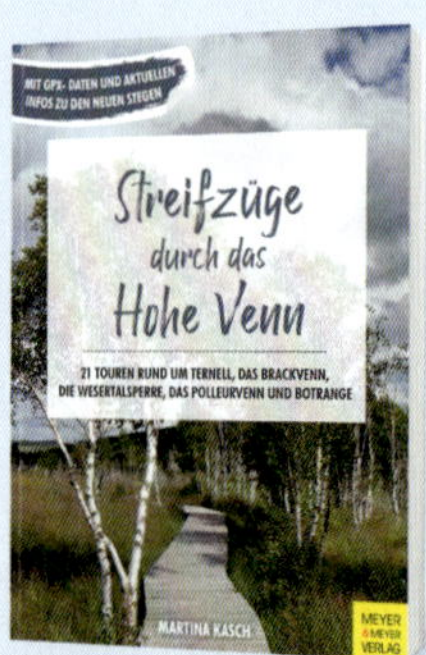

ISBN 978-3-8403-7790-7
€ [D] 22,00/[A] 22,70

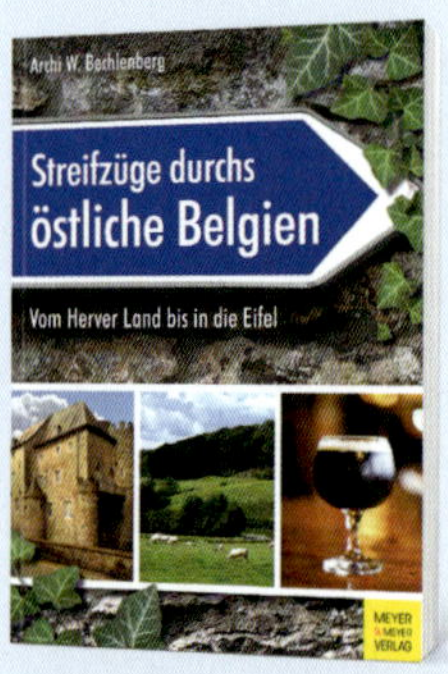

ISBN 978-3-8403-7687-0
€ [D] 20,00/[A] 20,60

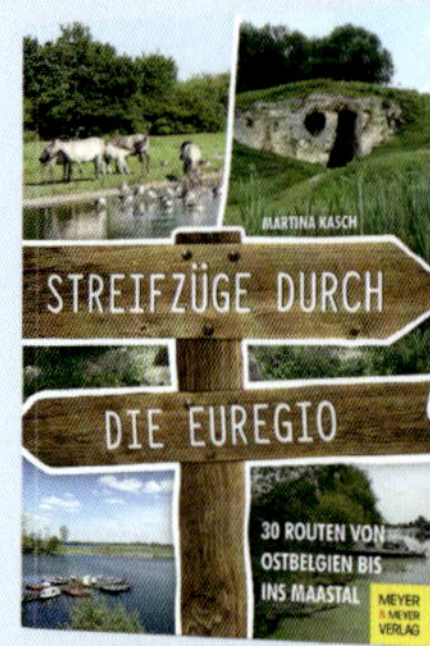

ISBN 978-3-8403-7634-4
€ [D] 20,00/[A] 20,60

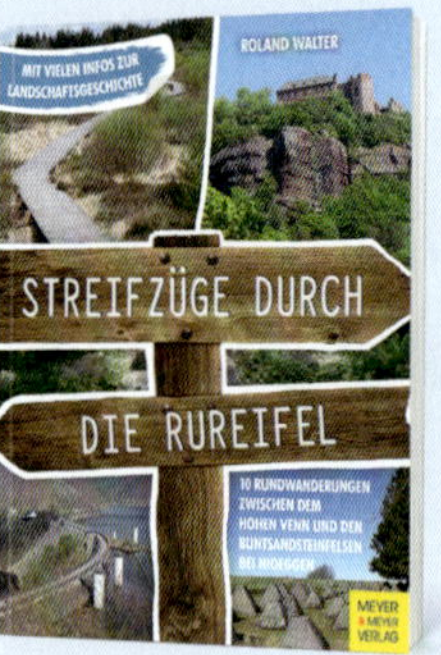

ISBN 978-3-8403-7598-9
€ [D] 18,00/[A] 18,50

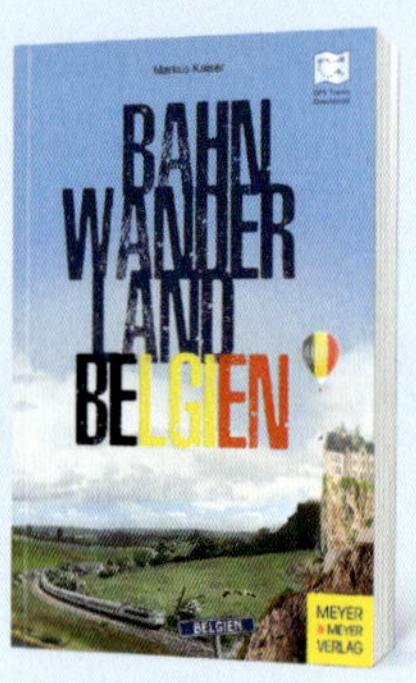

ISBN 978-3-8403-7849-2
€ [D] 16,00/[A] 16,50

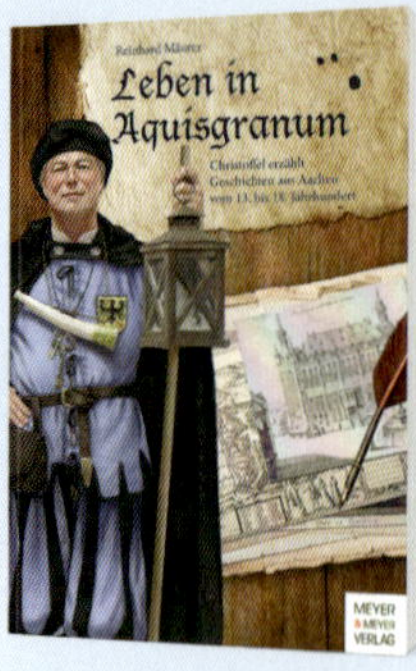

ISBN 978-3-89899-895-6
€ [D] 18,00/[A] 18,50

Preisänderungen vorbehalten und Preisangaben ohne Gewähr! Bild oben links © AdobeStock

MEYER & MEYER VERLAG

MEYER & MEYER Verlag
Von-Coels-Str. 390
52080 Aachen

Telefon	02 41 - 9 58 10 - 13
Fax	02 41 - 9 58 10 - 10
E-Mail	vertrieb@m-m-sports.com
Website	www.dersportverlag.de